Le blues du consommateur

Connaître et décoder les comportements de « l'homo-cliens »

Éditions d'Organisation
1, rue Thénard
75240 Paris cedex 05

Consultez notre site :
www.editions-organisation.com

DU MÊME AUTEUR

- *Marketing stratégique de la distribution*, 1992, Liaisons
- *La déroute des marques, comment l'arrêter*, 1995, Liaisons
- *Stratégie d'entreprise face à la tourmente des prix*, 1997, Liaisons
- *Comment achèterons-nous en 2020 ?*, 1998, Liaisons

Georges CHETOCHINE

Le blues du consommateur

Connaître et décoder les comportements de « l'homo-cliens »

Éditions
d'Organisation

À Roxane, sa sœur, son frère,
Ses cousines, ses cousins.

Remerciements

Je voudrais tout d'abord remercier ma femme, Françoise, pour sa contribution à l'élaboration de cet ouvrage. Il lui a fallu, pendant des mois, s'imprégner et discuter de mes propos tout en continuant son travail de consultant international. Ses regards sans concession, ses critiques constructives m'ont forcé à justifier tous mes points de vue.

Je tiens à remercier Christine Arnaud, mon assistante, qui a eu la patience et la gentillesse de m'aider à expurger toutes les scories grammaticales que ma plume capricieuse ne manquait pas de créer.

Je remercie tout particulièrement mon ami, Christian Viton, pour le temps qu'il a accordé à l'écoute de mes propos et à ses réflexions enrichissantes.

Enfin, je remercie Christiane Bienfait pour son soutien moral au moment où l'amitié supplée au doute.

Sommaire

Préface

Georges Chetochine est agaçant. Il est agaçant parce qu'il a souvent eu raison. Quand il y a vingt-cinq ans - c'était en 1979 exactement - il vient expliquer aux professionnels du grand commerce que les marques de distribution qu'ils sont en train de lancer vont venir cannibaliser le marché des grandes marques, personne ne le croit. Quand il va expliquer aux industriels de la grande consommation qu'en acceptant de fabriquer des produits génériques en marge de ceux qui portent leurs couleurs, ils organisent une concurrence qui risque de les étouffer, personne ne veut l'écouter…Chetochine est trop décalé, dit-on, trop théorique… Chetochine fait dans le marketing de la provocation, ajoute-t-on.

Quand quelques années plus tard, Georges Chetochine affirme et démontre que les formules de hard discount vont dans l'avenir dépasser toutes les autres formules de distribution, personne ne le prendra véritablement au sérieux… encore de la provocation.

Aujourd'hui, qu'en est-il ? Les marques de distribution tiennent l'essentiel des gondoles d'hypermarché et les magasins de hard discount se taillent la part du lion dans les produits de grande consommation (produits d'entretien, hygiène et beauté...). Le phénomène est tellement important qu'il vient à présent remettre en cause l'équilibre et les perspectives de croissance des grandes enseignes d'hypermarchés... Qu'il fragilise également les grandes marques de produits alimentaires ou d'entretien...

Georges Chetochine explique très bien cette révolution. Le consommateur répond évidemment à des facteurs conjoncturels. La stagnation du pouvoir d'achat le pousse à rechercher systématiquement les petits prix... mais s'il n'y avait que cela, comme l'ont cru trop longtemps les distributeurs, ce serait trop simple. Georges Chetochine explique dans son livre qu'il y a évidemment d'autres facteurs...

L'apparition de produits nouveaux liés aux technologies de la communication a obligé le consommateur à arbitrer dans son budget contre les dépenses de consommation courante. La facture de téléphone a gonflé et du coup, le caddie s'est allégé.

Mais ce n'est pas tout : le consommateur s'est sans doute lassé des innovations trop fréquentes pour être vraiment innovantes. Résultat : il s'est tourné vers des produits plus basiques.

Enfin, le consommateur a tout ou presque. Il a trop de tout. Ses besoins sont satisfaits, saturés. Cela dit, il continue d'avoir des envies, donc il est de plus en plus frustré. Le redressement de la machine économique dépend de la capacité des entreprises à répondre non pas aux besoins mais aux frustrations...

Georges Chetochine ne s'appuie pas sur les outils marketing classiques, il s'appuie sur l'observation et l'analyse du comportement du consommateur. Il travaille comme les anthropologues.

Georges Chetochine est agaçant, car il a sans doute une fois de plus raison.

Jean-Marc Sylvestre
Journaliste économique – Rédacteur en chef TF1

Livre d'Ezéchiel 28,1-10.

La parole du Seigneur me fut adressée : « Fils d'homme, tu diras au prince de la ville de Tyr : Parole du Seigneur Dieu : Ton cœur s'est exalté et tu as dit : "Je suis un dieu, j'habite une résidence divine, au milieu de la mer." Pourtant, tu es un homme et non un dieu, toi qui prends tes pensées pour des pensées divines. Tu es donc plus sage que Daniel, il n'y a donc pas de secret trop profond pour toi ? Par ta sagesse et ton intelligence tu as fait fortune, tu as accumulé l'or et l'argent dans tes trésors. Par ton génie du commerce, tu as multiplié ta fortune, et à cause de cette fortune ton cœur s'est exalté. C'est pourquoi – déclare le Seigneur Dieu – parce que tu prends tes pensées pour des pensées divines, je fais venir contre toi des barbares, une nation brutale. Ils tireront l'épée contre ta belle sagesse, ils profaneront ta splendeur. Ils te feront descendre dans la fosse et tu mourras au milieu de la mer, d'une mort dégradante. Oseras-tu dire encore devant tes meurtriers : "Je suis un dieu" ? Sous la main de ceux qui te transperceront, tu seras un homme et non un dieu. Tu mourras de la mort des païens incirconcis, par la main des barbares. Oui, moi, j'ai parlé », dit le Seigneur Dieu.

Evangile de Jésus-Christ selon saint Matthieu 23,1-12.

Alors Jésus déclara à la foule et à ses disciples : « Les scribes et les pharisiens enseignent dans la chaire de Moïse. Pratiquez donc et observez tout ce qu'ils peuvent vous dire. Mais n'agissez pas d'après leurs actes, car ils disent et ne font pas. Ils lient de pesants fardeaux et en chargent les épaules des gens ; mais eux-mêmes ne veulent pas les remuer du doigt. Ils agissent toujours pour être remarqués des hommes : ils portent sur eux des phylactères très larges et des franges très longues ; ils aiment les places d'honneur dans les repas, les premiers rangs dans les synagogues, les salutations sur les places publiques, ils aiment recevoir des gens le titre de Rabbi. Pour vous, ne vous faites pas donner le titre de Rabbi, car vous n'avez qu'un seul enseignant, et vous êtes tous frères. Ne donnez à personne sur terre le nom de père, car vous n'avez qu'un seul Père, celui qui est aux cieux. Ne vous faites pas non plus appeler maîtres, car vous n'avez qu'un seul maître, le Christ. Le plus grand parmi vous sera votre serviteur. Qui s'élèvera sera abaissé, qui s'abaissera sera élevé.

Extrait de la Traduction Liturgique de la Bible - © AELF, Paris

Avant-propos

Quelques mots sur le behaviorisme

Le behaviorisme est un mouvement de psychologie qui préconise l'utilisation de procédures expérimentales pour étudier les mécanismes psychiques à travers le comportement, considéré comme une réponse à l'environnement (ou aux stimuli). La conception béhavioriste de la psychologie plonge ses racines dans les études sur l'associationnisme[1] des philosophes britanniques. Elle est également dérivée de l'école américaine de psychologie du fonctionnalisme[2] et de la théorie darwinienne de l'évolution, qui, l'une comme l'autre, mettent en relief la façon dont les individus s'adaptent à leur environnement.

Le behaviorisme fut fondé au début du XXe siècle par le psychologue américain John Broadus Watson (1878-1958). La psychologie était alors considérée comme l'étude des états intérieurs ou des sentiments au moyen de méthodes subjectives d'introspection (Interviews cliniques, discussions de groupe). Sans nier l'existence

---

1. Ecole psychologique fondée sur les théories des philosophes empiristes anglais (John Locke, John Stuart Mill, David Hume), qui concevait la conscience comme la collection d' « idées » ou d' « unités élémentaires de conscience », qui s'attireraient ou se repousseraient selon certaines lois, donnant par là-même naissance à des représentations plus ou moins complexes.
2. Théorie définie en ces termes par Claude Rivière dans *Introduction à l'anthropologie* (Hachette 1995) : « replacer dans leur contexte social les faits décrits, afin de les interpréter, puis (..) expliquer un phénomène social par la totalité dans laquelle il s'inscrit et dans laquelle il est postulé avoir une ou plusieurs fonctions ainsi que des relations avec chacun des éléments de l'ensemble. »

des états de conscience qui sont notamment à la base des études marketing sur les besoins et les attentes des consommateurs, Watson insistait sur le fait que, n'étant pas observables, ces états ne pouvaient être étudiés. Il était très influencé par les recherches pionnières des physiologistes russes Ivan Petrovitch Pavlov (1849-1936) et Vladimir Mihailovich Bekhterev (1857-1927) sur le conditionnement des animaux.

Watson proposait de faire de la psychologie une discipline scientifique en utilisant seulement des procédures objectives comme les expériences de laboratoire, en vue d'établir des résultats exploitables statistiquement. Cette conception behavioriste l'entraîna à formuler la théorie psychologique du stimulus-réponse que l'on peut définir, en raccourci, par l'équivalence suivante : le comportement, c'est la réaction à une situation. Selon cette théorie, toutes les formes complexes de comportement – émotions, habitudes, etc. – sont composées d'éléments musculaires et glandulaires simples, qui peuvent être observés et mesurés. Watson affirmait que les réactions émotionnelles sont le résultat d'un apprentissage, au même titre que les autres aptitudes.

La théorie du stimulus-réponse de Watson suscita une immense vague de recherches sur l'apprentissage chez les animaux et les hommes, du jeune enfant à l'âge adulte.

De 1920 jusqu'au milieu du XXe siècle, le behaviorisme domina la psychologie aux États-Unis, tout en exerçant une puissante influence partout dans le monde. Dès les années 1950, ce nouveau mouvement avait produit une telle masse de données que des psychologues expérimentaux américains comme Edward Chace Tolman (1886-1959), Clark Leonard Hull (1884-1952) et Burrhus Frederic Skinner (1904-1990) purent formuler leurs propres théories de l'apprentissage et du comportement, en se fondant sur les expériences de laboratoire et non sur l'introspection.

À l'instar de Watson, Skinner, tenant du «behaviorisme radical», considère que la psychologie est l'étude du comportement observable des individus dans leur interaction avec le milieu environnant.

Le behaviorisme en pratique

Depuis 1967, au sein du cabinet que j'ai fondé comme dans le cadre de mon enseignement à l'Université Paris IX Dauphine, j'applique avec mes collaborateurs et mes assistants la règle de base du behaviorisme, à savoir : le consommateur réagit à des situations et c'est ce qui définit son comportement de choix, d'achat. J'imagine donc des situations pour en déduire les comportements. Je mets en place des protocoles de recherche, je crée des situations dans lesquelles j'immerge les clients d'hypermarché comme de magasin traditionnel, de VPC ou « on–line ». De la même façon, je bâtis des protocoles pour comprendre comment les consommateurs achètent leurs marques, leurs journaux, la télévision ou élisent les hommes politiques. Mes travaux trouvent des applications dans la communication, le management, le marketing, le merchandising, la consommation, les stratégies d'entreprise et tout particulièrement dans le monde de la distribution puisque c'est dans les points de vente que l'on perçoit et mesure parfaitement les comportements de consommation.

Introduction

Tout ne va peut-être pas aller aussi bien qu'on veut bien le dire, sauf si !...

En ce début de troisième millénaire, au moment où nous écrivons ces pages, tout le monde espère la reprise. Les spécialistes de la bourse nous assurent que les fondamentaux des entreprises sont enfin retrouvés, que ces dernières ne sont plus endettées, qu'elles ont passé par pertes et profits certains égarements du passé et donc que l'on peut espérer une reprise. Pourtant rien n'est moins vrai ! La preuve en est que la consommation ne repart pas aussi bien qu'on le souhaiterait. En Europe, le chômage perdure ! En France, en Allemagne, en Angleterre, la situation devient plus que préoccupante, tant pour les travailleurs et les étudiants que pour les entrepreneurs qui ne voient leur salut que dans la délocalisation !

L'économie européenne est effectivement en panne. Que se passe-t-il donc ? Pourquoi le consommateur ne répond-il plus aux multiples sollicitations des entreprises, de leurs nouveaux produits comme de leur communication ou de leur promotion ? Pourquoi hypermarchés et supermarchés, ces temples de la consommation, sont-ils de moins en moins fréquentés ?

La réponse à ces questions peut s'exprimer en une simple formule : « le marketing du besoin est obsolète ».

En d'autres termes, faute de pouvoir créer de nouveaux besoins ou faute de ne pas savoir comment répondre à ceux qui existent, la source de profit et de création de richesse des entreprises semble bien se tarir.

Cette explication est sans doute trop étonnante, trop violente et trop manichéenne pour être acceptée d'emblée.

Dans ce livre, je vais expliquer pourquoi le marketing du « besoin » est en voie de disparition mais surtout par quoi il faut le remplacer. J'aimerais, grâce à cet ouvrage, ouvrir une nouvelle fenêtre de tir afin de remettre la consommation en orbite et, pourquoi pas, de renouer avec de nouvelles trente glorieuses !

Fort de mes expériences de consultant pour les grandes marques, les grandes enseignes de distribution (alimentaires et non alimentaires) et pour certains politiques, je montrerai page après page qu'il faut, pour retrouver la croissance, prendre la décision de changer radicalement de schémas de réflexion et se convertir à un autre marketing.

Chapitre 1

___

Comprendre les consommateurs de demain
Y a-t-il encore un consommateur
dans l'appareil ?

La société, c'est-à-dire nous et les autres, ne cesse de nous surprendre, voire de nous trahir !

Hier, les consommateurs se précipitaient avec enthousiasme dans les hypermarchés, ces grandes usines à vendre, qui n'ont cessé de se moderniser, de s'embellir depuis leur création en 1963. Là, ils trouvaient tout sous le même toit à prix discount. Ils y gagnaient du temps, de l'argent, la liberté de choisir et de profiter des nouveaux produits, des promotions abondantes et le tout sans contrainte. Aujourd'hui, ils boudent sans vergogne ces temples de la consommation. Ils leur préfèrent les points de vente hard-discount, petits, sans luxe apparent, sans service, sans choix.

Hier, les consommateurs ne juraient que par la marque et ses valeurs signes. Ils voulaient de ces expressions modernes et médiatiques du marketing à leur petit déjeuner, pour leur déjeuner, leur souper, dans leur essence, sur leurs vêtements, leurs stylos à bille, leurs mouchoirs en papier, etc. Aujourd'hui, ils achètent des pneus à la marque du distributeur comme d'ailleurs des yaourts, du beurre, de la confiture, des téléviseurs, des ordinateurs, etc.

Hier, ne pas aller voter était considéré comme une trahison à la patrie. Aujourd'hui, si 51 % des citoyens font l'effort d'aller jusqu'aux urnes pour élire leur Président ou donner leur avis sur l'Europe, on s'estime finalement content.

Enfin, hier les consommateurs étaient fidèles à leur marque de voiture comme à leur marque de raquette de tennis, de sac à dos et préféraient ce qui venait des usines françaises. Aujourd'hui ils changent de marque comme de chemise, passant sans état d'âme de la française à la japonaise.

Les opérateurs sont-ils myopes ?

Dans ces mille et un changements plus que surprenants de notre société de consommation, c'est bien sûr le changement en lui-même, mais c'est surtout l'apparente myopie ou encore la possible crédulité des dirigeants, industriels, distributeurs, publicitaires, journalistes d'hier et d'aujourd'hui qui constituent le point intéressant ! Tout semble nous montrer qu'ils n'avaient rien prévu de ce qui allait se passer et de ce qui se passe aujourd'hui. La question se pose alors de comprendre, d'expliquer pourquoi ceux qui ont le pouvoir de changer le cours des choses de par leur vision du futur et les décisions qu'ils peuvent prendre, ne semblent pas avoir prévu ce qui pour certains industriels ou distributeurs relève du cataclysme ?

On a beau consulter les archives, nul journal, nul article ne souligne dans les années 1970, au moment où les marques distributeurs font leur apparition en France, d'inquiétude de la part des grandes sociétés de l'agro-alimentaire. Bien au contraire, on note qu'à cette époque le sujet était tabou. Il ne faisait pas bon dans les années 80 souligner auprès des industriels le succès des différentes tentatives de lancement de marques distributeurs chez Casino, Carrefour, Euromarché, pour ne parler que de ce qui se faisait dans l'hexagone. De la même façon, nulle part on ne trouve trace de l'émoi des distributeurs lors de l'arrivée des premiers hard–discounters dans le nord de la France en 1989 dans la commune de Croix. Personne ne s'inquiète à l'époque de l'engouement des clients pour ce nouveau type de format. Bien au contraire, on trouve ces points de vente trop décalés, trop spartiates pour les Français et l'on se conforte dans l'idée d'un avenir doré pour les hypermarchés ! Pourtant, ce format de points de vente proliférait déjà en Allemagne et en Belgique. Mais apparemment, ce n'était pas une raison suffisante pour les observateurs !

D'où vient alors cette réelle absence de vision ? Est-elle le fait d'une génération d'hommes, d'un moment, d'une circonstance ? Ceux qui décident aujourd'hui vont-ils se ressaisir ou au contraire continuer à ne pas voir comment le monde évolue ?

Pour comprendre cette apparente myopie passée et peut-être présente, nous allons nous pencher sur le cas de John B. Mac Kittrick. En 1957, il est président de General Electric. Il a longuement réfléchi au développement de l'entreprise dont il a la responsabilité. Il constate que le fait de vouloir toujours construire mieux et moins cher conduit à l'impasse ! Bien sûr, l'Amérique consomme déjà à cette époque. Il y a des voitures, des produits pour le jardin, de magnifiques tondeuses à gazon, des shakers et tout une foultitude de produits de beauté qui visent à rendre la femme et l'homme plus forts, plus dynamiques, plus américains. Pourtant la concurrence est difficile, d'autant plus que le pouvoir dans les entreprises est aux mains des ingénieurs. Ce sont eux qui disent si on peut ou non faire telle ou telle modification, utiliser telle ou telle couleur, lancer tel ou tel nouveau produit. Ils décident aussi, et ce n'est pas le moins important, des prix des produits non pas en fonction de ce que peut payer le consommateur mais en fonction de la marge de fabrication et par là même des bénéfices de l'entreprise !

Kittrick a l'intime conviction que cette situation ne doit pas perdurer. Si l'on veut des entreprises fortes, compétitives, dominant leur marché et par là même une nation forte, il faut briser le pouvoir des usines et se tourner vers le marché. Aujourd'hui, de telles réflexions paraissent évidentes ! Mais à l'époque, on ne voyait pas les choses de la même façon. Se retourner vers le marché, c'est fabriquer ce qui ferait plaisir au consommateur. C'est répondre à ses besoins. Dans ces deux dernières phrases, il y a deux mots essentiels, à savoir « consommateur » et « besoin ». Ces deux mots n'existent pas dans le vocabulaire des entreprises de ces années 50. Les managers ne sont conscients que de leurs performances de fabrication. Jamais auparavant dans les états-majors de Ford, de Chrysler et des autres, on avait osé dire que le consommateur pouvait avoir des besoins et que le propre de l'entreprise était de répondre à ces derniers pour améliorer les profits.

En 1957, Kittrick invente donc un nouveau terme : « marketing ». Seule la langue anglaise permet une telle acrobatie grammaticale. Transformer un mot (*market*, c'est-à-dire « marché ») en un verbe n'a pas beaucoup de sens pour les Latins que nous sommes. Mais Kittrick fait plus qu'inventer un verbe : il définit un nouveau concept. Pour fabriquer des richesses, il faut et il suffit d'explorer, de rechercher les besoins des consommateurs et tout simplement d'y répondre.

D'un seul coup la religion du consommateur s'impose ! Elle devient incontournable pour tous, fabricants, distributeurs, voire hommes politiques. Cette religion du consommateur va tirer sa force du succès des nouveaux produits, de leur lancement réussi, des campagnes de publicité qui frappent, choquent, enchantent, des entreprises qui ne cessent de conquérir parts de marché sur parts de marché avec une apparente facilité.

Le consommateur devient donc le centre du dispositif. Il remplace la fabrication et son cortège d'ingénieurs. Il est constamment analysé, disséqué. Pour lancer de nouveaux produits et pour être à même de les imposer au marché, pour être en avance sur les concurrents, il faut avant tout des idées nouvelles. Pour ce faire, il devient obligatoire pour toutes les entreprises d'être à l'écoute de tous les besoins, des moindres attentes, comme des désirs les plus cachés. Tous les opérateurs savent cela et se sont appliqués à le faire, hier comme aujourd'hui. Bien évidemment cette nécessité d'analyse permanente du consommateur conduit à se poser des questions sur la transformation du consommateur comme sur celle de la société. Il faut anticiper les changements dans la publicité, la distribution, la consommation. Il faut être certain de prendre les bonnes décisions au bon moment si l'on ne veut pas voir le concurrent passer devant. Dans ces conditions, il faut être conscient des nouvelles attentes, des nouveaux besoins. Il faut cerner avec le plus de précision possible les valeurs qui vont compter comme celles qui vont être abandonnées.

Freud et le futur

Sigmund Freud, Ernest Dichter et bien d'autres psychologues ou sociologues vont être d'un grand secours pour cette nouvelle religion du marketing. En apportant un discours et une théorisation sur la réalité des besoins de sécurité, d'amour, de reconnaissance, en faisant comprendre ce qui compose et motive un besoin, ils vont permettre aux entreprises d'approcher de plus près l'objet de toutes leurs attentions, à savoir ce qui peut intéresser le consommateur.

Aujourd'hui, l'exploration psychologique se complète des analyses quotidiennes qu'autorise l'informatisation généralisée. La possibilité de recueillir et d'exploiter des milliers de données permet d'analyser les tendances lourdes de l'évolution de l'activité économique. Ainsi peut-on par exemple déceler les relations existant entre un type de consommation et le niveau d'instruction, le fait d'être sportif, croyant, marié ou amateur de films X…

Toutes ces méthodes, pour intéressantes qu'elles soient, présentent le défaut, dans un moment où de partout l'on voit poindre des turbulences de consommation souvent inattendues, toujours déroutantes, de ne s'appuyer que sur le passé ou au mieux le présent immédiat. Tout le monde est bien conscient de cet inconvénient. Faute de mieux, on continue quand même dans la plupart des cas à imaginer le futur du consommateur en analysant le présent et le passé comme si les choses devaient s'inscrire dans une sorte de cycle pré-programmé linéaire et constant.

Pour pallier cet inconvénient, on a bien sûr recours aux sondages. Par des questionnaires, des interviews appropriés, on sonde les opinions des consommateurs sur leur vision du futur. Une fois le travail de collecte de l'information réalisé, il ne reste plus alors selon les spécialistes eux-mêmes qu'à extrapoler les informations recueillies pour décrire après étude ce que seront les attentes, les besoins probables du futur. La méthode est apparemment intéressante. Elle passionne même ! Les journaux, les magazines, les chaînes de TV et autres stations de radio en raffolent. Il est vrai qu'il est captivant d'apprendre quels seront les besoins, les attentes des consommateurs et de savoir avant tout le monde ce qui devrait se passer dans le futur.

Pour autant, cette méthode pose elle aussi problème. Elle n'est pas aussi fiable qu'on le voudrait. Dans certains cas, elle est même dangereuse. Qui n'a en mémoire ces sondages qui prédisaient la victoire de tel leader, de tel parti politique alors que la réalité s'avérait être toute différente ? Tout le monde se souvient en

France que d'après les instituts de sondage, c'est le premier ministre Édouard Balladur qui aurait dû être élu Président de la République avec plus de 60 % des voix. Qui n'a en mémoire le monde idyllique que nous promettaient les sondeurs et que nous décrivaient les journaux dans les années 1980 ? Tout le monde se souvient de ce que l'on disait sur la sécurité, la retraite, l'automobile, etc. Force est de constater que les sondages d'opinion se trompent trop souvent pour qu'on puisse vraiment leur faire confiance pour déterminer ce que sera demain à partir de la vision que pourrait en avoir le consommateur.

À la réflexion, il est peut-être d'ailleurs logique que les sondages se trompent ! Comment être précis quand on prend essentiellement appui sur ce que les consommateurs, les citoyens restituent de ce qu'ils imaginent de leur futur ? Rien ne dit que l'interviewé a une idée claire du futur. Rien ne dit non plus que ce soit un exercice dans lequel il excelle et qu'il pratique naturellement de façon spontanée ! Les consommateurs comme les citoyens peuvent souhaiter un certain futur mais rien ne dit que ce sera celui-là qui leur conviendra et encore moins celui qui se réalisera ! De la même façon, lorsqu'ils déclarent dans le cadre d'interviews en profondeur, de tables rondes conduites par une psychologue, d'un questionnaire ou d'une simple conversation de salon « j'aime, je déteste, c'est beau, c'est laid, je vais voter, acheter, je ferai si, etc. », ils n'expriment par des mots que leurs opinions, leurs envies, leurs frustrations vis-à-vis d'un produit, d'un service ou d'un homme politique.

Rien ne dit, cela étant, que ces opinions, ces points de vue, ces prises de position, ces attitudes vont effectivement correspondre à ce que fera le sujet consommateur ou électeur. Nous avons tous l'expérience de ces intentions affirmées avec force par nos proches comme par nos dirigeants du type « je ferai, je ne ferai pas, quand je serai, je prendrai la décision, j'achèterai, je voterai, etc. » qui se traduisent dans les faits par des actions tout à fait contraires ! Les consommateurs comme les citoyens ne font pas forcément ce qu'ils disent et ne disent pas toujours ce qu'ils font vraiment, ceci complique encore plus le décodage de leur imaginaire.

L'homo cliens ou homo comparator

Ce que Kittrick ne dit pas ou ne prévoit pas lorsqu'il lance le concept de marketing, c'est que derrière le consommateur que l'on croit être au centre du dispositif se cache un autre individu encore plus important, l'*homo cliens* ou encore l'*homo comparator* (l'acheteur, l'acquéreur).

En 1957, le côté client du consommateur n'est pas très apparent. Dès les années 90, il va devenir capital.

L'homo consomatio (le consommateur), c'est celui qui utilise le produit ou le service. C'est celui aussi qui s'imagine déjà possédant la voiture, la maison qu'il a vue en publicité. C'est celui que l'on tente tous les jours par des produits qui rendent plus beau, plus fort, plus grand, plus jeune, par des voyages fabuleux et l'argent facile du Loto. Tout cela, le consommateur le désire, le veut et ne désespère jamais de l'avoir. À ce titre, il est bien le moteur du marketing et de la demande moderne.

L'homo cliens ou *comparator*, c'est celui qui achète pour lui, pour sa famille ou ses amis. C'est celui qui est confronté à l'épineux problème du choix au rayon du supermarché ou de l'hypermarché, du grand magasin ou de la boutique. Il lui appartient de savoir s'il va acheter la marque qui l'a impressionné dans le dernier spot TV ou le challenger dont tout le monde commence à parler, ou encore la marque du magasin qui se dit moins chère et aussi bonne. Il lui appartient aussi de ne pas se tromper quand il achète la petite robe, la paire de chaussures à la mode ou le vin qui doit convenir aux mets qui seront servis pour le dîner avec les beaux-parents.

Pendant que *l'homo consomatio* rêve, *l'homo comparator*, lui, choisit et achète ! Pendant que le consommateur laisse vagabonder son esprit et se prête volontiers à l'hypnose des médias, le client doit faire avec l'argent que croit encore posséder *l'homo consomatio*.

Dans ce scénario aux allures de *Docteur Jekyll et Mr Hyde*, la prolifération des produits, des médias et donc des tentations de toutes sortes alliée au développement de la distribution va jouer un rôle décisif dans la dualité consommateur / client de chaque individu.

Kittrick ne pouvait pas imaginer, lorsqu'il créait son concept, que davantage que les produits, ce seraient la distribution et les moyens de communication qui se développeraient le plus et le plus rapidement.

En 1957, les hypermarchés faisaient tout juste une timide apparition en France. On n'imaginait même pas les retrouver un jour en Espagne, en Argentine, en Chine ou en Pologne. Wal-Mart n'existait pas ! Les « *category killers* » comme Decathlon, Leroy Merlin ou Home Dépôt n'étaient même pas encore imaginés par leurs créateurs qui étaient à cette époque de simples étudiants voire des écoliers en culotte courte. Plus le consommateur va se prêter au jeu de la consommation, plus son côté client va devoir prendre des décisions cornéliennes face à ses choix de magasins ou de produits. La multiplication des linéaires dans les points de vente, la liberté de prendre, de reposer les produits va bouleverser les habitudes de consommation. L'augmentation à l'infini de l'offre et des façons d'acheter va faire du personnage « client » l'autre centre du dispositif marketing.

Dire que le côté client de l'individu est en dualité avec son côté consommateur, c'est dire aussi qu'au marketing du consommateur il faut maintenant impérativement, pour être efficace, ajouter celui du client. On verra d'ailleurs que, dans certains secteurs d'activité, la face consommateur de l'individu a complètement disparu pour ne laisser place qu'à la face client. Ceci explique par exemple la poussée des produits génériques.

Le consommateur s'aborde par ses attitudes, ses opinions, en un mot par son déclaratif. Le client ne s'aborde que par ce qu'il fait, c'est-à-dire ses comportements.

Les « attitudes » traduites par le déclaratif (ce que nous ressentons, ce que nous disons puisque c'est de cela qu'il s'agit) sont produites par une alchimie complexe que les psychiatres et les psychanalystes nous font comprendre et partager au fur et à mesure des progrès de leurs recherches et de leurs travaux. Ce monde des attitudes est aujourd'hui assez bien maîtrisé par les responsables d'entreprises. Ceci a pour conséquence que la complexe réalité du consommateur est bien connue de ceux qui doivent prendre des décisions en terme de communication, de publicité ou de gestion des besoins.

Contrairement aux attitudes, le comportement, c'est ce que nous faisons et pas ce que nous disons ! Un comportement ne se déclare pas, il s'observe. Lorsqu'une ménagère, furieuse, abandonne son caddie plein de produits après avoir parcouru toutes les allées de son hypermarché au pas de course parce qu'elle estime qu'on la fait trop attendre aux caisses et qu'elle doit se hâter, faire vite pour récupérer son enfant à la sortie de l'école, elle n'exprime pas une attitude mais bien un « comportement ».

Or, dans le langage courant, on ne prête pas grande attention à l'emploi académique des termes « attitude » ou « comportement ». On emploie volontiers l'un pour l'autre et vice-versa. On affirmera par exemple que la cliente a un bon « comportement » favorable aux marques lorsqu'elle dit tout le bien qu'elle pense de Coca-Cola, de Danone, de Kleenex et qu'elle a une « attitude » très marquée pour les marques distributeurs et les premiers prix lorsqu'elle remplit son caddie des produits Carrefour, Casino ou Auchan.

On aura bien compris que dans ces deux derniers cas, il aurait fallu parler de l'attitude de la consommatrice vis-à-vis des grandes marques et de son comportement d'achat vis-à-vis des MDD. L'attitude s'écoute, le comportement s'observe.

Le monde du comportement

Le monde du comportement est d'une nature très différente de celui des attitudes. Dans ce monde, on ne parle plus comme chez Abraham H. Maslow (1908-1970) du moteur de l'action lié au besoin de réalisation de soi, de reconnaissance, d'amour, de sécurité, au besoin physiologique, de réaliser son potentiel, etc. On parle tout simplement de « réactions », c'est-à-dire du concept stimuli / réponse.

Tout ce qui touche aux comportements est finalement assez peu connu, reconnu et utilisé par les entreprises. La force de la psychologie classique est telle, l'importance du côté consommateur de l'individu si présente dans les décisions marketing que parler de comportement et de client apparaît seulement comme une autre façon, peut-être plus sophistiquée, plus moderne, de parler des « attitudes » et du consommateur.

Bien évidemment, il n'en est rien ! Quand on parle de comportement, il faut penser à Ivan P. Pavlov et à Vladimir M. Bekhterev, passionnés par le conditionnement des animaux ! Mais aussi à Edward C. Tolman, Clark L. Hull, et Burrhus F. Skinner, fondateurs de la psychologie réactive qui purent formuler leurs propres théories de l'apprentissage et du comportement en se fondant sur les expériences de laboratoire et non sur l'introspection freudienne. Plus près de nous, dans les années 90, évoquons aussi Leda Cosmides et John Tooby, deux noms célèbres parmi les fondateurs de la théorie révolutionnaire de la psychologie évolutionniste, qui voudraient que notre cerveau ne soit pas une cire molle, une « *tabula rasa* » que la culture façonnerait mais bien plutôt une véritable boîte à outils faite de circuits neuronaux programmés par des millions d'années d'évolution. Le comportement, c'est aussi bien sûr l'affaire de Jean Rostand, Pierre Bourdieu, Konrad Lorenz et plus généralement de tous les ethnologues, anthropologues, sociologues qui ont permis de formuler les bases de la science cognitive.

Ces auteurs, dont la connaissance est pourtant essentielle si l'on veut comprendre le côté client du consommateur, sont plus appréciés aujourd'hui pour leurs travaux sur les grands singes que pour leurs modèles d'explication du comportement d'achat des humains. Cette méconnaissance est regrettable dès lors que l'on se met en tête de définir le futur de notre économie.

Il tombe sous le sens que pour se représenter le futur, il n'est plus aujourd'hui suffisant, si l'on admet la dualité consommateur / client, de s'intéresser uniquement à l'évolution des attitudes du consommateur. Il est indispensable de s'intéresser aussi, et peut-être avant tout, à ses comportements à court, moyen ou long terme.

Il faut donc apprécier d'un côté les opinions, les attitudes des consommateurs sur les facteurs qui feront demain la réputation, la valeur d'une marque, d'une enseigne de distribution, d'un produit ou d'un service, ce que l'on sait très bien faire aujourd'hui ; de l'autre, il est impératif de déterminer l'évolution des comportements et des critères qui font que l'on choisit plutôt un produit qu'un autre, une distribution qu'une autre, ce que l'on sait moins bien faire.

Le comportement, c'est d'abord l'observation

Observons, comme on le ferait de n'importe quel mammifère dont on étudierait le comportement, une cliente parmi tant d'autres au rayon hygiène beauté d'un supermarché. Elle regarde les marques, les promotions présentes au linéaire. Elle est dans sa bulle silencieuse. Elle réfléchit. Peut-être compare-t-elle les emballages ? Peut-être fait-elle de savants calculs comparatifs entre les promesses de chaque produit et les prix affichés ? Tout cela, on peut le supposer mais on ne le saura jamais vraiment même si on lui pose la question (ce qui est toujours tentant mais qui n'a pas grande utilité) ! Les seules choses que l'on peut constater, c'est : ce qu'elle fait, ce qu'elle touche, prend, repose, si elle va acheter et ce qu'elle va acheter.

Continuons l'observation. À l'évidence, vu le temps qu'elle passe au linéaire, elle cherche quelque chose qu'elle ne trouve pas ou ressent une difficulté à choisir. Une démonstratrice ou une vendeuse s'approche gentiment, demande poliment si elle peut apporter son aide par des mots on ne peut plus neutres du type «Vous cherchez quelque chose, je peux vous aider ? ». D'un seul coup, sans crier gare, la cliente répond rageusement et de façon agressive « Non !». Puis elle interrompt sa rêverie et quitte le rayon subitement en grommelant. Probablement ne s'est-elle pas rendu compte de ce qu'elle faisait, de ce qu'elle disait, pas plus que du ton de sa voix quand elle a répondu de façon si agressive à la personne qui tentait de lui venir en aide. Elle a en fait tout simplement réagi à une situation probablement créée par la vendeuse. Sans s'en rendre compte, cette dernière a franchi le périmètre naturel de défense propre à tous les individus. Elle s'est avancée trop près, avec des gestes qui se voulaient avenants mais qui ont été mal perçus donc mal vécus. La consommatrice s'est peut-être sentie agressée, mise en danger par ces gestes, par cette proximité, par le ton de la voix peut-être trop mielleux de la vendeuse. En un instant elle a pu s'imaginer mille choses comme « *On va me forcer à acheter ce que je ne veux pas !* » ; « *La vendeuse ne va pas me lâcher, je ne vais pas savoir résister, elle va insister, elle touche sans doute une commission sur ses ventes, son conseil est par définition orienté et donc pas crédible, etc.* ».

Peu importe comment la cliente décrira la scène ou ce qu'elle a vécu.

Peu importent les raisons qu'elle donnera pour justifier son comportement ! Ce qui compte c'est ce qu'elle a fait. Elle s'est montrée agressive et est partie sans acheter. En d'autres termes, elle a fait l'inverse de ce que souhaitait la vendeuse, l'inverse aussi de ce à quoi s'attendait cette dernière, elle qui croyait si bien avoir utilisé les recettes enseignées par le département formation de son entreprise.

Pourquoi cette consommatrice a-t-elle eu cette conduite aujourd'hui ? Est-ce un comportement nouveau et si oui, pourquoi ? Quels sont les éléments et les facteurs qui ont conduit la consommatrice à avoir un tel comportement à première vue irraisonné, complètement erratique ? Ce comportement va-t-il se reproduire ? Est-il la trace d'une nouvelle façon d'être ? Quelles sont les solutions qui permettraient de l'éviter, etc. ?

Face à ces comportements, si l'on s'intéresse à la bonne marche du magasin, aux performances du responsable des vendeurs ou au succès des marques présentes en linéaire, il faut essayer de savoir s'il s'agit d'un acte isolé ou si face à cette même situation, la majorité des clientes va réagir de la sorte ? De la même façon, il faudra déterminer si ce type de situation a, par le passé, toujours engendré le même type de comportement ou si cette agressivité du client est tout à fait nouvelle et de plus en plus présente chez la plupart des individus observés ! S'il s'agit d'un cas isolé, il faudra l'oublier ! Si par contre on observe qu'à chaque fois qu'un vendeur s'approche d'un client qui rêve dans sa bulle au linéaire il le fait fuir et le rend agressif, si l'on se convainc qu'il s'agit d'un comportement très nouveau, il faudra en déduire que quelque chose a changé dans la relation client / vendeur et que la nouvelle société de consommation impose de nouvelles façons de vendre.

La « situation » moteur du comportement

Si le comportement de cette cliente peut être considéré *a priori* comme la réaction à l'approche de la vendeuse, c'est-à-dire à la situation créée par cette dernière, encore faudrait-il déterminer plus précisément ce que recouvre le terme situation. Dans ce cas précis, est-ce la démarche de la vendeuse, sa couleur de cheveux, sa façon de marcher ou la conjonction « difficulté de choisir de la cliente / image des vendeurs en général, nature du point de vente en particulier » ? Sommes-nous ici confrontés à une typologie de client ou à un segment en particulier ?

On sait par expérience que certains clients trouvent que la présence de vendeurs en magasin est intolérable, surtout lorsqu'ils ont le sentiment qu'ils n'ont absolument pas besoin d'eux ! Cela les conduit à se montrer agressifs envers ces pauvres garçons et filles que la direction du point de vente ne cesse de motiver par différents moyens pour qu'ils soient au contact, dynamiques et présents. D'autres, au contraire, acceptent ou tolèrent cette présence de vendeurs surtout lorsqu'ils estiment que ce sont des jeunes qui tentent de bien faire leur métier et qui par tous les moyens s'efforcent d'échapper au chômage. Cela les conduit à être bienveillants, parfois même à acheter plus !

La raison de cette différence de comportement, en fait, n'est pas de nature typologique comme trop souvent on veut le croire par pure simplification des choses. Il n'y a pas ceux qui aiment les vendeurs et ceux qui ne les aiment pas. On ne naît pas pro ou anti-vendeur, on perçoit une situation, il y a réaction et de là découle un comportement.

Dans la vie courante, on retrouve quotidiennement ce type de situation mettant en jeu la relation perception / comportement. Lorsque par exemple, au péage d'autoroute, un automobiliste met un temps infini pour chercher son ticket puis sa monnaie et qu'il finit par gratifier, après avoir enfin payé, la préposée à la caisse d'un long discours convivial, il n'est pas rare que celui qui attend derrière finisse par montrer des signes d'énervement évidents. Il n'est pas rare non plus que cette personne s'entende dire par un passager, un collègue, sa femme ou l'un de ses enfants « Allons, il faut se calmer, tout va bien, on a le temps, à quoi cela sert-il de s'énerver ? » !

Pour des raisons qui lui sont propres, à ce moment-là, ce conducteur est sincèrement convaincu qu'il est la victime d'une grande injustice ou d'une malchance incompréhensible. Parce qu'il a quelque chose d'important à faire, parce qu'il veut arriver avant l'heure de la fermeture du magasin où il doit acheter quelque chose qu'il juge important, il a une perception très particulière de cette scène. Par d'autres, elle serait jugée sympathique voire tout à fait normale ! Pour lui, elle est inacceptable. Plus l'automobiliste attend, plus il devient irritable et désagréable. Il vocifère même de façon souvent inquiétante ! Il suffit d'un rien pour que la situation devienne explosive, surtout si l'un des passagers fait une remarque jugée par lui stupide ou incongrue, du type « Tout vient à point à qui sait attendre ». Les enfants, passagers obligés des voitures des parents, connaissent bien ce genre de situation et les redoutent.

Rien ne dit qu'à ce même péage, un autre jour, le même automobiliste n'aura pas un comportement complètement différent. Parce qu'il aura le temps, parce que sa stéréo diffusera une musique qui l'enchantera ou parce que les gendarmes seront là, il trouvera que l'automobiliste de devant, qui prend son temps pour payer est un « plouc » pas méchant. Il confirmera son opinion aux passagers en se référant à sa plaque minéralogique et il dira en riant « Pas étonnant c'est un 78 ! ».

La situation, vécue ici par l'automobiliste qui attend, lui est propre. Elle est la conséquence de sa perception. La perception qu'il a de ce qui se passe au péage lui appartient. Le comportement qu'il affiche n'est pas discutable. On peut bien lui dire que ceci ou cela ne se fait pas ou ne se dit pas, rien n'y fera. Il n'est pas maître de sa perception, pas plus que de ses réactions. Personne ne peut ressentir la situation vécue par un tiers. Le fameux « mettez-vous à ma place » n'a de ce fait ici aucun sens !

La réaction à une situation n'est, d'après les multiples observations qui ont pu être faites, qu'une question de « perception ». En d'autres termes, c'est l'observateur qui, à un moment donné, définit la situation et pas l'inverse. Dans ces conditions, il n'y a donc pas de bonne ou de mauvaise situation ou encore de situation juste ou injuste. Il y a ce que nous voyons, entendons, sentons, interprétons à un moment donné qui définit ce que nous qualifions de situation et qui nous amène à réagir !

Cette réalité de l'importance de l'observateur dans la définition de la situation est parfaitement démontrée par tous les exemples de notre vie quotidienne. Nous aimons tel restaurant parce que l'ambiance nous plaît, le personnel nous convient et la carte n'est pas mauvaise. Inversement, nous n'aimons pas tel autre restaurant, bien que sa cuisine soit bonne, sa carte des vins correcte, ses prix abordables. Nous trouvons l'ambiance froide, les clients un peu trop bon chic, bon genre à notre goût. Rien ne dit d'ailleurs qu'un jour nous ne trouverons pas ce restaurant parfait parce que nous aurons admis une évolution dans l'ambiance. La perception du restaurant que nous avons au travers de nos cinq sens nous fait percevoir une situation que nous seuls pouvons juger bonne ou mauvaise. Comme pour le restaurant, le client perçoit le supermarché. Sans s'en rendre compte, il va réagir à la lumière, au personnel, aux linéaires, au merchandising, à la musique. Il se sentira alors en milieu ami ou ennemi. Il aura envie d'acheter ou au contraire de vite se débarrasser de ses courses pour aller finir ses achats ailleurs. Si le point de vente est à côté de son domicile et qu'il ne l'apprécie pas, soit il ira faire sa « cueillette » plus loin, soit il se sentira obligé de rester là et nourrira une haine féroce à l'endroit de l'enseigne.

En vacances, c'est-à-dire dans une autre ambiance, dans d'autres horizons, rien ne dit que cette enseigne sera à nouveau fréquentée par ce même client.

Les mécanismes de la perception
- L'effet d'atterrissage

Les mécanismes du « perçu », c'est-à-dire des définitions de situation, sont aujourd'hui assez bien connus. D'abord le consommateur perçoit naturellement. Par ses différents sens, il est en contact avec l'objet, la chose, le moment, l'événement, le lieu. Il entend, touche, voit, sent, il goûte aussi. Ensuite, en fonction de son éducation, de son âge, de son expérience, de sa condition, il interprète ce qu'il perçoit. Enfin, selon le moment et ce qu'il est ou représente, son cerveau fait une comparaison entre ce qu'il interprète (réalité) et ce qu'il souhaiterait ou encore ce que devrait être pour lui dans l'idéal ce qu'il perçoit (valeur).

Le consommateur charge son cerveau avec la publicité qui lui est faite sur un produit. Il a une image probablement idéale de ce produit. Comme il est dans sa phase consommateur, il fantasme peut-être sur les formes, les couleurs, l'utilité, les performances. En arrivant au point de vente, il voit le produit au linéaire ou sur le comptoir. Inconsciemment, son cerveau va tracer le chemin qu'il y a entre l'image qu'il avait du produit et ce qu'il voit en réalité. Il y aura là ce qu'il est convenu d'appeler un effet « d'atterrissage ». La perception du client va atterrir de la (valeur) à la (réalité). Il est clair que si l'effet d'atterrissage est négatif, il y aura une grande déception, *a contrario* on peut parfois avoir d'heureuses surprises.

Le « perçu » se situe donc entre ces deux pôles ; c'est-à-dire entre la réalité et les valeurs.

La difficulté de l'interprétation des « perçus », donc des réactions, pourrait venir du fait qu'il est probable que chaque consommateur, selon sa culture, son appartenance sociale, son âge peut avoir une certaine idée de la façon dont les choses sont (réalité) et devraient être (valeurs). Dans ce cas, il serait difficile de projeter des réactions de masse ou globalisantes intéressant les distributeurs comme les industriels pour leurs décisions stratégiques ! Heureusement, une bande d'anthropologues iconoclastes, Dan Sperber, Pascal Boyer et Scott Altran, fervents chercheurs de la psychologie évolutionniste et de l'anthropologie cognitive ont montré, il y a déjà quelques années, à l'encontre de ce que l'on croyait, que :

- les cultures ne sont pas variables et singulières mais bien au contraire qu'il existe des invariants culturels ;

- l'esprit formate les cultures et non pas l'inverse, contrairement à ce que l'on a pu croire depuis des siècles.

En d'autres termes, à Mexico, à Moscou ou à Limoges, on se comporte de la même façon dans les supermarchés et on choisit les produits de la même manière.

Les Galeries Lafayette sont à ce titre un très bon exemple. Les clients japonais ou américains ont chacun, du moins peut-on l'imaginer, une certaine idée de ce qu'est un grand magasin parisien. Ils ont aussi leur idée de la façon dont les choses devraient être eu égard à leur expérience, leurs attentes, leur vécu appris dans d'autres magasins de leur pays d'origine ou au travers de leurs voyages. Leur perception oscille donc entre ces deux pôles de la réalité et des valeurs. Mais à l'encontre de ce que l'on pourrait imaginer, on n'observe pas de grandes différences entre le perçu des Japonais et celui des Américains. Le problème vient simplement du fait qu'ils ont les mêmes « effets d'atterrissage » donc la même perception et donc les mêmes réactions. Les clients américains ou japonais ont finalement les mêmes « invariants culturels ». Ils ont appris très tôt, c'est-à-dire quand ils étaient enfants, le grand magasin et finissent par voir aujourd'hui les choses de la même façon.

Les responsables de ce grand magasin doivent donc, en fonction du potentiel d'achat propre à ces deux populations, bien réfléchir à ce qu'ils veulent vendre aux uns et aux autres, aux marques, aux prix. En aucun cas, ils n'ont à se soucier de faire, comme le proposent certains, un magasin pour Japonais ou pour Américains et un « corner » pour les Français.

Si l'on s'accorde sur ce qui vient d'être écrit, on doit admettre que la façon dont nous voyons le magasin induit la façon dont nous le « pensons » et donc la façon dont nous nous comportons face aux rayons. La perception, ce n'est pas seulement voir ; c'est aussi toucher, sentir. Le client veut toucher la robe, le tournevis qu'il pense acheter, le bois de la rampe de l'escalier et fouler les tapis ou le bois sur le sol.

Dans certains rayons de bricolage, on a pu observer que la mise sous blister ou sous vitrine de certains produits a diminué la possibilité de toucher, donc de percevoir, donc d'acheter. Lorsqu'on achète une voiture neuve, on touche les coussins en cuir. L'interdire, c'est priver le client d'une sensation très forte qui peut conduire à l'achat.

Les magasins Sephora ont bien compris qu'il fallait laisser les clients toucher les parfums, les rouges à lèvres, les produits de beauté afin d'établir chez la cliente une perception de liberté totale.

Ainsi, la perception est plus complète que la simple vue de l'objet, du point de vente ou des linéaires.

Si c'est l'observateur et lui seul qui définit la situation, ceci ne se fait pourtant pas au hasard. Il y a pour chaque situation et à chaque fois, une explication possible des mécanismes de la perception.

La dynamique de perception

La perception n'est pas qu'impressionniste, elle est dynamique, pour ne pas dire cinétique !

En magasin, le client est souvent mu par deux énergies antago-nistes et interactives. D'une part, il a le besoin de « trouver » ce pourquoi il est venu dans ce point de vente. Il sait par expé-rience que sa marque est peut-être en rupture de stock ou qu'on a changé l'organisation des linéaires du magasin, bref que pour une raison ou une autre il risque de ne plus trouver sa marque. Ce risque existe, il a des conséquences. Ne pas trouver le pro-duit, c'est repartir bredouille de la cueillette. C'est faire de la peine à son mari, à ses enfants. C'est aussi peut-être passer pour un ou une imbécile. Ne pas trouver est un acte qui préoccupe fortement le client ! D'autre part, le client sait aussi qu'il doit faire ses courses dans un temps à peu près déterminé. Il travaille ou a des enfants, un mari ou une épouse qui attendent. Il a un « crédit temps d'achat » qu'il s'octroie ou qu'il perçoit pour acheter, trouver, payer.

Le besoin de trouver est une sorte d'angoisse que l'on observe chez certains clients dans le magasin au moment de l'achat. Si le côté consommateur peut avoir prédéterminé ce qu'il vient chercher en terme de marque, de prix, de taille, le côté client peut parfois se poser la question de savoir si le produit qu'il cherche est disponible ou s'impatienter de ne pas le trouver à coup sûr et immédiatement au linéaire. La mère de famille, par exemple, peut se sentir très frustrée, à chaque fois qu'elle doit acheter des piles électriques pour les jouets de son enfant, si elle ne comprend rien au rangement du linéaire, aux couleurs et surtout aux tailles des piles. Au contraire, le client peut ne pas avoir parfaitement identifié ce qu'il vient chercher. Il voudrait par exemple une chemise mode dans des couleurs pas trop voyantes et surtout pas trop chère. Au fur et à mesure de sa recherche, face à un choix trop important ou à un manque de choix, il peut se désespérer de ne pas trouver. Dans un cas comme dans l'autre, le besoin de trouver peut faire entrer le consommateur dans une sorte de spirale d'anxiété. Cette spirale va créer une situation ou un élément de situation et produire un comportement.

Le crédit temps d'achat, c'est-à-dire le temps que l'on s'est donné pour faire ses courses, peut prendre des importances très différentes selon que le client est pressé par le conjoint qui s'impatiente, dérangé par l'enfant qui se traîne ou qu'il ne trouve pas ce qu'il cherche. Le vendeur qui répond mal et qui fait perdre son sang-froid et son temps au client est aussi un facteur important dans la perception du crédit temps achat.

Besoin de trouver d'une part et crédit temps achat d'autre part sont donc des valeurs qui vont créer une certaine situation et par la même, une perception du magasin et des comportements.

Selon le type de distribution, le type d'achat (plaisir ou corvée) mais aussi le segment de clientèle (mères de famille, seniors), ces deux forces antagonistes interagissent et vont s'influencer de façon très différente.

Dans la distribution du meuble, le crédit temps d'achat n'est pas limité. On flâne facilement dans les magasins : on visite volontiers les chambres à coucher, les cuisines en passant par les séjours. On s'est souvent octroyé l'après-midi pour faire le tour des points de vente ! Le besoin de trouver, lui, est très souvent mal ou pas déterminé. L'angoisse est faible. On ne sait pas très bien ce que l'on cherche et finalement, on peut acheter quelque chose que l'on n'avait pas imaginé avant d'entrer dans le magasin ! Les deux forces ne s'opposent pas forcément. La perception que l'on aura de la situation d'achat sera alors très liée aux vendeurs et à leur disponibilité, au décor, aux autres clients.

Puisqu'on a le temps de regarder, on en profite ! Ceci explique pourquoi Ikea peut se permettre d'obliger ses clients à suivre un parcours qui passe obligatoirement par tous les meubles exposés dans le magasin. Il est clair que ceci ne serait pas possible dans un magasin où le crédit temps achat du consommateur est très court et où le besoin de trouver est parfaitement défini.

Dans la distribution alimentaire, la situation est totalement différente. Le crédit temps achat est souvent très court. On est pressé et on ne vit pas forcément comme un loisir le fait de faire des courses pour faire le plein du réfrigérateur ! Le besoin de trouver, lui, se réfère par contre à des produits très identifiés, des marques, des prix, des tailles, des couleurs. On ne supporte pas de les chercher longtemps ! On connaît généralement l'endroit où se trouvent ses marques, les prix, etc. Ces deux forces, le besoin de trouver et le crédit temps achat, vont tour à tour se contrarier ou au contraire se mettre en synergie, en totalité ou chacune à chacune. C'est la présence d'une série d'éléments (présence ou absence de marques au linéaire, largeur des allées, etc.) et de facteurs (température dans le point de vente, propreté des sols, tenue du personnel du magasin, etc.) qui va jouer sur le couple crédit temps achat / besoin de trouver.

Si les linéaires sont confus, le temps d'achat paraîtra d'autant plus long que le produit recherché sera préalablement déterminé ou décidé et que l'on aura la contrainte de l'enfant que l'on devra aller chercher en sortie d'école. Inversement, si l'architecture propose des plafonds hauts, dégagés, si les couleurs sont apaisantes, si la température est basse en été, on se sentira moins oppressé, moins pressé et par là même, le temps d'achat et le besoin de trouver ne seront pas vécus de la même façon.

La perception globale que retient le client d'un point de vente n'est donc pas une simple impression ou une image plus ou moins fugace de son passage dans le point de vente. La température du magasin, le nombre de clients présents, la présentation des produits, le type de sol, la lumière, les odeurs, la couleur, le mobilier, la musique, la hauteur de plafond, le type de décor sont en fait une succession de stimuli qui vont créer une situation liée au crédit temps achat et au besoin de trouver. Cette perception du point de vente a donc des effets comportementaux puisqu'elle va entraîner des réactions.

La nécessité de définir, dans un premier temps de façon globale, ces éléments et facteurs et d'observer dans un second temps leur interdépendance apparaît donc comme prioritaire dès lors que l'on souhaite influencer favorablement l'achat par le consommateur.

Dans la stratégie de différenciation des points de vente, dans leur besoin de faire en sorte que le client achète plus, achète mieux, dans la nécessité de fidéliser et de satisfaire le client acquis, la stratégie du « perçu » apparaît déjà aujourd'hui comme incontournable. Demain, elle sera probablement le grand facteur de succès des distributeurs. On doit donc s'attendre dans le futur à une volonté marquée des distributeurs de tout genre, de tout faire pour offrir à leurs clients, de beaux magasins qui inciteront beaucoup plus à acheter qu'aujourd'hui. On aura non seulement des beaux magasins mais surtout des points de vente dont l'ambiance sera définie pour créer directement des comportements favorables à « plus d'achat » et à « mieux acheter » : c'est là que se feront les gros investissements.

Le « perçu », c'est-à-dire la situation, deviendra donc le stimuli comportemental premier du point de vente.

Ce qui est vrai pour le point de vente l'est aussi en d'autres lieux, comme sur la route : la vue du gendarme ralentit l'automobiliste même s'il n'a rien à se reprocher. Une route fraîchement refaite, belle et lisse, dont le marquage est tout neuf favorise l'excès de vitesse ! Une femme riche apparaît souvent plus belle qu'une femme pauvre[1].

La nature des perceptions collectives

Bien que nous ayons une perception individuelle très spécifique des situations que nous vivons, ce qui nous amène à avoir nos propres réactions, donc des comportements que l'on pourrait qualifier d'uniques, il serait prématuré d'imaginer que seules ces

1. Voir *Une histoire naturelle des très très riches,* par Richard Conniff, éditions Maxima, et *Pourquoi les femmes riches sont belles* par P. Gouillou, éditions Duculot, 2003.

réactions doivent être prises en compte pour définir ce que va faire dans le futur le consommateur de tel ou tel point de vente, de tel ou tel circuit de distribution. On remarque en effet qu'en terme de groupe (syndicats, patrons, grévistes...), de foule, de masse, il existe un autre type de réaction, collective celle-là. Tout se passe comme si nous avions à un moment donné une perception commune de la situation que nous vivons et par là même, un comportement à l'identique pour tous.

Dans un stade de football, une partie des spectateurs se lève au même moment, d'un seul homme lorsque l'équipe supportée va marquer. Pendant le même temps, l'autre moitié des tribunes exprime une profonde tristesse, une amertume indescriptible par des gestes de grand désespoir. Si l'on voulait demander à cinquante mille figurants de mimer cette scène, il faudrait des heures de préparation pour que les mouvements, les gestes soient synchronisés. Il y a fort à parier qu'il faudrait rejouer la séquence un nombre infini de fois, au grand désespoir du metteur en scène.

En voyant le match, bien ou mal tournée, la foule joue son rôle sans retard, sans préparation. Elle a un comportement de masse non dicté, non organisé et pourtant parfaitement précis.

Même chose lorsque nous voyons un accident de l'autre côté de l'autoroute. Chacun ralentit au même endroit, regarde la même scène et repart en oubliant la frayeur d'un instant.

Ce qui est vrai pour un stade l'est aussi pour une gare, les périphériques qui ceinturent la ville, la bourse, les grands magasins ou les hypermarchés, le choix des hommes ou des partis politiques. Chaque jour, nous faisons ensemble les mêmes gestes, nous avons les mêmes comportements devant des situations comparables.

La prévision des comportements collectifs

Il est certain que l'on en sait plus aujourd'hui sur le comportement collectif des animaux ou des bactéries que sur celui des humains. Konrad Lorenz, prix Nobel, et d'autres spécialistes de l'éthologie ont parfaitement décrit le comportement des oies sauvages, des poissons rouges, mais malheureusement pas celui des foules un jour de 14 juillet ou des mamans à la sortie de l'école maternelle.

Tous les experts marketing avaient prédit que pendant la coupe du monde de football de 1998, en France, les femmes ne regarderaient pas la télévision. « Le foot, c'est pour les hommes » avançaient-ils. Ainsi les chaînes de télévision n'avaient-elles pas cru bon de vendre de l'espace publicitaire pour cette fameuse ménagère de moins de cinquante ans qui fait l'objet de toutes les attentions des publicitaires et des spécialistes de marketing.

Pour des raisons inexpliquées à l'époque, les femmes, à la surprise générale, ont eu un comportement inattendu. Elles se sont mises à regarder les matchs, les uns après les autres et sont devenues des supporters incontournables de l'équipe de France. Pouvait-on prévoir ce comportement ? Y avait-il quelqu'un pour l'affirmer avant les huitièmes de finale ? La réponse est malheureusement non !

Encore plus étonnant, ce rendez-vous spontané de plus d'un million de personnes, toutes races, tous groupes socioprofessionnels confondus s'embrassant, se congratulant sur les Champs-Élysées après la finale et la victoire de la France. Pendant cette coupe du monde, personne n'avait montré le chemin, aucune organisation n'avait préparé le « coup », aucun mot d'ordre politique n'avait créé une dynamique de rassemblement. Le public a réagi à une situation et a senti le besoin de se comporter de façon inattendue.

45

Beaucoup d'analystes ont mis ce comportement collectif sur le compte d'une réaction saine aux thèses racistes du Front National, très prégnantes à l'époque. Les Français seraient descendus dans la rue parce qu'ils étaient fiers de leur équipe faite de blancs, de noirs et de beurs. Si l'on voulait reproduire une telle opération, il faudrait y mettre beaucoup de moyens et on n'est pas certain du résultat !

Les comportements collectifs ont de tout temps été importants pour comprendre le fonctionnement des sociétés, leur histoire, leur parti pris face aux éléments essentiels tels que la liberté, le droit de l'individu, la place des religions, etc. Pour comprendre et définir les contours de la nouvelle société d'*homo cliens* qui se dessine de par la dualité consommateur / client, l'étude des comportements collectifs de notre société devient un passage obligé.

Face au développement des médias, à leur rayonnement instantané et planétaire, il faut s'attendre à ce que des situations « communes » soient au même moment partagées par de grandes collectivités. Ainsi se créeront des comportements similaires et généralisés sur toute la planète. Tout le monde suit en même temps la finale de foot, l'attentat du 11 septembre 2001, la guerre en Irak ou les massacres en Slovénie. Tout le monde se trouve dans les mêmes situations de tristesse, de joie ou de frustration. Tout le monde va donc partager plus de comportements communs. Le monde des races et des cultures différentes va peut-être être remplacé par celui des réactions. C'est une thèse que certains ne se privent pas d'avancer.

Robert Winston, biologiste et vulgarisateur bien connu en Grande-Bretagne par le grand public pour ses nombreux documentaires sur le corps humain, la naissance de la vie et l'évolution, a beaucoup choqué lors de la publication de son livre *Human Instinct*[1]. Pour lui les choses sont simples !

« Pourquoi les hommes mariés apparemment heureux fantasment-ils sur les jeunes et jolies femmes dans le métro et mettent-ils en péril le bonheur de leur partenaire, de leurs enfants, de leur propre tranquillité pour une aventure sexuelle de passage ? Pourquoi y a-t-il tant de personnes, principalement des hommes, qui passent leur week-end entier, entièrement préoccupés de savoir si Arsenal gagnera le prochain match de foot contre Manchester United ou si Diamondbacks d'Arizona pourra battre les New York Yankees ? Qu'est-ce qui pousse certains à appuyer sur la pédale d'accélérateur aussi fort que possible quand le feu passe au vert pour démarrer le plus rapidement possible ? »

La réponse à cette question tient en deux mots : les instincts humains. L'instinct humain serait donc une bombe à retardement que les situations (perceptions) pourraient déclencher en bien ou en mal.

La notion de chaos

On ne peut pas parler de comportement sans parler de chaos. Le chaos, précieuse et complexe théorie mathématique que l'on doit entre autre au mathématicien français Henri Poincaré, peut très grossièrement se résumer à ce qu'il est convenu d'appeler « l'effet papillon ». Cet effet voudrait qu'un papillon battant des ailes en Amazonie peut déclencher un ouragan en Floride. En d'autres termes, lorsqu'un effet se produit en un endroit, il crée dans un autre lieu non connu, un phénomène

---

1. Robert Winston, *Human Instinct*, Bantam Books (non disponible en français). Cet ouvrage est le complément d'une émission diffusée en quatre épisodes par la BBC.

peu ou pas prévisible. On dit ainsi que la lune n'est pas, comme certains le croient, le fait de la création de l'univers mais tout simplement la conséquence d'un effet « chaotique ».

Les astrophysiciens expliquent qu'un astéroïde de quelques kilomètres de diamètre dénommé « le Grand Impacteur » aurait heurté la terre, il y a 4,6 milliards d'année. Cette collision aurait engendré une énorme chaleur équivalente à plus de 200 bombes atomiques du type de celle utilisée à Hiroshima, ainsi qu'un nuage de poussière inimaginable. Le nuage de pierres et de roches se serait alors atomisé dans l'atmosphère et aurait créé la lune !

Un bel exemple de chaos...

Lorsque le président Jacques Chirac dissout l'assemblée en 1997, non seulement la droite perd le pouvoir mais c'est, et cela était prévisible, de la gauche que sort le premier ministre. Ce qui était moins probable, c'est que Lionel Jospin, candidat malheureux aux présidentielles de 1995, se trouve propulsé, sans l'avoir cherché, à l'avant de la scène. Cette dissolution a donc eu pour premier effet chaotique de mettre à la place de premier ministre un homme qui n'espérait plus, du moins à moyen terme, jouer un rôle de premier plan.

Le comble de l'histoire est qu'après les présidentielles de 1995, Jospin aurait, du moins si l'on en croit la rumeur, demandé par courrier au premier ministre de l'époque, Alain Juppé, un poste d'ambassadeur de France en Chine. Ce dernier n'aurait même pas daigné lui répondre. Que se serait-il passé si effectivement Lionel Jospin avait été nommé ambassadeur de France à Pékin ?

Le chaos, ce n'est pas que M. Jospin ait été choisi comme premier ministre. Non, pour les entreprises, le chaos ce sont les 35 heures. Sans Jospin, ceci ne serait pas arrivé. Mais le responsable de ce temps de travail imposé à tous, c'est bien M. Juppé !

L'élection de George Bush n'avait pas été sans laisser un arrière-goût amer aux citoyens américains. Beaucoup estimaient que cette farce du comptage et du recomptage des bulletins en Floride avait non seulement injustement défavorisé le candidat Al Gore mais encore terni l'image des États-Unis d'Amérique. On regrettait le président Clinton, son sourire et sa gentillesse.

Les experts en communication de George W. Bush se posaient sérieusement la question de savoir comment ils allaient pouvoir faire remonter la pente à ce président manquant de légitimité, particulièrement contesté et n'ayant plus la majorité au congrès suite au passage à l'ennemi de l'un des siens.

Dans le même temps, le maire de New York, Rudolph Giuliani, terminait difficilement son deuxième mandat. Des rumeurs de tous ordres courraient dans les rues sur son compte. On parlait de sa vie privée, de son sale caractère, des méthodes peu orthodoxes qu'il avait utilisées pour rétablir l'ordre dans la ville. On le considérait finalement comme un mauvais souvenir et on était particulièrement heureux de le voir partir.

Après les terribles attentats du 11 septembre, d'un seul coup Bush comme Giuliani devinrent des hommes adulés, admirés, parfaitement légitimes. Giuliani a terminé son mandat avec le titre de « meilleur homme de l'année ». Le président Bush a été l'homme fort que les Américains ont respecté sans discussion, qu'ils soient du parti démocrate ou du parti républicain. En lançant une attaque inqualifiable sur le World Trade Center, les terroristes ont apporté au président comme au maire de New York ce que des millions de publicité n'auraient jamais pu leur valoir.

Pour autant, le chaos, c'est peut-être que le président Bush ait lancé la guerre en Irak !

Plus près de nous, ce sont les attentats de Madrid et l'effondre-ment du gouvernement Aznar ! Deux semaines avant les élec-tions, la question se posait de savoir si le Parti populaire aurait la majorité absolue aux Cortes. Pour une faute de communica-tion, une erreur d'appréciation des comportements, le PSU qui était donné perdant remportait les élections à la majorité abso-lue. Quels vont être les effets chaotiques de cette situation ? Personne aujourd'hui n'est à même de le dire. Ce que l'on sait, c'est que bien des choses vont de ce fait bouger en Europe.

Contrairement à ce que certains voudraient nous faire croire, la création des hypermarchés n'est pas plus la conséquence d'une fine analyse de la distribution des années cinquante que de l'intuition de quelques génies de la consommation. C'est la simple théorie du chaos qui en est le vrai moteur principal. En 1958, deux distributeurs de la région d'Annecy, Defforey pour ce qui est de l'alimentaire et Fournier, spécialiste du textile fémi-nin, sont invités à assister, à la Chambre de commerce de leur ville, à une conférence donnée par un distributeur non confor-miste de l'époque, un certain Édouard Leclerc. Ce dernier vitu-père les commerçants qui prennent trop de marge et promet de venir s'installer à Annecy pour casser les prix ! Fournier et Defforey sont pris à partie par Édouard Leclerc qui les accuse de s'enrichir sur le dos des consommateurs. Ils prennent peur, sor-tent de la salle et se disent qu'il faut agir au plus vite. Ils lancent leur premier point de vente de discount immédiatement. L'un apporte son alimentaire, l'autre son textile. Ils prennent un local au « carrefour » de deux routes et ouvrent en cassant les prix. Le succès dépasse les plus optimistes des prévisions.

Pendant ce temps, les distributeurs installés de l'époque, Codec et Unico, n'imaginent même pas le cataclysme qui va s'abattre sur leurs affaires. Ils vont tout simplement disparaître.

Il aura suffi que deux papillons battent des ailes à Annecy pour que le monde de la distribution soit transformé à jamais.

Prévoir ce que sera la nouvelle société des « consommateurs / clients », implique que l'on tienne compte de la théorie du chaos, c'est-à-dire que l'on soit prêt à comprendre toutes les manifestations « comportementales » et ce à tout moment. Il est clair que les effets chaotiques ne pouvant pas se prévoir, seule une vigilance constante sur les faits peut permettre une prévision des comportements des consommateurs comme des citoyens.

La bifurcation conditionnelle

Le comportement, c'est aussi la théorie de la bifurcation conditionnelle. Pour être compréhensible, simplifions le concept. Les individus comme les sociétés font souvent des choix volontaires ou non. Ces choix modifient à jamais leur futur comme celui de l'humanité.

En 1789, le peuple américain, composé d'émigrés venant de toute l'Europe, se devait de choisir une langue officielle. Le congrès se réunit pour décider. Trois langues étaient en lice : l'allemand, l'anglais et le français. Le congrès vota pour l'anglais, non pas à l'unanimité mais à une voix près.

Ce choix, cette « bifurcation conditionnelle », devait avoir des conséquences incalculables. Que serait-il arrivé au monde si les États-unis d'Amérique avaient choisi par exemple l'allemand ? Y aurait-il eu une première et une seconde guerre mondiale ? On peut se poser la question. Aujourd'hui que nous sommes en paix, quelle configuration aurait l'Europe ? Qu'en serait-il de la France et surtout de l'Angleterre sous l'hégémonie de la langue allemande ? Que se serait-il passé si cela avait été le français ? Que serions-nous devenus ?

Lorsque l'armée allemande remilitarise la zone tampon de la Rhénanie, le 7 mars 1936, le gouvernement français laisse faire. Albert Sarrault, le Président du Conseil de l'époque, jure par tous les Dieux « *qu'on ne laisserait pas la cathédrale de Strasbourg sous le feu des canons allemands* » ! Après ce brillant discours, la Reichswehr prend simplement ses quartiers sans qu'on la dérange.

La France décida de ne pas intervenir de peur de déclencher un conflit généralisé. Longtemps après la seconde guerre mondiale, on apprit en lisant les archives militaires allemandes que ce comportement du commandement français avait surpris et décontenancé les généraux de la Wehrmacht. On comprit que ces derniers n'étaient pas prêts à la guerre. Ils avaient une armée forte d'à peine 100 000 hommes. Dans ces conditions, ils auraient eu le plus grand mal à résister à une offensive éclair de l'armée française. Ils s'attendaient à la riposte et elle ne vint pas !

Hitler l'avait prédit ! Il sortit sans doute renforcé auprès de ses généraux de cette affaire. Il avait parié et gagné sur le comportement des Français.

Que se serait-il passé si la France avait répondu ? On ne le saura jamais. On peut juste supposer que les événements auraient pris une autre tournure. Édouard Daladier et Neville Chamberlain auraient peut-être abordé Munich dans d'autres conditions. Le Führer aurait peut-être revu ses prétentions à la baisse.

Si l'église du Chili ou la CIA, ou les deux, ne s'étaient pas opposées à la candidature du poète Pablo Neruda, prix Nobel de littérature, à la présidence de la République chilienne, il y a fort à parier que le Général Pinochet serait resté à sa modeste place de secrétaire d'état aux armées et ne serait jamais devenu le bourreau inqualifiable qu'il a été.

Parce que le poète avait des mœurs que la morale de l'époque réprouvait dans son pays, les autorités bien pensantes lui barrèrent le chemin et lui préférèrent Allende. Ce sénateur digne de toute notre considération n'avait pas l'aura internationale de Neruda, pas plus que son charisme et son contact avec les masses laborieuses du pays.

Nous connaissons la suite. La démocratie chilienne, pourtant développée et probablement cas unique à cet égard en Amérique latine, bascula dans la tourmente et beaucoup de femmes et d'hommes payèrent très cher cet aspect de la bifurcation conditionnelle.

La notion de bifurcation conditionnelle n'est pas réservée à la grande histoire. Elle a aussi un sens dans l'évolution d'une branche d'activité ou d'un métier. Il suffit d'un rien pour que les choses prennent un cours différent de ce que l'on pouvait imaginer ou supposer à un moment donné.

Il s'en est fallu de peu que la distribution française, qui est aujourd'hui une industrie puissante détenue par quelques enseignes comme Carrefour, Auchan, Leclerc ait pris une tout autre forme.

En 1989, le distributeur Casino, avec ses hypermarchés, ses supermarchés et ses supérettes, est probablement l'un des distributeurs français les plus complets et puissants du pays. Carrefour, Auchan, Leclerc n'ont pas encore, à cette époque la taille qu'on leur connaît aujourd'hui. Ce sont de gros distributeurs, sans plus. Casino appartient à la centrale d'achat Paridoc qui abrite entre autres les Docks de France et leurs 100 hypermarchés Mammouth. Tout naturellement, Antoine Guichard, patron de Casino et Michel Deroy, patron des Docks de France, imaginent une fusion. Cette dernière ferait de leur entreprise la plus grosse de France et leur ouvrirait les portes du développement à l'étranger. Ils se mettent au travail pour convaincre les actionnaires et les banques. Les choses se passent plutôt bien et sont prêtes à aboutir quand soudain le président des Docks de France a un doute ! Il se pose la question de savoir si cette fusion ne va pas léser les actionnaires historiques de l'enseigne. Il pense très honnêtement que cette fusion n'est pas bonne, pas juste ou pas suffisamment favorable aux intérêts de sa famille. Il arrête les pourparlers !

La fusion ne va pas se faire et l'échiquier de la distribution française va s'en trouver complètement transformé. Auchan rachète quelques années plus tard les Docks de France. Carrefour fait de même avec Continent et devient le deuxième distributeur au monde. Rien de tout cela ne serait probablement arrivé si le président des Docks de France avait pris l'autre décision, celle de fusionner.

La loi Royer, qui va favoriser le développement de la grande distribution dans ses formats gigantesques et, qu'on le veuille ou non, précipiter le petit commerce de centre ville dans une situation catastrophique, en interdisant la création de points de vente d'une certaine taille dans les grandes villes, a incité les distributeurs modernes à implanter leurs hypermarchés dans de toutes petites communes éloignées. Ce faisant, par leurs promotions fortes et répétées, ces points de vente vidèrent les villes de leurs clients laissant le centre ville exsangue !

La loi Galland, en voulant protéger les fabricants de la férocité des services achat des grands distributeurs, a eu des effets dévastateurs pour ceux que l'on voulait protéger comme pour les distributeurs et les consommateurs.

En interdisant aux distributeurs les ventes à perte et les prix trop bas, tous les distributeurs se sont trouvés sur la même ligne. Ils ont dû acheter au même prix et surtout vendre au même prix.

Dans ces conditions, difficile de faire la différence, la loi semblait oublier qu'une enseigne doit, pour faire venir les clients, montrer qu'elle est la plus performante sur ses prix. La comparaison des prix reste le réflexe premier des clients !

Pour se faire référencer dans les points de vente, les fabricants de leur côté ont donc réagi en inventant l'astuce dite des marges arrières, c'est-à-dire en donnant des avantages en nature aux distributeurs. On offre ainsi des promotions, de la publicité qui bien évidemment ne peuvent jamais être rétrocédées aux clients. Si bien que les distributeurs n'ont jamais autant gagné d'argent, ne se sont jamais autant enrichis et n'ont jamais été aussi chers pour le client. Finalement, la loi Galland a fait augmenter les prix. Ceci était prévisible dès l'instant où cette loi a été promulguée.

Aujourd'hui, comme les distributeurs de la grande distribution ne peuvent plus développer de stratégie prix, les hard-discounters prolifèrent, à la grande joie du public. Avec leurs marques propres, ils deviennent les tenants des vrais prix bas. La loi Galland finira bien par faire disparaître la grande distribution en France, ce pourquoi elle n'avait bien sûr pas été prévue. La bifurcation conditionnelle n'a pas que des effets positifs.

L'effet « billard »

Le billard est un jeu subtil où l'on est toujours surpris de voir les grands joueurs faire des coups incroyables en se servant, après mûre réflexion, des « bandes » pour aller toucher une boule impossible à frapper directement. En matière de comportement, c'est un peu comme au billard. On frappe une boule, elle en rencontre d'autres puis frappe les bandes, revient, ricoche et ainsi de suite. La différence, c'est qu'on ne sait pas toujours comment vont se faire les rebonds et quelle boule on va toucher !

En matière de comportement, et donc d'économie, de consommation et de distribution, l'effet billard est un facteur aux effets pervers.

Ainsi, par exemple, on observe aujourd'hui que du fait de la prise prolongée des trithérapies, les patients séropositifs prennent automatiquement du poids. Certains patients vivent mal cette situation. Ils sont parfois tentés d'arrêter leur traitement, ce qui n'est pas sans inquiéter les médecins et les familles.

L'ISF, impôt dont l'apport pour les caisses de l'État, d'après les spécialistes, est très discutable, semble avoir comme effet billard le fait que de nombreux « possédants » s'expatrient en Suisse, à Monaco ou ailleurs ! Ceci fait que Guy Forget, capitaine de l'équipe de France de Coupe Davis, est un expatrié, tout comme Alain Prost, champion du monde de formule 1, Zinedine Zidane et la plupart des joueurs de l'équipe de France de football, sans compter les fortunes industrielles. Outre les conséquences économiques que tous les initiés connaissent parfaitement, il est des éléments moins visibles mais aussi dangereux pour l'image de l'État. Un pourcentage non négligeable de citoyens qui estiment honnêtement payer leurs impôts (petits patrons, commerçants, hauts fonctionnaires) ne comprennent vraiment pas que l'État laisse des « gens » qui ont la chance d'être « au-dessus du panier » passer à côté de cette obligation citoyenne sans leur retirer leur nationalité et en les laissant profiter des bienfaits de la sécurité sociale.

Les effets billard de la loi sur les 35 heures sont nombreux et souvent cocasses !

L'un des plus inattendus est la jalousie naissante que l'on a pu observer dans l'administration. Dès qu'il a fallu appliquer la loi, on a constaté que le climat entre les services et/ou les agents de l'administration se détériorait parfois. L'explication en est simple. Les agents de l'administration qui ne faisaient que 25 heures avant la loi se sont sentis lésés par rapport à leurs collègues qui eux en faisaient 39 et bénéficiaient ainsi d'une réduction de leur temps de travail. Après l'application de la loi, ils ne retrouvaient plus leurs avantages « comme avant » !

Si l'on se projette sur le futur, on peut donner l'exemple des produits qui facilitent l'érection. Le Viagra et plus généralement tous les produits qui vont permettre à l'homme vieillissant d'avoir des performances sexuelles comparables à celles qu'il avait à 45 ans vont probablement avoir des effets billard inattendus.

Dans la civilisation qui est la nôtre, on peut admettre qu'un homme de 55 ans soit encore très jeune ! S'il prend soin de sa ligne, de sa condition physique, s'il sait se muscler, se faire beau, il ne fait pas son âge. Rien n'empêche alors qu'il ait comme amie ou compagne une femme de 30 ou 35 ans, voire moins. Après tout, les journaux « people » sont pleins de ces histoires qui font rêver les quinquagénaires et les sexagénaires : Jean-Paul Belmondo ou Sean Connery sont des exemples qui nous sont proposés à longueur d'articles. Avec le Viagra, s'il en a besoin, l'Apollon grisonnant sera irrésistible.

Les couples ainsi formés vont pour certains connaître un véritable amour, pour d'autres juste une aventure. Dans tous les cas, elle apportera sa jeunesse, sa fraîcheur ; lui, son expérience, sa gentillesse, sa patience.

Certains couples vont penser au mariage et voudront naturellement former une vraie famille avec un ou plusieurs enfants. Dans ces conditions, l'époux sera père à 55 ans. Quand les enfants auront 20 ans, le père aura 75 ans.

Il n'y a là rien de critiquable, sauf à dire que nous ne savons pas comment ces pères « grands-pères » pourront éduquer leurs enfants et communiquer avec eux. Comment ces pères vont-ils

© Éditions d'Organisation

transmettre à leurs enfants les principes de nos sociétés occidentales, de nos religions, de nos idéaux politiques ? Comment ces enfants, jeunes citoyens, vont-ils vivre avec des pères qui auront, et c'est normal, du mal à partager leurs engouements pour certains films, certains leaders, etc. ?

Quand ces enfants auront 20 ans, leur mère en aura 50. Il est probable que ces mamans pourront communiquer sans problème, de façon tout à fait naturelle avec leur progéniture. La différence d'âge ne sera pas, là, une barrière. Ce qui sera une barrière, par contre, c'est que beaucoup d'entre elles, par effet billard, deviendront des veuves. Car nous ne savons pas encore quels seront les effets à long terme de nos modernes élixirs de jeunesse, surtout après un usage immodéré ! Nous savons en revanche qu'en tout état de cause, l'espérance de vie des hommes, même si elle augmente de façon très satisfaisante dans nos pays, ne permettra pas à leur mari de dépasser un certain cap. Rares seront celles qui atteindront les 60 ans avec le père de leurs enfants à leurs côtés.

Que devra alors faire la société pour aider ces veuves encore jeunes ? Comment paiera-t-on leur retraite ? Comment les communes, les associations, les centres communaux d'action sociale devront-ils les aider ? Et dans un autre domaine, on peut se poser la question de savoir ce que ces jeunes veuves consommeront et comment elles le feront ? Quels sont donc les produits, les médias, les formes de distribution qui feront leur apparition pour aider ces consommatrices ou pour profiter d'elles ?

Le Viagra, par son effet billard, posera tous ces problèmes mais il sera pour certains, comme les compagnies d'assurance par exemple, une opportunité exceptionnelle. Il faudra assurer ces veuves, la carrière de ces enfants orphelins, etc. Les responsables politiques seront, qu'ils le veuillent ou non, « rattrapés » par le sujet, et devront eux aussi trouver des idées d'assistance, de soutien à ces personnes. Leur discours politique devra s'inspirer du problème. Ils se battront alors obligatoirement à coup de promesses sur ce sujet pour ce qui est légitime, récolter les voix nécessaires à leurs élections. La dépense de l'État ne cessera, par le fait, de croître !

En matière d'effet rebond, la pilule contraceptive est un autre exemple intéressant.

Les marchands de meubles comme beaucoup d'autres commerçants liés au marché de l'enfant, de la famille ou de l'équipement du foyer ne pouvaient imaginer que leurs affaires, leur métier allaient être complètement transformés voire pour certains complètement ruinés parce qu'un jour de mai 1960, le 20 pour être exact, le premier contraceptif oral était mis en vente sur le marché américain et autorisé en France sept ans après par l'Assemblée nationale. De la même façon, d'autres entrepreneurs ne pouvaient rêver d'une meilleure situation pour faire fortune.

Parmi les rebonds engendrés par la pilule, on peut avancer que la baisse de la natalité est l'un des premiers. C'est un rebond évident et ceux qui vendaient des lits pour enfants, des berceaux ou des vêtements pour bébé pouvaient s'y attendre !

Ce que l'on attendait peut-être moins, c'était la baisse des mariages et surtout le nouveau mode de vie dit de « l'union libre » ou encore du « concubinage ». Il est probable que le fait de pouvoir avoir une liaison durable ou non, pour la femme comme pour l'homme, sans « danger », a favorisé ces nouveaux comportements. En consultant les discours et polémiques, articles de journaux et minutes parlementaires de l'époque, on ne trouve pas trace de ces prévisions, ce qui, à tout le moins, peut surprendre !

Pour rester dans des décennies encore proches de nous, observons que le nombre de mariages a baissé de 45 % depuis 1972 et
qu'en 1993, on a noté le plus bas taux de mariage du siècle en
France avec un score de 4,4. Ainsi, 9 couples sur 10 commencent aujourd'hui leur vie sans passer devant Monsieur le Maire.
Soixante pour cent des couples qui se sont mariés en 2002
vivaient déjà ensemble. Ils n'étaient que 8 % dans le même cas
entre 1960 et 1969. Remarquons enfin que l'âge moyen du
premier mariage a reculé de six ans depuis 1970 et que les
femmes se marient en moyenne à 28 ans alors que les hommes,
eux, disent « oui » à 30 ans.

Les couples qui vivent ensemble avant de se marier, ne cherchent généralement pas à trop investir dans des « beaux » meubles. Ils préfèrent attendre avant d'acheter des biens durables,
d'être sûrs de la solidité de leur vie commune. Ceci est sans
doute l'un des facteurs qui expliquent pourquoi le meuble traditionnel disparaît petit à petit de notre environnement. D'un
pays renommé pour ses meubles de style Louis XV, Louis XVI,
Empire, Charles VIII et ses ébénistes de la cour, on passe aux
meubles Ikea ou Fly. Ces couples vont en effet choisir des meubles modernes, pas très chers, disponibles immédiatement,
qu'ils trouveront aisément dans les grandes surfaces et qui ne
pèseront pas lourd quand ils se quitteront, ce qui est du
domaine du très probable.

Beaucoup de ces couples auront des enfants avant de se marier,
d'autres se marieront exclusivement pour cela. Dans tous les
cas, les mamans ne seront plus très jeunes lorsqu'elles auront
leur premier enfant. De peur de laisser passer la période naturelle de fécondité, elles voudront, par réaction, avoir rapidement un, deux voire trois enfants avant 40 ans. Ceci ne sera pas
sans laisser de traces dans le couple. S'il y résiste. Une femme de
30 ans voudra avoir deux enfants en moins de quatre ans. Ce

qui signifie que le couple habitué à la liberté, aux vacances, aux sorties, à la vie en copains au Club Med, devra radicalement changer de style de vie. On pouponnera entre 30 et 35 ans ! Ce qui ne sera pas sans poser problème au couple…

Ceci explique peut-être pourquoi 50 % des couples qui ont vécu longtemps ensemble avant le mariage finissent par divorcer. Lui ne supportera pas que sa compagne devienne une mère poule et elle ne comprendra pas qu'il ne devienne pas l'homme à tout faire de la maison !

La société et les politiques qui ont tout fait pour que la femme soit l'égale de l'homme se trouvent, dans cette histoire, pris au dépourvu. La jeune femme de 33 ans qui a un enfant et qui est enceinte d'un deuxième bébé n'est pas, quoi qu'on en dise, une « aubaine » pour les chefs d'entreprise. Certes, chacun se réjouit que cette femme qui s'est montrée un cadre modèle, une employée digne de grandes responsabilités s'en aille pour avoir enfin son premier enfant. Tout le monde trouve que le congé de maternité est tout à fait normal et l'on fera même un pot et des cadeaux lorsque la future maman s'en ira pour quelques mois. Les choses prendront un autre tour lorsque cette même maman aura pris la décision d'avoir un deuxième enfant. Elle sera finalement absente trois ans et il faudra la réintégrer au poste où elle était. Que fera-t-on de celle ou de celui qui pendant ce temps-là a rendu service à l'entreprise ? Une grande entreprise aura peut-être les moyens de palier cette difficulté, pas une PME ! Quoi qu'il en soit, dans tous les cas, cette femme méritante sera punie d'être finalement une maman et de faire des enfants dont la société a tant besoin, entre autres pour payer les retraites.

Les effets rebonds consécutifs à l'apparition de la pilule ne s'arrêtent pas là.

Quand des enfants sont élevés dans des foyers monoparentaux (30 %) pour cause de divorce et entre autres de par l'existence de la pilule contraceptive, quand ces enfants sont élevés la plupart du temps sans « leur » père au foyer ou avec des pères en alternance, quand ils grandissent sans un « homme » à la maison, on peut formuler l'hypothèse que lorsqu'ils rencontreront par hasard d'autres enfants dans le même cas qu'eux, dans des écoles trop grandes, des lycées inhumains de par leur taille, les conditions de problèmes « critiques » seront réunies. Si en plus leur mère ou leurs grands-parents ne sont pas là pour les attendre après les classes, beaucoup risquent de tourner mal, même très mal, indépendamment de leurs origines.

La pilule n'est bien évidemment pas au centre de tous ces problèmes mais elle rebondit sur d'autres éléments et crée des situations qui font réagir. En 1967, lorsque la pilule a été autorisée en France, n'aurait-on pas pu prévoir des mesures pour défendre l'enfant en difficulté ? L'Église et les bien-pensants ont moralisé les débats, les progressistes les ont balayés d'un revers de main ironique, mais on est resté dans le discours, sans prendre en compte concrètement l'effet billard.

L'effet billard et la « windows theory » (théorie des fenêtres)

New York, début des années 80 :
2 000 meurtres
600 000 agressions
6 000 bus « taggés »

Plan Kelling et Wilson (« Windows theory »)

En 1982, les criminologues Wilson et Kelling développent la théorie des fenêtres brisées, selon laquelle le crime serait le résultat inévitable du désordre. Ainsi, si on ne répare pas les fenêtres brisées, bientôt d'autres fenêtres alentour seront cassées, et le phénomène se propagera dans tout le quartier, puis toute la ville.

George Kelling affirme : « Ce nom de "fenêtres brisées", nous ne l'avons pas choisi au hasard. C'est une métaphore : si vos fenêtres sont cassées, vous avez tout intérêt à les réparer vite. Sans quoi, cela signifiera que personne ne s'en préoccupe et alors pourquoi s'arrêter là ? Cela aboutit à une aggravation des délits mineurs, puis des délits majeurs, et finalement à une véritable décadence urbaine. Notre théorie consiste à dire que les petites choses ont une importance considérable, souvent plus d'importance que les grandes choses ! »

New York, début des années 1990 :
Baisse de 75 % des agressions
Baisse des 2/3 des meurtres

La force du geste

Si lors d'une soirée, vous demandez à vos amis : « Mais qui étaient Rudolph Valentino, Ramon Novarro Mirna Loy ou Gloria Swanson ?», il y a peu de chance que vous obteniez une réponse juste, surtout si vos amis ont moins de 30 ans. Certains vous répondront que ce sont des marques de parfum, d'autres des grands couturiers ou encore des mafieux ou des chanteurs italiens, des patineurs, etc. Seuls vos parents ou des cinéphiles avertis vous diront qu'il s'agissait de grandes vedettes du cinéma muet au même titre que Charlie Chaplin, Buster Keaton ou Laurel et Hardy.

Ces vedettes ont, à leur époque, marqué le grand public de façon inimaginable pour nous spectateurs et téléspectateurs d'aujourd'hui.

Lorsqu'en 1926 Rudolph Valentino décède d'une bête crise d'appendicite à l'âge de 31 ans, ce sont plus de deux millions de femmes qui suivent son cercueil et l'accompagnent jusqu'à sa dernière demeure. On observe alors des comportements incroyables de chagrin et de douleur dans la foule et l'on relate qu'il y eut un nombre significatif de suicides. Aujourd'hui encore, sa tombe est toujours fleurie au cimetière d'Hollywood.

On a beaucoup de mal aujourd'hui, alors que le cinéma est parlant et que nous avons à notre disposition tous les effets spéciaux possibles, à imaginer les raisons qui ont fait que des films muets comme *Le cuirassé Potemkine* ou le *Napoléon* d'Abel Gance ont tant marqué notre inconscient collectif. Comment nos parents et grands-parents ont-ils pu pleurer, se « pâmer », s'évanouir même en allant voir les *Quatre Cavaliers de l'Apocalypse*, le *Fils du Cheikh* ou *Blood and Sand* ?

La réponse réside peut-être dans le fait suivant. Dans le message que tente de transmettre un homme politique à ses électeurs au cours d'un meeting, un acteur dans une pièce de théâtre ou simplement un vendeur, ce qui est dit, c'est-à-dire le texte (les idées, les propositions) compte pour 7 %, le ton pour 35 %, les gestes des yeux, des mains, du corps pour 58 %.

On doit à Ray Birdwhistell[1] ainsi qu'à Margaret Mead[2] et à Edward Sapir[3] d'avoir, dès 1950, jeté les bases d'une « anthropologie de la gestualité ». Avec eux et bien d'autres

---

1. Anthropologue de l'université de Toronto, né en 1918 et auteur, notamment, de *The language of the body: the natural environment of words*. In: Silverstein, A. (ed): Human communication: theoretical explorations. Hillsdale; N.Y: Erlbaum (1974) - pp. 203-220, de *La communication non verbale*. In: Alexandre, P. (ed) : *L'aventure humaine. Encyclopédie des sciences de l'homme*. Vol. 5. Paris : Ed. de la Grange Batelière (1967) - pp. 157-166 et de *Kinesics essays on body motion communication*.
2. Anthropologue américaine (1901-1978).
3. Anthropologue et linguiste américain (1884-1939).

comme Ferdinand de Saussure[1], Gregory Bateson[2], le langage du corps est devenu un élément essentiel de la science de la communication.

Ce sont les études de Mead et Bateson qui lui ont montré la voie. Dans *Balinese character*, ces deux chercheurs montrent, plus de 700 photos de gestes à l'appui, l'importance du corps et de la gestualité dans l'inculcation des modèles de culture balinais. C'est au travers de ses expériences corporelles que l'enfant balinais devient un membre de sa culture. Ray Birdwhistell, de son côté, étudie la gestualité des Indiens Kutenai. Ils ont la particularité d'être bilingues. Il s'aperçoit que la gestualité des Indiens change quand ils passent du kutenai à l'anglais. Il interprète ce changement comme une imitation non volontaire de l'homme blanc. Il poursuit ses recherches et réalise une expérience avec l'homme politique Fiorello La Guardia.

Ce dernier parle couramment le yiddish, l'anglo-américain et bien sûr l'italien. Il filme La Guardia et le fait parler ces trois langues dans des séquences différentes. Il projette ensuite ces films à des personnes connaissant ces trois cultures et prend la précaution de couper le son. Toutes peuvent déterminer quelle langue La Guardia utilise à chaque moment. Les gestes de La Guardia sont différents selon la langue qu'il utilise. Il en conclut que l'homme change de langage corporel quand il change de langue, c'est-à-dire d'expression.

Mais l'expérience la plus amusante est celle réalisée par Margaret Mead.

---

1. Linguiste suisse (1857-1913).
2. Anthropologue d'origine anglaise (1904-1980), il a été marié avec Margaret Mead.

Vers la fin de la guerre, une histoire court parmi les GI stationnés en Angleterre selon laquelle les jeunes Anglaises sont des filles faciles ; parallèlement, l'histoire court parmi les jeunes Anglaises que les soldats américains sont des voyous. Reconstituée par Mead et Birdwhistell, l'explication est la suivante. L'approche amoureuse se conduit en respectant un certain nombre d'étapes. Chaque étape franchie est un feu vert pour une approche de l'objectif suivant. Mais ces étapes sont soumises à des variations culturelles. En Angleterre, il faut passer une longue série de points avant d'arriver au baiser sur la bouche et le baiser n'est plus très loin de l'étape ultime de l'accouplement. Aux États-Unis, par contre, le baiser se situe parmi les toutes premières démarches. Dès lors, lorsque le GI, entamant le scénario selon les règles américaines, embrasse la jeune Anglaise sur la bouche, celle-ci ne peut que s'enfuir ou entamer la manœuvre menant au rapport sexuel.

Les études sur l'accouplement des épinoches menées à la même époque par les éthologistes montrent des situations similaires. Il faut voir dans ces recherches, comme le fait remarquer Yves Winkin[1] l'esquisse de cette analyse du comportement social dont Erving Goffman[2] deviendra le représentant le plus connu.

Tout laisse à penser que dans chacun de nos doigts, il y a 1 600 à 1 800 terminaisons nerveuses qui sont reliées directement au centre de la conviction de notre cerveau. On n'échappe donc pas aux phénomènes réflexes qui relient la pensée, le centre de conviction et les gestes que nous faisons.

---

1. Yves Winkin, *La nouvelle communication*, éditions du Seuil, 2000.
2. Sociologue canadien (1922-1982), spécialiste de l'interaction humaine. Ethnographe, il est connu pour ses théories selon lesquelles les actions sociales quotidiennes suggèrent que l'homme éprouve une volonté naturelle d'exprimer son identité. Auteur notamment de *Les rites d'interaction* et *La mise en scène de la vie quotidienne* (éditions de Minuit).

Les vedettes du muet forçaient le geste et c'est ce qui faisait qu'on les comprenait parfaitement, qu'on ressentait des émotions que même aujourd'hui le son extraordinaire de certaines salles de projection n'arrive pas à communiquer. Nous avons tous en mémoire la fameuse scène de la *Ruée vers l'or* où Charlot affamé fait danser les petits pains avec des fourchettes. Nous pleurons et nous pleurerons encore en le voyant dans *Limelight* (*Les feux de la rampe*) avec sa petite fleuriste aveugle !

Dans cette nouvelle société où l'*homo consomatio* voisine avec l'*homo cliens*, le vendeur va prendre une place primordiale. Excité par la publicité, les promotions des grandes marques, le consommateur aura l'envie des produits. Lorsqu'il devra concrétiser ses désirs, il sera bien souvent confronté à un vendeur. Tout ne s'achète pas en libre service !

Aujourd'hui que ce soit dans le domaine du meuble, du sport, de l'équipement de la maison, du vêtement ou des locations de voiture, les vendeurs (sauf exception) n'ont pas la cote auprès des clients.

Qui n'a jamais entendu ces critiques et ces réflexions à la sortie d'un magasin :

« La vendeuse était nulle, elle ne s'occupait pas de nous. »

« Elle baratinait, elle voulait vendre son pot de crème (dans une parfumerie) c'est tout ce qui l'intéressait. »

« Dans cette boulangerie, la fille ne vous regarde même pas dans les yeux. »

« Chez X, quand on demande un renseignement sur une machine à laver, on a l'impression de les déranger… »

Rien ne démontre pourtant que les vendeurs d'aujourd'hui sont moins bons que ceux d'hier. Ce qui a probablement changé, c'est qu'il ne suffit plus aujourd'hui pour convaincre le client d'avoir un discours approprié. On observe que dans la majorité des cas, dans leur formation, les vendeurs apprennent essentiellement à présenter leurs produits, à répondre aux questions pièges des clients, à faire émerger des interrogations dont l'unique objet est de faciliter un bon déroulement des étapes conduisant à la conclusion de la vente. Il n'est pratiquement jamais question de la façon de placer sa voix ou des gestes qu'il convient d'avoir face au client.

L'effet mensonge

Le mensonge n'est, pour un behavioriste, qu'un comportement, c'est-à-dire un acte réflexe, la réaction à une situation.

Par exemple, si l'on met dans une pièce un enfant de trois ans assis sur une chaise et si une infirmière tout habillée de blanc avec des lunettes sévères et un chignon tiré vers l'arrière lui dit, en l'appelant par son prénom : « Je vais partir mais surtout ne te retourne pas, même si tu entends du bruit pendant que je ne serai pas là ». Si en se retirant, l'infirmière déclenche un jouet bruyant et musical qui passe derrière l'enfant, il y a de fortes chances pour que ce dernier se retourne pour voir ce qui fait du bruit. Lorsque l'infirmière reviendra et demandera : « T'es-tu retourné ? », l'enfant mentira de peur d'être grondé. Le sujet n'a jamais appris à mentir. Il le fait naturellement, par esprit de préservation de l'espèce.

Si l'on recommence la même expérience en mettant à la place d'une infirmière un sympathique clown, l'enfant se retournera mais ne sentira pas le besoin de mentir, le clown ne lui apparaissant pas comme un danger imminent.

La faute dans le mensonge ne vient donc pas de celui qui ment mais bien de celui qui crée une situation qui, mettant l'autre en danger, le force à se protéger donc à mentir pour ne pas être puni.

68

Ceci revient à dire que lorsque l'individu se sent en danger, il va avoir un comportement très particulier qui apparaîtra souvent à l'observateur comme peu naturel. Quand on ment, les mots, le ton de la voix et les gestes ne sont plus en cohérence. Pire, plus on ment, plus on tente de compenser les incohérences, plus on montre que l'on ment.

En matière de vente en magasin, toute vérité n'est pas bonne à dire. On ne peut pas expliquer à une personne qui achète une petite robe : « Madame, ceci ne vous convient pas…, il vaudrait mieux perdre quelques kilos plutôt que de tenter de faire mince en appuyant des deux mains sur votre ventre, en tirant sur vos hanches et en rentrant votre postérieur ». On ne peut pas non plus aller à l'encontre du désir d'achat d'un client en lui expliquant qu'au lieu d'acheter une voiture ou une moto qui va lui coûter trop cher et l'obliger à manger des sandwiches pendant des années pour payer le crédit, il ferait mieux de continuer à prendre le métro et d'économiser.

Il est plus difficile aujourd'hui qu'hier de cacher la vérité au client. Ceci provient du fait que l'*homo cliens* est de plus en plus habitué par la télévision à se voir expliquer comment procèdent les vendeurs.

Si aujourd'hui le vendeur n'est pas capable d'être un expert en communication globale (discours, ton de voix, gestes, maintien du corps) il y a de fortes chances pour qu'il ne soit pas convaincant et que l'on ait de lui une mauvaise perception qui engendrera des réactions hostiles.

La société du consommateur / client impose à tous la communication « globale ».

Chapitre 2

La fin de la société de l'homo consomatio :
le début de l'ère de l'homo cliens

Les « marketeurs » puisque c'est ainsi que se nomment maintenant les adeptes de la « religion consommateurs » de Kittrick, vont s'apercevoir dès les années 70 que l'idée qui consiste à mettre le consommateur au centre du dispositif pour augmenter et assurer les profits des entreprises n'est pas suffisante. Ceci bien sûr ne remet pas en cause les fondements du concept de la recherche des besoins. Mais l'idée même de découverte, de recherche, de réponse et d'exploitation systématique de ces besoins trouve rapidement ses limites dans la pratique quotidienne.

Les entreprises, on le sait, s'intéressent par nature et en toute logique au même moment, au même marché, partant du principe ancestral qu'il vaut mieux être plusieurs sur une bonne affaire que seul sur une mauvaise ! C'est là une règle mille fois vérifiée.

Il est clair dans ces conditions que tout le monde s'intéressera au même moment aux mêmes besoins. La recherche et l'exploitation de ces derniers ne seront donc plus l'arme absolue pour être différent de ses concurrents. Finalement, qu'on le veuille ou non, on va insensiblement revenir à la situation antérieure à l'avènement du concept de marketing !

La situation antérieure, c'est celle où l'on a du mal à se différencier de ses concurrents si ce n'est que par les process de fabrication (qui vont être rapidement les mêmes partout). Le point de vue de Kittrick n'a en fait pas changé la règle du marché, à savoir : pour vendre plus, plus rapidement que ses concurrents, il faut et il suffit d'être différent ! Les entreprises ont donc l'obligation de toujours fabriquer mieux, moins cher tout en donnant plus à leurs clients. Il faut donner plus de services, plus d'avantages ou moins de prix faute de quoi on se retrouve être comme son concurrent, c'est-à-dire sans différence. Sans différence, les produits se vendent difficilement. Sans différence, les prix s'effondrent et les marges fondent !

La différence, malgré les nouvelles lois du marketing, reste donc toujours le moteur de la prise de part de marché et de la création de richesses pour les entreprises !

On va donc très vite constater que pour être différent, il ne suffit pas d'identifier les besoins existants ou latents des consommateurs et de tout mettre en œuvre pour être le premier sur le marché.

La solution va apparaître rapidement ! Plutôt que de s'échiner à décortiquer les besoins en grand secret, il va apparaître plus simple, plus profitable de les créer de toutes pièces. Le jeu va consister, par le truchement de la marque, non seulement à créer le besoin mais à se l'approprier à l'infini !

Créer un besoin, ce n'est pas répondre à un besoin, c'est plus complexe et plus subtil. Créer un besoin, c'est créer un désir qui fait que le consommateur va se sentir obligé d'acheter. En d'autres termes, c'est lui créer une envie et/ou une obligation. Il faut pour cela commencer par trouver des territoires d'attente, d'espoir, de mécontentement, de peur. Ensuite, il faut exacerber, dramatiser l'existence de ces territoires à coup de publicité et de propagande. Pour finir, on poussera vers le consommateur les produits ou services que l'on a définis comme indispensables.

L'exemple des couches pour bébés et la démarche des entreprises spécialisées en la matière est à ce titre significatif.

Dans les années 60, il existe un besoin largement partagé par les mères de famille. Elles veulent disposer d'un moyen nouveau pour l'hygiène de leur bébé, qui remplacerait aussi bien la fameuse « bambinette », qui n'était pas d'une utilisation très agréable, que les couches Tetra qu'il fallait envoyer au lavage tous les jours et dont l'usage a laissé de pénibles souvenirs à de nombreux utilisateurs.

Les moyens dont dispose la mère de famille sont alors coûteux et surtout peu agréables. Avec le temps, la couche en ouate de cellulose fait son apparition. Elle remplace tous les moyens connus jusque-là. Un nouveau marché apparaît. Au début, ces couches sont vendues en pharmacie, notamment sous la marque Polivé. Cette marque, bien connue pour son excellence dans le domaine de la fabrication des pansements, invente un produit révolutionnaire, la fameuse « couche nuit » qui permet aux parents de garder au sec leur bébé toute la nuit et surtout de ne pas avoir à se lever pour le changer. Grâce à cette innovation, les parents vont finalement être soulagés. Il y aura bien par-ci par-là quelques culpabilisations des jeunes mamans qui se voient reprocher par leur mère ou belle-mère de ne pas s'occuper des enfants « comme avant » mais finalement la facilité d'utilisation l'emportera. Le produit se démocratise et bientôt, il va se retrouver en supermarché et en hypermarché. La couche bébé est un produit cher. Mais il est incontournable et dans ces conditions, des prix discount vont vite faire oublier les réticences que peuvent avoir certains consommateurs qui pensent qu'un produit vendu en pharmacie est plus qualitatif qu'un autre vendu en libre service.

Les fabricants, face à ce marché mondial considérable, vont étudier tous les besoins de la mère de famille, depuis la naissance du bébé jusqu'à ce qu'il soit naturellement « sec ». Des produits vont être créés pour le nouveau-né, pour les « premiers pas », etc. Le poids de l'enfant, son âge puis avec « Boys and girls » son sexe vont être autant de moyens de segmenter les besoins et par là même d'offrir les produits qui répondent à toutes les attentes qui auront pu être recensées chez la jeune maman. Avec le temps, les fabricants vont se rendre compte qu'il ne suffit pas de proposer des produits, encore faut-il exacerber ce besoin « d'enfant sec et propre ». À grands coups de publicité, les différentes marques vont donc jour après jour convaincre les parents par communication interposée que l'enfant bien sec est le signe d'enfant élevé par de « bons parents » et qu'*a contrario* l'enfant humide ne peut être que le rejeton de mauvais parents qui ne font pas tout ce que l'on est en droit d'attendre d'eux !

L'action est si bien menée, le besoin si bien créé que les enfants toujours très au sec n'apprennent pas à devenir « propres naturellement ». On constate ainsi qu'un bébé aujourd'hui nécessite 20 % de plus de temps pour devenir autonome dans sa propreté.

Parti du besoin simple de soulager la jeune maman dans la manière et les moyens de langer l'enfant, on va vite créer une série de besoins qui touchera toutes les strates de la société.

Riches et pauvres voudront disposer des moyens de montrer que leur enfant est propre et qu'à ce titre, ils sont bien dans la norme que la société leur a imposée !

Cette volonté de créer le besoin, d'y répondre et surtout de surfer sur la différence va se retrouver dans tous les marchés et à tout moment de l'ère marketing. En matière de jeux pour les enfants, on va inventer et promouvoir par exemple les Pokemon, le Tamagoshi ou le Yu-Gi-Ho. Ces jeux vont envahir nos maisons au simple titre de la nouveauté et, diront certains, de l'inutilité. Relayés par les médias, leurs utilisateurs vont être présentés comme des sentinelles avancées ou comme des guetteurs valeureux d'un monde de la nouveauté, de l'extraordinaire, du fabuleux. Il y aura ceux qui comprendront ces jeux et les autres, les retardataires, qui regarderont les yeux grand écarquillés ces nouveaux héros des temps modernes, ceux qu'il faut suivre, les nouveaux guides d'une société conviviale et compétitive où l'on réussit, comme dans les jeux vidéo, avant de mourir. Les parents de ces nouveaux champions ne regarderont pas à la dépense et la télévision ne tarira pas d'éloges dans ses émissions économiques pour les créateurs désinvoltes mais millionnaires de ces nouveaux marchés.

De la même façon, on va créer le besoin de la minceur, d'abord chez la femme puis chez l'homme. On va dénoncer l'obésité en abreuvant le marché de produits « light », de solutions basses calories, de régimes et créer un nouveau marché mondial.

Mais c'est sans doute dans le domaine de l'automobile que l'on va pouvoir observer la plus grande détermination de création de besoins.

Bien que partout la vitesse soit en voie de réduction et désignée comme un fléau mondial, on va laisser les compteurs de vitesse indiquer 200 km/h et plus. Ceci ne sera pas le propre des grosses cylindrées. Les petites voitures auront, elles aussi, droit au beau cadran de vitesse et souvent à un compte-tours adjacent, comme dans les voitures de course.

Le besoin de vitesse va donc rester l'un des facteurs déterminants pour le marketing et la vente des automobiles. On feindra d'oublier qu'en forçant l'automobiliste à appuyer sur l'accélérateur, on le pousse à rouler de plus en plus vite donc à être de plus en plus dangereux !

De la même façon, on va promouvoir des moteurs surpuissants permettant d'atteindre le kilomètre en quelques secondes au risque que le conducteur finisse au poste de police et se voie retirer son permis de conduire pour de nombreux mois voire des années !

Dans le cadre de cette création de besoins, le véhicule 4x4 va devenir un exemple significatif. Les citadins qui n'ont vraiment pas besoin de véhicules à grosses roues, toutes motrices, et à boîte de vitesses avec crabotage vont s'enthousiasmer par effet mode pour l'achat de ces magnifiques engins, forts, puissants de l'extérieur et véritables salons club de super luxe à l'intérieur.

La vitesse, les grosses cylindrées, les 4x4 seront autant de réponses à des besoins et à des créations de besoins.

Ainsi, les industriels aidés de leurs équipes de « marketeurs » vont se servir dans le marché automobile comme tant d'autres sans mesure, des trésors et secrets de la pyramide de Maslow[1].

---

1. Abraham Maslow (1908-1970), psychologue américain. La « pyramide de Maslow » permet de comprendre la hiérarchie des besoins humains. Elle se présente ainsi :

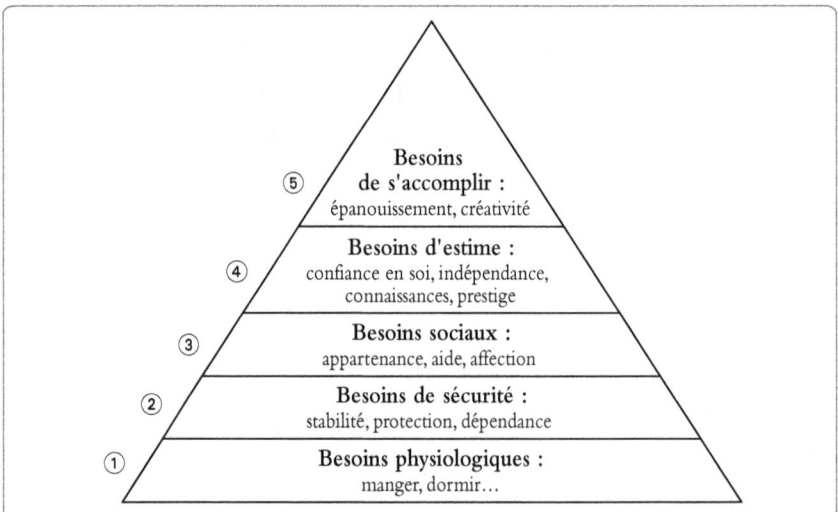

⑤ Besoins de s'accomplir : épanouissement, créativité

④ Besoins d'estime : confiance en soi, indépendance, connaissances, prestige

③ Besoins sociaux : appartenance, aide, affection

② Besoins de sécurité : stabilité, protection, dépendance

① Besoins physiologiques : manger, dormir...

Ils vont comprendre et utiliser les ressorts et mécanismes des besoins de l'ostentation, du quant à soi, de la relation à l'autre, pour mieux faire fonctionner leur marketing. Ils vont créer des situations qui feront que personne ne pourra résister à ces nouveaux produits, à ces nouvelles modes sauf à être disqualifié !

Des valeurs nouvelles vont ainsi être proposées, pour ne pas dire imposées, aux consommateurs comme aux citoyens. Ces valeurs sont simples : « Il faut être mieux que l'autre, il faut être différent de lui ». C'est le produit et la marque qui vont le permettre. Posséder comme l'autre est insuffisant, sauf si cet autre est le modèle que l'on vous propose.

La bataille des cycles de vie

Pour créer sans cesse de nouveaux besoins, il faut, cela va rapidement devenir une évidence, ne pas attendre que le produit s'use ou que le consommateur se lasse de sa marque et ait une autre envie. La stratégie ne va plus seulement consister à créer des besoins mais aussi et plus sûrement à tuer le nouveau produit dans l'œuf. En d'autres termes, on ne va plus se contenter d'attendre que le produit atteigne naturellement la fin de son cycle de vie ! On va artificiellement le raccourcir.

Une voiture est à peine sur le marché que déjà la nouvelle doit pointer le nez. Elle n'est pas forcément différente dans le principe technologique, elle est simplement *up to date*. Un petit enjoliveur par-ci, des phares différents, deux ou trois astuces nouvelles par-là et l'ancien modèle est périmé !

Le « marketing d'interruption », puisque tel est le nom de ce nouveau procédé, avec des cycles de vie de produit raccourcis, laisse à espérer que l'on peut sans cesse et sans trop de difficultés, avec bien sûr beaucoup de communication, créer le besoin de l'achat de la novation.

Pour que ces produits à cycle de vie court intéressent le consommateur et soient achetés, on doit faire comprendre à ce dernier qu'il n'atteindra le statut de personne bien et dans la norme aux yeux de ses contemporains qu'à la condition unique qu'il soit impérativement « up to date ». La condition pratique est simple. Il ne s'agit pas d'avoir un stylo pour écrire, il faut avoir le dernier modèle proposé par les grandes marques. Ce sera la même chose pour les maillots de bain, le dernier modèle de voiture, etc. On doit expliquer que le « bien » c'est être en avance et que « l'important » c'est surtout de ne pas être en retrait par rapport à l'autre, que l'idéal est d'être à la pointe de la mode. Bien sûr, on omettra de dire que le dernier est toujours et par principe l'avant-dernier !

On va ainsi développer une nouvelle philosophie de vie. Elle est simple : « Pour exister, il faut être tout simplement celui qui possède le produit à la mode » ! C'est un devoir, c'est la nouvelle valeur de vie !

Ceci conduit à une civilisation du produit et de la marque, ce qui n'est pas pour déplaire au consommateur.

Le principe de liberté produit

On a peut-être un peu trop rapidement dit que le concept de « marketing » n'était que la recherche de la réponse aux besoins des consommateurs. C'est peut-être une vision trop réductrice.

Lorsque dans son supermarché, la ménagère de 35 ans, tant courtisée par les médias, se pose la question de savoir quel yogourt elle va acheter pour satisfaire sa famille, elle a le choix parmi plus de 200 variétés dans une multitude de marques, 40 au moins allant du bio au light en passant par les authentiques, les crémeux, les à boire, les aux fruits, les aromatisés, les natures, sucrés ou non, les à la pulpe, etc. Devant elle, s'étale une gamme de prix et de conditionnements parfaitement adaptés à son pouvoir d'achat et à la taille de sa petite famille. Face à cette profusion, elle croit peut-être, comme on le lui dit dans les médias, que l'on répond parfaitement à tous ses besoins ! En fait, elle ne sait pas qu'elle est dans l'erreur !

Oui, bien sûr, tous ces yogourts répondent au besoin de gourmandise ou encore au besoin de vitamines comme à celui de se nourrir sans prendre de poids et celui, primordial chez les enfants, d'absorber avec plaisir des laitages. Tout ceci est vrai ! Pour autant, ces yogourts répondent aussi à un autre besoin plus important, plus universel, plus profond, à savoir celui de la « simplification » de la vie quotidienne.

Lorsque la ménagère achète son yogourt aujourd'hui, elle se débarrasse sans le savoir, sans en prendre vraiment conscience, d'une série impressionnante de corvées et de contraintes. D'un geste, en prenant son produit au linéaire, elle achète instantanément un pourcentage de liberté.

Il y a 50 ans, dans les années 1950, la mère de cette consommatrice ne pouvait pas facilement acheter des yogourts dans la crèmerie de son quartier. Elle préférait souvent les faire elle-même. Pour faire ses yogourts, il lui fallait d'abord acheter en pharmacie un ferment lactique. Le déplacement prenait un peu de temps, ce n'était pas toujours facile surtout si l'on travaillait en usine. Qui plus est, il n'y avait pas alors de grande surface ni de libre service, donc l'achat du ferment lactique constituait encore une course de plus parmi tant d'autres. C'était une queue supplémentaire à faire en magasin et autant de temps de loisir perdu.

Après avoir acheté le lait chez le petit commerçant, on remplissait les pots, on dosait puis on mettait le tout dans la machine à faire des yaourts, la yaourtière. Elle était imposante, encombrante et il fallait toujours la nettoyer ! Pendant ce temps, le mari lisait le journal, écoutait la radio, fumait et les enfants faisaient les devoirs. Cela ne prenait pas trop de temps mais enfin il fallait y consacrer des moments de vie précieux. On branchait le courant et on attendait le lendemain que la fermentation se soit opérée. On avait alors six ou douze yaourts faits maison ! Selon l'idée du moment, on pouvait les aromatiser à la vanille, à la cannelle en ajoutant dans chaque pot l'extrait de parfum préféré des enfants.

Pour une dépense très raisonnable, on avait des yaourts faits maison ! Il va de soi qu'il fallait se dépêcher de les manger. Après une semaine, ils n'étaient franchement plus consommables surtout dans les garde-manger en été !

En lançant le yaourt industriel en 1958, Danone, qui en produisait seulement 200 000 par an, démocratise le produit et ouvre la voie de la simplification pour les femmes. Avec une conservation de 26 jours à 6°, on peut aujourd'hui avoir un stock au réfrigérateur sans avoir peur de manger des produits à fermentation avancée. On peut ne faire ses provisions qu'une fois par semaine. Avec les emballages en carton qui vont faire leur apparition un peu plus tard, plus besoin de nettoyer ces petits pots en verre que l'on risquait de casser et que l'on ne savait jamais où ranger.

Ce qui est vrai pour le yaourt l'est aussi pour tous les produits de la maison, du jardin, du bureau, etc. Toutes les innovations qui voient le jour vont, année après année, achat après achat, venir simplifier la vie du consommateur. Elles vont lui apporter chacune tour à tour un petit morceau de liberté, de facilité, de simplification et gommer des contraintes qui gâchent le quotidien. Le fer à repasser devient simple d'utilisation. Il ne faut plus des bras musclés pour le promener sur les draps ou les chemises. Il est électrique, chauffe rapidement, jette de la vapeur et ne pèse plus rien. On peut même se faciliter la vie en utilisant des bombes aérosol qui vont rendre encore plus aisée la « glisse » du fer.

La machine à laver la vaisselle, grâce à laquelle il n'est plus nécessaire de plonger ses mains dans l'eau grasse après le repas avec la famille et les amis et que l'on met en route juste en appuyant sur un bouton est une vraie liberté nouvelle. La machine qui lave et sèche le linge et qui évite de l'étendre devient un économiseur de temps incomparable. Impossible de vivre sans la télécommande de la TV qui n'oblige plus à se lever du fauteuil où l'on est si confortablement installé, pour chercher l'autre chaîne, celle où il se passe enfin quelque chose. Le répertoire téléphonique mémorisant les noms et qui permet de ne plus avoir de mémoire, le correcteur d'orthographe dans les ordinateurs qui fait que l'on n'ouvre plus de dictionnaire vont être autant de sauts de puce vers la facilité totale !

L'habitude de la difficulté disparaît ainsi petit à petit.

La publicité qui va vanter les nouveaux produits et la nouvelle part de liberté qu'ils procurent va bien évidemment informer toutes les couches de la population et faire savoir de mille façons différentes qu'il n'y a pas de raison de se compliquer la vie. Elle va à la fois donner envie à tous de changer de vie et souligner pour ceux qui n'en ont pas les moyens, que la liberté marketing a quand même un prix. Dans une certaine mesure, ces consommateurs, dans l'impossibilité de tout acheter pour eux et leurs enfants, vont prendre conscience qu'ils perdent un peu de leur chance de s'approprier cette liberté qui apparemment est à leur portée. Là, une vraie fracture sociale va se créer !

La distribution moderne, notamment par la possibilité qu'elle donne de toucher les produits sans contrainte, par le simple jeu du libre service et des linéaires va également favoriser cette fuite en avant vers la liberté et l'absence de contrainte. Elle va, elle aussi, souligner pour ceux qui n'en ont pas les moyens qu'ils peuvent toucher mais pas forcément prendre et consommer.

Bientôt, par le fait de la « liberté marketing apportée par le produit », le consommateur ne va plus avoir la même perception du monde, le même sens de l'effort qu'avaient ses parents et ses grands-parents. Cette absence de contrainte, cette liberté acquise au travers du produit par le seul effort de l'achat, cette liberté toujours améliorée par le nouveau produit ou le nouveau service vont créer une situation de facilité particulière jamais encore ressentie par l'individu !

Le consommateur, malgré ce que peuvent en dire certains, n'est pas insatisfait de cette civilisation du produit et de la marque. Il consomme et s'en satisfait. Ne dit-on pas dans les livres de management qu'il est le vrai patron des entreprises, que c'est lui qui dirige et qu'on est là que pour le servir ? Tout cela, le consommateur le sait et le ressent à chaque publicité, à la lecture et à la contemplation de chaque packaging. Le consommateur est en fait très satisfait des produits qu'il achète, des services qu'il utilise et de la jouissance qu'il en retire.

Le principe d'accoutumance

« Chaque matin en Afrique, une antilope se réveille. Elle sait qu'elle doit courir plus vite que le lion sinon, elle sera tuée. Chaque matin en Afrique, un lion se réveille, il sait qu'il doit courir plus vite que l'antilope sinon il mourra de faim. Peu importe que tu sois antilope ou lion, le matin quand tu te lèves, tu dois courir » ! (proverbe africain).

Le chasseur bushman doit lui aussi courir pendant des heures pour chasser l'antilope. À première vue, la course paraît sans espoir. L'antilope est le mammifère le plus rapide du monde.

Elle peut atteindre les 100 km/h en pointe, vitesse inatteignable par le bushman. Cependant, l'antilope va être rattrapée et abattue. Dès qu'elle voit le chasseur, elle disparaît en quelques bonds. Elle s'arrête, regarde, voit l'homme, repart, s'arrête à nouveau et ainsi de suite jusqu'au soir. Dix fois, vingt fois dans la journée, cette scène va se reproduire. Le bushman, petit, frêle, lent, va quand même traquer l'antilope. Il sera toujours présent derrière elle ! Le soir, l'antilope est épuisée, elle voit encore une fois le chasseur et tente de repartir. Mais ses pattes se dérobent sous elle. Elle n'en peut plus ! Le chasseur a gagné !

Comment tout cela est-il possible ?

La réponse est donnée par Bernd Heinrich, biologiste à l'université de Vermont : « L'homme est le seul primate à pouvoir courir parce qu'il est bipède. Ses deux jambes ainsi que la configuration de son bassin sont parfaitement adaptées à la marche et à la course. Les autres primates, au mieux, marchent maladroitement sur le sol. De plus, les humains disposent d'un atout primordial qui leur permet de courir et de marcher très longtemps : ils sont nus et ils transpirent. En effet, le système de régulation très particulier de leur température corporelle repose sur l'absence de poil sur le corps, ce qui assure le dégagement de la chaleur corporelle pendant l'effort. Qui plus est, ils transpirent grâce à des glandes sudoripares réparties sur tout le corps. Ce dispositif permet de fournir des efforts prolongés. Le lion, l'antilope, le léopard, animaux excessivement rapides, sont incapables de maintenir un effort sur le long terme. Leur fourrure et l'absence de glande sudoripare conduisent à une augmentation de la chaleur interne qui devient rapidement insupportable. L'homme court lentement mais longtemps »

[...] « Voilà pourquoi le bushman rattrapera l'antilope. Cette dernière n'a pas pu refroidir, sa température interne en fin de journée est trop excessive, elle est épuisée. »[1]

Si le bushman vit dans l'air conditionné, s'il fait tout pour ne pas transpirer, il perdra sa résistance et l'antilope pourra s'enfuir. Le bushman est moderne, il lui est difficile aujourd'hui de courir après l'antilope. Il a sans doute oublié les contraintes qu'impose la savane au chasseur !

Il en est de même du consommateur. Le côté consommateur de l'individu a oublié les contraintes qu'il n'y a pas si longtemps il supportait finalement avec bonne humeur. L'*homo consomatio* s'est habitué à la vie plus facile que lui ont apportée les produits, les marques et les services.

En moins de 50 ans, le consommateur a été choyé comme jamais, favorisé, adulé, flatté tant par les fabricants que par les distributeurs. En moins de 50 ans, les opérateurs du marché se sont ingéniés à lui offrir des innovations qui ont toutes eu pour mission essentielle de lui permettre d'éliminer la plupart des contraintes fastidieuses de la vie courante.

Finis les savons qui ne moussent pas, qui ne sentent pas bon ou qui ne sentent rien, qui gercent les mains et qui ne les protègent pas complètement contre l'agressivité des eaux calcaires ! Finie la corvée de lessive que l'on faisait une fois par semaine dans ces lessiveuses lourdes, qu'il fallait hisser sur la cuisinière et qui se terminait immanquablement par l'étalage fastidieux du linge au balcon, dans le jardin à la vue de tous les voisins ou de façon plus discrète dans la buanderie. Finis le lavage ingrat de la vaisselle, le récurage des casseroles, des friteuses et des poêles à frire.

---

1. Bernd Heinrich, *Racing the Antelope, What animals can teach us about running and life,* Cliff Street Books, 2001.

Finies ces manivelles redoutables pour faire démarrer les voitures qui ne voulaient rien entendre le matin lorsque le temps était à la pluie. Finis aussi ces points de vente petits, mal approvisionnés, où régnaient parfois des commerçants qui avaient leurs têtes, leurs bons et leurs mauvais clients.

Aujourd'hui, les marchés comme les points de vente se sont totalement démocratisés. Partout, à portée de main, le consommateur a un point d'achat pour son alimentation, ses chaussures, son pain, sa viande, son journal. Il n'a plus de problème pour s'approvisionner en quoi que ce soit.

En moins de 50 ans, la vie quotidienne de l'*homo consomatio* a été complètement transformée ; qu'il habite les villes ou les campagnes, il a le téléphone portable ou le fixe (et depuis peu Internet) pour communiquer avec ses amis partout dans le monde instantanément, presque gratuitement pour demander « quel temps il fait chez vous » ou pour commander une pizza, louer une voiture, savoir si la route est encombrée ou connaître le temps pour le prochain week-end.

Si l'*homo consomatio* est heureux, l'*homo cliens*, lui, ne vit pas les choses de la même façon !

Le temps perdu ou la vie gâchée de l'homo cliens

Pendant que l'*homo consomatio* se réjouit, rêve et se comporte comme la cigale de la fable, l'*homo cliens*, lui, supporte la face cachée des nouvelles contraintes qu'apporte cette société de marketing. Il est vrai que le produit supprime des contraintes mais il est patent que le système marketing en apporte de nouvelles. C'est lui, la fourmi, qui doit subir et accepter une série inimaginable de freins, d'obstacles, de corvées, avant d'avoir enfin le plaisir de consommer.

On note, entre autres comportements, que depuis déjà quelque temps, cet *homo cliens* n'admet plus qu'on lui fasse perdre son temps. Il ne supporte plus, alors qu'il vient acheter dans son supermarché pour lui et sa tribu d'*homo consomatio*, d'attendre au rayon boucherie, à la charcuterie ou pour acheter son fromage. L'attente aux caisses des supermarchés, des magasins de bricolage ou aux péages des autoroutes est pour lui un cauchemar. Il ne veut plus faire la queue pour aller au cinéma ou au spectacle, pour prendre de l'essence ou acheter quoi que ce soit. Lorsqu'il part en vacances, il ne comprend pas qu'il y ait encore des embouteillages sur sa route ou que le personnel du TGV se sente obligé de prier sa clientèle de bien vouloir l'excuser d'un retard ! Pourquoi le TGV doit-il être encore en retard ? Son « temps » de client devient son bien le plus précieux. Tout se passe comme si tout ce qui plaît à l'*homo consomatio* se transformait en contrainte « temps » pour l'*homo cliens*. Les distributeurs et les industriels ont tout prévu sauf le fait que leurs efforts pour répondre aux besoins et aux contraintes de l'*homo consomatio* font que l'*homo cliens* n'a plus le temps de vivre !

Outre cette crispation au temps perdu, il veut aussi tout, « tout de suite » ! Il n'accepte plus de manquer de quoi que ce soit ! S'il doit attendre pour être servi, non seulement il ne comprend pas que l'on prenne tant de temps pour prendre sa commande au restaurant mais il se scandalise quand on lui dit qu'il n'y a pas ou qu'il n'y a plus de ce qu'il désirait tant !

Le fait qu'on lui vole son temps et qu'il ne dispose pas de tout, tout de suite induit qu'il se sent partout, tout le temps « victime ». Pendant ses achats, il est victime de ces linéaires aux merchandisings compliqués où il ne trouve pas immédiatement les produits, les marques qu'on lui a « pré-vendus ». Il est victime de la façon dont sont organisées les allées des magasins qui l'obligent à faire des kilomètres et des kilomètres pour prendre sa lessive, ses fruits et légumes et à revenir sur ses pas pour rechercher ce qui avait été oublié. Il est convaincu que tout est pensé pour qu'il passe le plus longtemps possible dans le point de vente afin que fatigué, usé, il finisse, comme l'antilope, par succomber à la dernière promotion.

Il se sent d'autant plus victime que plus son côté consommateur veut acheter, plus son côté client subit des contraintes de toutes sortes, choses auxquelles il n'est plus habitué.

Mais sa victimisation ne s'arrête pas là.

Il ne se sent pas seulement victime dans les magasins ! Il se sent victime partout où il vient acheter, se renseigner, échanger, communiquer. Il se perçoit comme victime du personnel des mairies lorsqu'il vient renouveler son passeport pour le prochain voyage fabuleux que l'agence de voyage lui a vendu. Il est victime lorsqu'il prend l'avion pour son travail ou ses déplacements. Il est victime des sociétés de location de voitures, du plombier, du chauffagiste, de France Télécom ou de ses concurrents. Aucun ne semble avoir compris que son temps est précieux et qu'il ne supporte plus ces répondeurs téléphoniques qui sont soi-disant là pour le servir 24 h sur 24, 7 jours sur 7 et qui finalement ne le conduisent à rien sinon à refaire l'appel. Bien sûr, il est victime de l'État, de la pollution, du réchauffement de la planète, etc.

Le client ennemi !

La victimisation de *l'homo cliens* le conduit à des comportements pour le moins étonnants.

L'Airbus A340 d'Air France qui fait la liaison Buenos Aires / Paris Charles de Gaulle sera parfaitement à l'heure. Il aura mis environ treize heures pour relier ces deux capitales ; il est prévu

avec de l'avance. Le commandant vient de l'annoncer gentiment, poliment avec un zeste de bonne humeur, il y a quelques
instants en guise de réveil. Il informe dans les trois langues (français – espagnol – anglais), presque victorieusement, qu'un vent
de « queue » favorable assez fort a fait gagner à tout le moins une
bonne demi-heure sur ce trajet long de 12 000 kilomètres.

Le vol s'est bien passé sans le moindre incident. Dans moins de
30 minutes, on sera à terre.

Pas trop de monde en tempo, quelques places libres en business
ont permis aux passagers, pour la plupart des cadres et employés
de grandes sociétés françaises implantées en Argentine et des
ingénieurs de grandes compagnies pétrolières qui reviennent de
Terre de feu, d'être plus à l'aise que d'habitude.

La « first » n'était qu'à moitié pleine, ce qui a permis à chaque
passager d'avoir le siège d'à côté libre, le confort des conforts !
Dans cette partie avant de l'appareil, les passagers ont bien
dormi, allongés dans les sièges inclinables à 180° qui font
l'orgueil de la compagnie. Ils ont pu se reposer et se préparer à
une dure journée de travail en arrivant ! Deux ou trois passagers
ont même utilisé le téléphone placé dans l'accoudoir de leur
siège pour appeler leur bureau et prévenir de leur avance sur
l'horaire.

Tout a été fait pour que les passagers soient satisfaits, reposés,
tranquilles. Au départ, le dîner dans chaque classe a été rapidement servi pour ne pas écourter la nuit de ceux qui voulaient se
reposer. Cela a été remarqué et apprécié, il n'y a qu'à lire les
réponses faites au questionnaire de satisfaction distribué pendant le vol. Les vidéos individuelles ont bien fonctionné, les
programmes étaient bons. Toute la nuit, les hôtesses ont veillé !
Avant l'arrivée, elles se sont fait une beauté pour être à l'image
de leur compagnie.

À cet instant encore, à quelque 250 km de l'arrivée, la qualité du service, le confort, la gentillesse, le professionnalisme du personnel de bord font que pas un passager ne songerait à faire des infidélités à Air France ! Ils se le disent d'ailleurs entre eux.

Qui voudrait prendre Aerolineas Argentinas ? Qui voudrait faire le trajet avec British Airways ou on ne sait quelle autre compagnie qui propose des tarifs souvent plus intéressants pour ceux qui sont des habitués de la ligne ? « Non vraiment pour le long courrier, Air France c'est bien ! » affirment les plus fidèles !

Hélas les choses ne vont pas en rester là ! L'avion s'est effectivement posé avec 20 minutes d'avance.

- Première crispation, premier sentiment de victimisation : on annonce que l'avion ne sera pas au contact mais restera au large. En pratique, comme l'avion ne repart pas, on débarquera les passagers non pas par passerelle directement dans l'aérogare mais bien par l'intermédiaire de bus au large sur les grands parkings, loin de l'aéroport. C'est vraiment dommage, c'est tellement agréable d'arriver directement par passerelle. Comme on a le plus souvent ses bagages avec soi, on gagne un temps infini. C'est certain qu'en étant au large on va reperdre ce que l'on avait gagné.

- Deuxième effet de victimisation : les bus ne sont pas là ! Ils devraient arriver d'un moment à l'autre, annonce le commandant de bord. Tout le monde est debout, valise à la main. Les langues se délient. On râle ! « C'est toujours comme ça avec Air France », « Des bons à rien, c'est normal dans une compagnie nationalisée ». La tension monte. Les passagers se massent à la porte qui est ouverte. Les premières classes ne sont pas en tête. Ce sont les business qui, elles, seront les premières à pouvoir sortir quand les bus seront là ! Les classes tempo guettent, elles ne sont pas loin de la porte. Il fait froid. À Paris, c'est l'hiver.

) Troisième effet de victimisation : les bus arrivent mais la passerelle n'est pas là ! Les commentaires vont bon train. Pour certains, le scandale français est bien là, le sabotage est évident. La crise est d'autant plus grave que cette échelle qui arrive enfin n'arrive pas à se mettre en place. Ils sont trois à pousser pour la déplacer mais rien n'y fait. Les passagers de la classe business ricanent et ne sont pas tendres avec la compagnie. Une hôtesse proteste. La guerre est déclarée !

) Quatrième raison de victimisation : la passerelle est en place, on va descendre mais les hôtesses laissent faire et ne se préoccupent pas de faire passer d'abord ceux qui ont payé leur place trois fois plus cher que les autres. En d'autres termes, les premières, les business et les éco se retrouvent sur la même passerelle et dans les mêmes bus. Le scandale est à son comble. Dans le bus, on vomit sur Air France, son personnel, son service, ses avions, son président, ses syndicats, leurs grèves et leurs avantages sociaux. Le personnel de bord n'est d'un seul coup plus considéré. Il n'existe plus ! L'image de la compagnie se négativise au fur et à mesure du temps que prend le bus pour rejoindre le terminal qui bien évidemment n'est pas celui où l'on avait parqué sa voiture.

Tous les personnels navigants, tous les commerciaux de toutes les compagnies connaissent parfaitement le déroulement de cette histoire. Elle se répète dans le Paris/New York comme dans l'Orly/Clermont-Ferrand. Bien sûr, dans toutes les compagnies, on apprend à gérer ces situations de crise et surtout à ne pas bouger, à ne rien dire pour éviter les « vous en entendrez parler, vous ne savez pas à qui vous avez à faire » rageurs et menaçants des passagers. On sait ce qu'il faut dire et surtout ce qu'il ne faut pas dire.

L'homo cliens sait très bien que le fait d'être mis au large, le retard des bus ou le changement de terminal ne sont pas le fait des compagnies, mais bien celui de l'administration de l'aéroport. Qu'importe, il ne veut rien savoir, comme il le dit : ça n'est pas son problème. Dans cette affaire, il lui faut un bouc émissaire puisqu'il part du principe qu'après avoir acheté son billet, tout doit lui être apporté sans contrainte ! Les PNC (personnel navigant commercial) des compagnies sont finalement là pour cela !

Dans les avions, dans les magasins, dans la plupart des situations où *l'homo cliens* se sent victime, il perd son habitude d'être normal. Il prend celle d'un ennemi. Les pulsions qu'il ressent l'aveuglent. Il ne reconnaît plus ceux qui tentent de l'aider, de le servir. Face à la contrainte souvent indépendante des opérateurs, hôtesses de l'air, vendeurs, prestataires de services, fonctionnaires, le client se comporte comme un véritable ennemi. Il ne veut plus entendre, comprendre, faire la part des choses. Il opte pour les solutions terroristes. Il casse, jette, maudit et souvent fait l'impasse sur la dignité de l'autre.

La fidélisation et l'*homo cliens*

Tous les jours dans les grandes surfaces, chez les petits commerçants, à la poste, dans les pharmacies, dans les écoles, partout où il y a une relation client/fournisseur, on retrouve ce type de relations exacerbées, ce sentiment de victimisation du client qui induit le comportement d'ennemi. De toute évidence, dès que *l'homo cliens* est contrarié ou lorsqu'il pense que l'on ne fait pas comme il le voudrait immédiatement, il dévore son interlocuteur et va jusqu'à mordre (au sens figuré) ceux qui sont censés l'aider, le servir, l'assister. Il va souvent jusqu'à menacer de ne pas revenir ! Il est bien l'ennemi juré du système.

Ce comportement est d'autant plus injuste que, comme tout le monde le dit, l'écrit et le pense : « sans fidélité du consommateur, point de salut ! » En d'autres termes, tout le monde dépense des trésors d'amabilité pour justement faire de ce client le roi et ce dernier ne semble même pas prendre en considération tous les efforts qui sont faits pour cela ! Pire, il prend le contrepied et se comporte de façon aberrante.

La religion du client fidèle semble être vraie pour les grandes surfaces spécialisées, les garagistes, les loueurs de voitures, les providers d'Internet, ceux de la téléphonie moderne, les compagnies d'aviation, le TGV, les hôtels, les livreurs de pizza, les fabricants de tous produits et de toute taille, le petit crémier du coin, le commerce traditionnel de centre ville.

Bien qu'on n'en connaisse ni le créateur, ni la date de sa révélation, la religion du client « fidèle » s'est imposée à toutes les entreprises, jour après jour, vente après vente, transaction après transaction ! Personne aujourd'hui, pour étonnant que ce soit, malgré le comportement des clients ne penserait à la remettre en question.

Elle repose en fait sur un dogme unique et simple qui s'est rapidement propagé dans toutes les langues et qui veut que :

- Le client est fidèle s'il est satisfait.
- *A contrario,* le client devient radicalement infidèle dès qu'il cesse d'être satisfait !
- Le client satisfait, donc par nature fidèle, le dit à au moins trois amis et alimente systématiquement un bouche à oreille « favorable », ce bouche à oreille se trouvant être le média indiscutable de la renommée d'un commerce, d'une société de services ou des entreprises de fabrication de biens d'équipement comme de produits de grande consommation.
- Le client insatisfait donc infidèle le dit à au moins dix personnes, amis ou non, ce qui a pour conséquence d'alimenter un autre type de bouche à oreille, le « défavorable » qui détruit toute image de service sur son passage !

- L'horreur, l'apocalypse qu'il faut éviter absolument, c'est la propagation de la méchante rumeur. Un service jugé mauvais par un client moyen, inconnu dont on ne sait même pas s'il a vraiment acheté quelque chose peut devenir une vraie catastrophe commerciale !

- Le bien, c'est la satisfaction du client, le mal sa dyssatisfaction.

Si dans l'histoire moderne des entreprises, on a jamais autant investi, réfléchi, discouru, enseigné, théorisé, écrit sur la fidélité et son corollaire, le service et la satisfaction client, c'est qu'il y a une série de raisons essentielles. La première raison, la plus fréquemment citée, qui milite en faveur des stratégies de fidélisation et d'excellence dans la relation client est que pour la plupart des entreprises qui se trouvent dans des marchés hypercompétitifs, il faut absolument trouver quelque part une différence pour être choisi ou référencé par le client. La fidélisation apparaît bien comme l'un des derniers moyens stratégiques qui restent encore aux entreprises pour tenter de se distinguer eu égard à ce mal endémique et actuel de notre économie qui se définit par le manque de différence !

Influencées par les mêmes consultants (des cadres issus des mêmes grandes écoles, des mêmes universités), les mêmes principes de réflexion, dans bien des cas la même pensée unique, les entreprises de fabrication, de distribution ou de service, terrorisées par le cours de la bourse, ne peuvent ou ne veulent plus faire la différence, que ce soit dans leurs usines, dans leurs bureaux d'étude, dans leurs magasins, par leur marketing ou même dans leur publicité et leurs produits. Tout se joue donc dans la relation à l'autre, l'autre étant le client.

En d'autres termes, depuis 50 ans le centre de gravité de la différence s'est déplacé de la fabrication vers le marketing puis du marketing vers la relation client.

Avoir un bon service, c'est en fait espérer montrer au client sa différence ! C'est croire et prétendre qu'en prenant conscience de cette différence, il va vous choisir et vous rester fidèle non pas parce qu'il vous aime ou vous apprécie mais bien parce qu'il n'y voit que son égoïste avantage.

La deuxième raison qui pousse à trouver et développer des stratégies de fidélisation de service et d'excellence dans la relation client est que pour beaucoup d'entreprises, il faut compenser le manque de relations humaines donc de services appropriés face à la guerre des prix.

L'équation est connue. Pour être différent, faute d'innovation ou parce que toute innovation est immédiatement copiée, on offre d'abord des prix au marché. L'expérience montre que cela donne souvent de bons résultats, du moins à court terme. Lorsqu'on offre des prix, il faut obligatoirement augmenter la productivité ou trouver quelque part des gisements d'économie. Pour augmenter la productivité et faire des économies, il faut une meilleure logistique, une meilleure informatique, moins de stock et en règle générale surtout moins de personnel.

Supprimer le personnel, c'est par définition être moins à la disposition des attentes des clients. C'est leur donner moins de temps, moins d'attention, moins de service et par là même prendre le risque de les dyssatisfaire, donc de créer de l'infidélité.

Pour créer de la fidélité, il faut dans ces conditions trouver et promouvoir des moyens artificiels autres que le contact humain pour faire oublier qu'il n'y a finalement personne pour vous servir et vous convaincre malgré cela que l'on fait tout pour vous, en espérant toujours une fidélité en retour.

Les stations d'essence que l'on trouve sur les autoroutes et en ville sont un bon exemple de cette fidélisation « artificielle » ! Elles ont toutes en commun la particularité d'avoir le moins de personnel possible à la disposition des automobilistes. Cela étant, ces derniers sont censés choisir d'être fidèles à une station en fonction du meilleur accueil, du meilleur service reçu. Ici, le problème de la fidélisation est d'autant plus difficile que dans la réalité, en guise de service, chaque automobiliste a appris à faire par lui-même son plein, à gonfler ses pneus, à laver automatiquement sa voiture, à nettoyer son pare-brise, à vérifier ses niveaux. Pour tout contact humain, il doit se contenter du sourire du caissier ou de la caissière lorsque bien entendu ces derniers sont formés, et c'est souvent le cas, à vous regarder et à prendre conscience que vous n'êtes pas qu'un numéro de code sur une carte de crédit ou une carte de fidélité. Pour compenser ce manque de service, toutes les marques font des efforts notoires et coûteux. Les stations service sont généralement belles, propres, rationnelles et cela des aires de stationnement jusqu'aux WC. Elles arborent de jolies couleurs vertes, jaunes ou rouges qui réchauffent l'ambiance. Des publicités d'accueil, des gants en plastique, des raclettes pour pare-brise sont à la disposition des automobilistes pour qu'ils ne se salissent pas les mains et puissent essuyer sans peine leur pare-brise. Tout un matériel marketing est là pour rappeler au client qu'on l'aime, qu'il est important et que c'est lui le patron de la compagnie pétrolière. On fait bien sûr tout cela parce qu'on n'oublie pas que des stations propres, des caissières agréables ne sont que des choses normales qu'un automobiliste est en droit d'attendre eu égard au prix du carburant ! Le service et son corollaire, la fidélisation, s'expriment donc ailleurs.

Ils se traduisent par des jeux, des cartes de fidélité, des cadeaux offerts gratuitement à la condition bien sûr que l'on achète de l'essence, de l'huile ou tout autre produit pour la voiture. Ces moyens sont considérés par les spécialistes comme de vrais éléments de fidélisation sans lesquels le client ne serait pas heureux et donc pas satisfait.

Ce qui est vrai pour les stations service l'est aussi pour les grandes surfaces alimentaires.

Pour être compétitif en matière de prix, les supermarchés, les hypermarchés, là encore, doivent résister à la tentation de l'augmentation de personnel.

Comme dans les stations service, le client a appris, là aussi, à choisir seul ses produits sur une gondole, à remplir son caddie, à peser ses fruits et légumes, à tout sortir sur le tapis de caisse puis à tout remettre dans le chariot sans broncher, sans se plaindre. Pour le récompenser et obtenir sa fidélité, on croit devoir lui donner des prix, de la qualité, de la bonne musique d'ambiance, de jolies couleurs sur les murs, des affiches aux motifs plaisants et distrayants, toute une série de moyens promotionnels : carte de fidélité, jeux, tickets gagnants, le tout dans une ambiance qui se veut agréable, chaude et conviviale. Il va sans dire que tout ceci n'est possible que si l'on fait le maximum d'économies de personnel et de moyens pour délivrer un service authentique. Dans le cadre des stratégies de fidélisation, l'*homo cliens* n'a donc pas fini de poser problème aux entreprises de services et de distribution. Comment en effet fidéliser ce client victime qui aujourd'hui pense qu'être satisfait est tout à fait normal (c'est la moindre des choses !), qu'être insatisfait est proprement scandaleux et que sa satisfaction d'aujourd'hui n'est pas forcément le gage de sa fidélité de demain ?

La création de valeur

Pour contourner cette infidélité de *l'homo cliens* victime, une autre idée a fait son chemin. C'est celle de la création de valeur.

Que faire si par exemple vous êtes un grand distributeur, spécialiste, multi-spécialiste, généraliste, lorsque vos concurrents directs, vos confrères, ceux-là même à qui vous faites « hello »

© Éditions d'Organisation

d'un signe amical de la main en les croisant dans votre syndicat professionnel, cassent les prix des grandes marques que vous référencez, lancent des promotions insensées à grand renfort de prospectus ou mettent dans leurs rayons des marques distributeurs, des produits premiers prix ou des génériques ?

Que faire encore si vous observez jour après jour que ces efforts dévastateurs, à la limite du raisonnable, de vos concurrents vous conduisent à « limer » vos marges, à « serrer » vos frais au plus juste et à mettre votre personnel à « la diète » de toute hypothétique augmentation de salaire, tout ça pour rester encore en vie ?

Mis à part le fait de maudire ces concurrents, il vous faut bien reconnaître que tout cela est la conséquence d'une absence dramatique de différence entre vous et eux. Même si vous vous raccrochez à l'idée que votre magasin est plus convivial, mieux achalandé, plus « orienté client » que celui de vos concurrents, vous devez vous convaincre que pour *l'homo cliens* moyen habitué depuis des années à la distribution moderne, tout se ressemble, tout est pareil, tout est du déjà vu !

Il ne vous reste plus alors qu'une seule solution pour répondre aux barbares ! Non pas celle qui vient tout de suite à l'esprit et qui consisterait à offrir des prix plus bas et un gadget supplémentaire pour un euro de plus ! Mais bien celle qui demande plus de réflexion, plus de sang-froid, de sens stratégique et qui consiste à apporter de la « valeur » à la prestation que vous et vos vendeurs allez proposer aux clients qui vous restent.

L'idée est apparemment très simple et semble-t-il évidente pour beaucoup. Face à un client attiré, charmé, hypnotisé, détourné par des offres de prix et les avantages inconsidérés proposés par les concurrents, il suffirait d'apporter un « plus » qualitatif pour arrêter l'envie folle de ce client d'aller voir ailleurs, là où on lui propose tout pour rien.

Cet apport de valeur prend bien évidemment des formes et des aspects très différents selon les secteurs d'activité.

Le pharmacien qui commence à se sentir menacé dans son officine par le discount de certains de ses confrères qui, il le constate et le regrette, lui enlèvent jour après jour des clients et donc de la marge, se persuade qu'en donnant de bons conseils gratuits à ses clients il apporte de la valeur. Il est convaincu et comment pourrait-il en être autrement puisqu'on le lui dit dans tous les séminaires de formation auxquels il participe, que le conseil bien senti, bien fait, fidélise et permet d'effacer les effets d'un discount, même sévère !

Bien sûr, ce pharmacien n'imagine pas que son confrère discounter puisse donner les mêmes bons conseils que lui à ses clients. Il ne peut pas envisager non plus qu'il soit considéré par ses clients comme un aussi bon pharmacien que lui. Enfin, il ne pense pas que ce confrère discounter puisse avoir devant une constipation basse, une toux chronique ou un mal de tête la même légitimité que lui. Il oublie qu'ils sont tous les deux aux yeux du grand public des pharmaciens diplômés et qu'ils sont là pour répondre gratuitement et immédiatement à toutes les questions qu'on leur pose.

Les marchands de meubles comme But, Atlas, Crozatier et les autres ne sont pas en reste sur cette idée de la fabrication de la valeur qui permet de lutter contre les prix discount. Là encore, on tente de s'appuyer sur la qualité des vendeurs, leur volonté de trouver le meuble qui conviendrait au client et sur une détermination farouche d'offrir un vrai service. Bien que le discount ne soit pas aussi franc que dans le cas de la pharmacie ou des grandes surfaces alimentaires, il n'en reste pas moins un écueil pour toutes les stratégies de marketing visant à faire passer la fameuse « value » à la place du prix.

© Éditions d'Organisation

Bien évidemment, les distributeurs de meubles comme les fabricants ne sont pas dupes. Ils savent très bien que le meuble a cette merveilleuse propriété de ne pas rentrer dans la catégorie des produits auxquels on peut donner un juste prix. Tout le monde sait dans la profession que rares sont les clients qui peuvent en voyant un meuble en magasin ou sur un catalogue dire à peu près combien il coûte. Selon qu'il sera en bois collé ou chevillé, son prix ira du simple au double. Selon qu'il sera en chêne massif, en merisier ou tout simplement en assimilé collé, sa valeur sera complètement différente. Ce qui marquera le futur acheteur, c'est seulement le rapport « aspect/prix ». On aura beau dire au prospect qu'il se fait « avoir » par l'autre, qu'il lui faut regarder en quoi sont faits les fonds de tiroirs, le derrière des meubles, rien n'y fera. Il ne croira que ce qu'il imaginera voir. Dans ces conditions, apporter de la valeur n'est pas une mince affaire. Ceci est d'autant plus vrai que le client sait bien qu'en discutant un peu il pourra repartir avec une forte remise, la livraison gratuite et le reste. Il ne se trompe pas en imaginant cela. Tous les vendeurs de meubles sont en effet soumis aux mêmes règles de salaire. L'enseigne pour laquelle ils travaillent leur assure le SMIC. S'ils veulent gagner plus, ils doivent vendre. Il est clair que le 15 du mois, lorsque le vendeur s'aperçoit qu'il ne va pas faire son chiffre, tout lui est bon pour arracher la vente. Comme on lui laisse la possibilité de faire des petites entorses au tarif de vente, il en profite. C'est une pratique qui se comprend et que le client, sans le savoir, utilise effectivement à son profit ! Par la force des choses, toute la profession du meuble, à de rares exceptions près, à un moment ou à un autre, s'adonne au plaisir de faire des prix.

En matière de service, les choses ne sont pas plus évidentes. Le meuble s'achète peu fréquemment, un tous les trois ans en moyenne ! Qui plus est, il n'y a pas de véritable service après-vente obligatoire comme dans le cas d'une voiture. On ne fait pas la révision des trois ans d'une armoire, d'un lit ou d'un canapé. Dans ces conditions, à part la livraison gratuite, il n'y a pas vraiment de service qui apporterait une telle valeur ajoutée qu'on préférerait payer le prix fort du meuble pour être certain d'en bénéficier.

Malgré cela, les distributeurs de meubles pensent très sérieusement qu'ils devront leur salut à l'apport de « valeur » qu'ils offriront à leur client. Cette valeur, ils la cherchent et pensent souvent l'avoir trouvée. Il est vrai qu'il n'y a que la foi qui sauve !

Personne n'échappe à cette idée de la création de différence par la recherche et l'apport de « valeur » ! On pourrait ainsi décrire les attentes spécifiques des marchands de pneus indépendants qui pompeusement se qualifient de « pneumaticiens conseils ». Ils promettent à leurs clients, bien sûr le choix des grandes marques, mais surtout ils leur garantissent une parfaite remise en état de la géométrie des voitures avant montage des pneus neufs. Ce service, cette nouvelle valeur a pour objectif de garantir l'automobiliste contre les usures intempestives des pneus conséquentes d'une déformation du châssis. Ce faisant, ils veulent montrer à leurs clients et surtout à leurs non clients qu'ils apportent de la « valeur » à leur métier de base qui n'est que l'acte très simple mais salissant consistant à monter des pneus neufs sur une voiture usagée ! L'idée de cette « valeur » serait intéressante si les grandes chaînes comme Midas, Speedy, Norauto aussi bien que le plus humble des concessionnaires perdu au fin fond de la campagne n'offraient, eux aussi, ce même service, souvent gratuitement, toujours à prix discount !

Parce que l'ordinateur permet à tous les garagistes de constater immédiatement et simplement les déformations des châssis eu égard aux coups de trottoirs pris par les conducteurs et vu qu'il suffit de quelques tours de vis pour tout ramener dans l'ordre, ce qui pourrait être une vraie « valeur » devient une obligation. C'est l'absence de ce service qui serait aujourd'hui fatal !

Ainsi, l'apport de valeur peut être réel à la condition qu'il ne devienne pas un outil systématiquement copié et proposé par tous les concurrents.

Il en est de même pour les distributeurs de produits dits de beaux-arts et de loisirs créatifs (tubes et boîtes de peinture, chevalets, pinceaux…). Dans cette profession qui commence à évoluer, les petits indépendants de centre ville qui sont là depuis des décennies pensent pouvoir lutter efficacement contre les nouveaux formats de points de vente qui s'installent en périphérie, près des grandes surfaces par une création de « valeur ».

Ces points de vente nouveaux qui prennent pour noms Arteis ou Cultura proposent des prix, un décor, un modernisme, des parkings, de l'espace et un choix à portée de main, en d'autres termes du libre service à une clientèle nouvelle qui sculpte, peint, décore, dessine. L'idée salvatrice qui vient donc en premier à ces points de vente traditionnels de centre ville, c'est, comme dans le cas des pharmaciens, celle de l'apport du « vrai conseil ».

On se conforte dans les arrière-boutiques ou dans les réunions syndicales à partir d'études sérieuses en évoquant le fait que celui qui peint ou qui dessine recherche, avant les prix, une oreille amicale capable de lui expliquer quelle huile utiliser, quel pinceau ou quel encadrement choisir. Ainsi d'un seul coup, pour se sauver, une profession tout entière envisage de se transformer et de passer de l'état de distributeur à celui d'expert conseil. C'est oublier là encore que les nouveaux concurrents donnent aussi des conseils et que tous les clients n'ont pas forcément des questions à poser à chaque fois qu'ils achètent pour parfaire leurs chefs-d'œuvre.

Les grandes surfaces alimentaires, hypermarchés et supermarchés, ont été parmi les premières à ressentir les effets néfastes de l'absence de différence et à s'intéresser de très près au concept de l'apport de « valeur » à la place notamment de l'offre prix. On se rappellera que l'absence de différence s'était trouvée dans les années 95, soudainement amplifiée par l'arrivée de la loi Galland. Cette loi interdisait et interdit toujours aux distributeurs de proposer des « prix trop bas » dans leurs magasins. On cherchait ainsi à éviter les ventes sans bénéfice, celles en dessous du prix d'achat et par là même toutes les publicités qui faisaient les beaux jours des discounters et le malheur des fabricants. Il est clair que pour protéger les grandes marques des pratiques « pirates » de certains distributeurs, on avait choisi d'effacer les différences que ces derniers faisaient par le prix. De ce fait, à partir du décret d'application de cette loi, personne ne pouvait plus être moins cher que l'autre.

Bien que dans un hypermarché ou un supermarché, tout soit en libre service et que le secret d'une bonne rentabilité consiste surtout en temps de crise à faire faire au client le maximum de travail pour économiser des frais de personnel (c'est lui qui prend les produits au rayon, qui les pose sur le tapis des caisses, les remet dans le caddie, etc.), on s'est vite convaincu, après l'application de la loi, devant la réalité des chiffres de vente et de la détérioration des marges, de l'utilité d'apporter aux clients autre chose que de la promotion des têtes de gondoles. On a donc parlé fort et haut de théâtralisation, d'univers d'ambiance, c'est-à-dire de moyens qui mettraient le client dans un état second de joie, de bien-être et qui le feraient se sentir tellement heureux qu'à la fin il serait plus fidèle et moins sensible aux offres prix. La mode de l'hypermarché convivial à relation humaine était lancée !

Le concept d'apport de valeur aurait probablement pu fonctionner si face à une perte significative de parts de marché l'un des acteurs importants du marché ne s'était lancé dans une spectaculaire opération de promotion lui permettant d'un seul coup de refaire son retard et de revenir au premier rang.

Avec son fameux « ticket Leclerc » « le ticket qui vous rapporte », les magasins Leclerc montraient à qui voulait bien l'admettre que finalement le client préférait à toute promesse qualitative une bonne récompense quantitative !

Le principe du « ticket Leclerc » s'énonce de façon très simple et est compréhensible par tous :

Lorsque vous faites vos courses dans votre centre Leclerc, choisissez les produits signalés par un logo. Ils vous font gagner des bons d'achat ! À la caisse, le montant des bons d'achat s'inscrit au bas de votre ticket de caisse. C'est votre Ticket Leclerc. Dans les 15 jours qui suivent la fin de l'opération, vous achetez ce que vous voulez avec vos tickets Leclerc.

Aujourd'hui les faits sont criants ! *L'homo cliens* veut des prix, des cadeaux, des « plus » tangibles, pas des discours lénifiants sur le fait qu'on l'aime plus que tout au monde et plus que partout ailleurs dans le monde ! Le service qu'on lui offre lui apparaît comme un dû.

Puisque l'on n'a pas trouvé de vraie « valeur » différenciante à offrir, la question prioritaire des grands distributeurs est maintenant d'avoir l'image du moins cher ! La guerre des prix tous azimuts est devenue la seule solution pour prouver que l'on est bien encore et toujours un discounter, donc une enseigne différente !

Puisque la loi ne permet plus de lancer des stratégies féroces de baisse des prix, la plupart des distributeurs ont trouvé ou plutôt retrouvé le concept des « premiers prix ». Le premier prix, c'est par définition le produit moins cher que le moins cher. Jusque là, on connaissait le discount sur les grandes marques que pratiquaient les distributeurs dans les années 80. Puis on a connu les « marques distributeurs » sortes de copies des grandes marques qui se devaient en portant la marque de l'enseigne d'apporter la preuve et d'assurer le client que l'on pouvait acheter aussi bon pour moins cher. Dans les années 90, avec l'arrivée des *hard discounters* et de leurs prix terriblement plus bas sur des produits exclusivement à leurs marques, on a vu fleurir un peu partout sur les rayons des hypermarchés et des supermarchés des « premiers prix ». Par définition, ces produits moins chers que les marques distributeurs avaient pour mission de montrer aux consommateurs que le *hard discount* venu d'Allemagne n'avait rien inventé et qu'on savait répondre par des produits pas trop mauvais aux ersatz de marque des Aldi, Lidl, etc. Le premier prix ne pouvait pas être aussi bon et moins cher comme la marque distributeur. Il pouvait tout juste être bon et vraiment moins cher ou encore pas trop mauvais mais toujours moins cher. Conscient du danger de ces produits premiers prix pour le maintien de leur marque propre, les distributeurs ont vite compris dans les années 95 qu'il fallait les faire disparaître de leurs linéaires. La marque distributeur, c'était un moyen de fidéliser le client, une bonne façon de faire de la marge et d'asseoir une solide image de qualité ! Pas question, dans ces conditions, d'offrir aux consommateurs des produits dont on ne pouvait pas assurer le bon rapport qualité/prix.

Comme la faim fait sortir le loup du bois, il n'a pas fallu longtemps pour que les grandes enseignes qui, malgré tous ces faits, prônent toujours la théorie de l'apport de « valeur » au client en mal de différence, ressortent la vieille idée des premiers prix au risque de condamner leur marque distributeur, d'offrir une qualité médiocre à leurs clients et d'entraîner toute une profession dans des sentiers à tout le moins scabreux.

Le cas de l'essence en France

La France est l'un des rares pays au monde où plus de 50 % de la consommation des automobilistes en essence et gasoil est fournie à prix discount au consommateur par les grandes enseignes de distribution. Les supermarchés et les hypermarchés peuvent en effet proposer tous les produits issus du raffinage à des prix beaucoup moins chers que les pompes à essence traditionnelles que l'on trouve sur les nationales, les départementales ou dans les villages, sans pour autant enfreindre la loi. La raison en est simple ! Les grandes enseignes de distribution ont le droit de faire supporter les salaires et charges sociales de leur personnel « station service » par leurs magasins, supermarchés ou hypermarchés. En d'autres termes, une pompe de grande surface peut toujours être moins chère qu'une quelconque station service de ville sans vendre au-dessous du prix d'achat puisque ce sont des pompes où il n'y a pas de salaire à payer directement. Tout le monde s'est ému de cette situation qui a envoyé des milliers de personnes au chômage. Mais pour des raisons inconnues, rien n'y a fait et l'essence reste moins chère aux pompes des grandes surfaces !

Difficile dans ces conditions d'appliquer l'idée de l'apport de « valeur » au client pour contrecarrer le poids du discount. Comme toujours dans ces cas-là, dans tous les secteurs d'activité, il y a un cavalier blanc, un champion au sens étymologique du terme qui surgit pour relever le gant et montrer que l'on peut faire mieux sans offrir uniquement des prix. C'est ainsi qu'un des opérateurs importants de ce marché, Total pour ne pas le nommer, entreprit un jour d'affirmer que l'on ne viendrait plus chez lui par hasard. En d'autres termes, tout devait être orienté sur le client et sa satisfaction afin qu'il décide de choisir Total en toute connaissance de cause. Sur le plan publicitaire et marketing, l'idée était intéressante. Il est notoire que l'accueil de ces stations service était effectivement meilleur que partout ailleurs. Il est notoire également que le service proposé aux clients, les cartes de fidélité, les promotions étaient à l'époque bien acceptées et accueillies favorablement par les clients. Là où le bât blesse, c'est que quelques années après, la société Total transformait une partie de son réseau en distribution discount pour ne pas trop perdre de parts de marché face aux grandes surfaces qui savaient très bien, elles, que l'on ne venait pas chez elles par hasard mais bien pour les prix ! En transformant une partie du réseau Elf en discounter, Total démontrait que le prix restait comme toujours le meilleur moyen d'attirer le client et que l'apport de « valeur » n'avait de sens qu'à prix équivalent !

On ne peut aborder ce chapitre sur l'éventualité de l'impact des apports de « valeurs » au consommateur sans citer l'exemple des compagnies aériennes.

Parmi les compagnies exemplaires positionnées depuis des décennies comme référence en terme de service à terre comme à bord, c'est probablement la Swissair qui a la plus été citée comme l'exemple à suivre. Cette compagnie serait toujours en tête si pour des raisons diverses, elle n'avait dû se contraindre à déposer son bilan. Tout était excellent à terre, en l'air, en first, en business comme en éco ! Les hôtesses avaient un style, une maîtrise des incidents, un professionnalisme enviable par les plus grandes compagnies. Les prestations étaient jugées comme supérieures à celles de tous les autres avionneurs.

En 2000 la compagnie, avant toutes les autres, proposait gratuitement à ses clients une alimentation électrique pour leurs ordinateurs portables afin qu'ils puissent, pendant les longs vols, continuer à travailler et ne pas craindre que leurs batteries leur fassent défaut ! Il ne pouvait y avoir un congrès international, une convention d'avionneurs ou des professionnels du voyage sans que l'on demande à Jan Carlzon, président de SAS, de venir expliquer son secret. Très aimablement, il se prêtait au jeu et lorsqu'on lui demandait comment il formait ses personnels navigants ou commerciaux, inlassablement, il répondait :

« Nous ne formons pas les personnels à être aimables, comme dans vos compagnies. Ils le sont naturellement parce que nous ne prenons chez SAS que des femmes ou des hommes qui viennent de la campagne, qui ont des frères et sœurs et qui par nature savent ce que c'est de vivre à la dure et en groupe. Pour eux, entrer chez SAS doit être une forme d'ascension sociale. Nous ne voulons que des collaborateurs qui sont naturellement aimables parce que cela ne s'apprend pas ! Nous leur distillons seulement une formation technique. C'est-à-dire que nous apprenons à nos stewards par exemple comment servir un whisky dans des trous d'air sans oublier la glace et les petits toasts »[1]

Air France, British Airways, Delta, TWA, US Air, American Airlines, Cathay Pacific et bien d'autres encore, sans arriver bien sûr au niveau d'excellence de Swissair, ont beaucoup fait pour donner à leurs clients le meilleur service possible pour les fidéliser.

Qui mettrait en doute que c'est SAS qui, la première, a eu l'idée des business classes pour les hommes d'affaires ? Qui ne se souvient qu'Air France a été la première compagnie à offrir de véritables lits en première et des business plus que confortables ? Qui n'a en mémoire le luxe et le confort des first de British Airways et le fabuleux service à terre ? Qui n'a dit tout le bien qu'il pensait de Cathay Pacific après un vol sur Hong Kong ?

Aujourd'hui, on voit que tout cela n'a pas servi à grand-chose. La plupart de ces compagnies frôlent le dépôt de bilan. Leurs ennemis, ce sont simplement des compagnies aériennes qui utilisent les mêmes avions, les mêmes routes dans le ciel, pas

---

1. Jan Carlzon, *Moments of Truth*, Harper Perennial, 1987.

toujours les mêmes aéroports, mais qui affichent des prix vraiment moins chers. Easy Jet, Ryan Air : voilà ces compagnies qui n'offrent aucun service, qui ne se préoccupent pas du confort du client mais qui proposent un Paris-Genève pour 50 € au lieu de 550 € !

Conclusion

Depuis les années 90, l'*homo cliens* se distingue à nos yeux, dans les points de vente au moment de l'achat, dans ses rapports avec les vendeurs essentiellement, par son comportement de victime ! Il est aujourd'hui, par réaction, toujours mécontent, insatisfait. Il ne s'intéresse qu'à ce qu'on lui donne effectivement. Les promesses ne l'intéressent pas ou plus. Il veut du sonnant et du trébuchant. Les stratégies qui visent à le fidéliser et à lui apporter de la valeur semblent être, dans bien des cas, des volontés coûteuses sans lendemain, sans suite. Cette victimisation, jugée par certains comme pathologique, conduit souvent à acheter moins, moins cher et surtout de façon différente.

Ainsi, par exemple, la mise sur orbite du *hard discount* n'est pas forcément, comme certains voudraient le faire croire, une question de prix des produits offerts à la clientèle. Les relevés de prix entre magasins, hypermarchés, supermarchés, montrent tout le contraire. La réalité semble plus simple.

Se sentant victime des hypermarchés trop agressifs en termes de promotions, de couleurs, de bruits de foule, de merchandising, l'*homo cliens* se protégerait en allant dans un point de vente sobre, simple, non tentant. Un point de vente, en d'autres termes, tout simplement plus orienté vers ses souhaits que vers les aspirations et rêves de l'*homo consomatio* !

Plus l'effort que feront les publicitaires, les marques, les distributeurs, les sociétés de services pour reconquérir leurs parts de marché sera grand, plus ils solliciteront avant tout l'*homo consomatio* (par pure habitude ou parce qu'ils ne savent pas encore faire autrement) et plus ils mettront sans le savoir l'*homo cliens* sous tension. Par leur communication tous azimuts, la différence de perception entre le réel (ce que l'on voit) et la valeur (ce que l'on imagine) ne fera qu'augmenter son ressentiment !

Chapitre 3

Une situation paroxystique : l'économie d'attention

Il tombe sous le sens lorsqu'on a fait siennes les vertus et pratiques du concept marketing, c'est-à-dire que l'on veut mettre en place un dispositif de nouveaux produits à cycle de vie de plus en plus court, une croissance basée sur un principe de marketing d'interruption, créer sans cesse des besoins nouveaux, fidéliser et satisfaire le client, qu'il est nécessaire de communiquer intensément. La règle et la pratique veulent qu'il faille communiquer et encore communiquer pour faire connaître ses produits, sa marque, battre son concurrent sur son propre terrain, faire croire ou montrer une différence et surtout donner de plus en plus envie de consommer.

Pour faire acheter, particulièrement dans les périodes difficiles, il faut convaincre, dans le même temps, tous les segments du marché. On ne peut pas se contenter du seul marché des « riches » ou des aficionados. Le marketing se nourrit de la masse. Il faut donc obligatoirement tenter les consommateurs potentiels, par de belles images, de belles histoires et appuyer le discours sur « de la part de rêve ». La communication sous toutes ses formes est donc apparemment une nécessité pour que le concept marketing puisse tout simplement s'appliquer ! Sans communication, il ne peut y avoir de marketing prospère.

Ceci est d'autant plus vrai qu'on observe que l'*homo consomatio* par nature n'est pas constamment avide de produits, de publicité, de promotions, de nouveautés. Il a des attentes, des désirs, des besoins mais il est aussi très lié à ses habitudes et prisonnier d'elles. Il ne cherche pas constamment, comme on voudrait le faire croire, l'amélioration, l'excellence de sa vie uniquement par le truchement du produit. Il sait aussi – l'*homo cliens* est là pour le lui rappeler – que son portefeuille a des limites. En fait, il ne joue pas naturellement, sans réfléchir et stupidement, le jeu de l'hyper consommation.

On a beau mettre le produit, la marque sous son nez, il ne va pas forcément prêter attention à ce qu'on veut bien lui dire, au message subliminal qui devrait le faire acheter. Il a souvent une liste de courses, quelques souhaits ou idées en tête et ne va pas forcément plus loin. La création de besoin, les cycles de vie courts et la communication ne suffisent donc pas toujours à déclencher les achats de façon permanente ou occasionnelle. Communiquer apparaît bien comme un acte vital pour cette civilisation marketing.

Les faits vont montrer que communiquer au sens propre du terme n'est pas suffisant pour déclencher l'envie d'acheter !

L'économie d'attention : l'enjeu !

Dès les années 1930 et 1940, selon Pierre Lévy[1] l'attention du public était devenue l'enjeu majeur des activités politiques et culturelles. La montée des médias imprimés puis de la radio et

---

1. Pierre Lévy, *World philosophy*, éditions Odile Jacob, 2000.

du cinéma ont ouvert un champ nouveau de la conscience collective, immédiatement occupé par les batailles de propagande engagées par les régimes fascistes et totalitaires puis par toutes les forces en présence au cours de la seconde guerre mondiale. Après la guerre et la politique, le commerce a conquis ce nouvel espace par la publicité qui a explosé dans les années 1950. Les « industries culturelles », notamment les magazines, le cinéma, la télévision se sont progressivement emparées d'une fraction de plus en plus importante de la conscience et de l'attention collectives. On doit à Theodore Adorno[1] (école de Francfort 1940) et aux situationnistes[2] de précieuses remarques sur la phénoménologie de la fabrication par les industriels « *des moments de conscience préfabriqués* » et des « *contenus de conscience* ».

Dès 1970, on constate au fur et à mesure que s'installe cette hyper-civilisation de consommation, qu'elle ne peut vivre qu'à la condition de sur-communiquer, c'est-à-dire qu'elle ait la propriété cardinale d'attirer, de retenir, d'exciter, de polariser en permanence « l'attention » de l'individu. Non seulement il faut créer des « contenus de conscience » mais pour fixer le message et l'offre marchande dans le cerveau, il faut d'abord soutenir l'attention.

Pour favoriser et attirer « l'attention » sur le produit, la marque ou le service, les moyens offerts aux entreprises sont globalement de trois ordres. Il faut soit :

- faire du « bruit » et si possible plus que les concurrents,
- créer de « l'étonnement »,
- bien sûr faire les deux en même temps.

---

1. Theodore Adorno (1903-1961), philosophe de l'École de Francfort.
2. Notamment Guy Debord (1931-1994) et Raoul Vaneigem (1934).

Faire du bruit est finalement assez simple. Il faut crier fort et ne pas lâcher un seul instant l'individu !

Matin, midi et soir, il doit être inondé de messages. Pour ce faire, il faut multiplier les médias et donner la possibilité aux annonceurs d'y être présents en permanence. Radio, télévision, presse écrite, magazines, news, brochures, prospectus, affichage et maintenant les médias du cyberespace vont se multiplier à l'infini. Ça n'est qu'une question de moyens !

Notons que les hypermarchés, les supermarchés et plus générale-ment tous les commerces vont être, à leur niveau, d'excellents relais à cette volonté. Ils vont inonder les boîtes aux lettres de leurs propositions alléchantes. Bien que le public dénigre toute cette communication dans les sondages, bien qu'il signifie à tous ceux qui lui posent la question que la pub, les prospectus de vente ne le font pas acheter, tous ceux qui parmi les industriels ou les distributeurs croient un seul instant ces bavardages et ces-sent de communiquer voient leur chiffre d'affaires s'effondrer. On déteste les prospectus (attitudes) mais on les lit (comporte-ments) et ils font vendre !

Exciter et retenir l'attention, c'est donc, avant tout, sans cesse occuper le terrain. C'est indéfiniment prendre la décision de ne jamais laisser le cerveau du consommateur au repos. Il doit recevoir le maximum de messages dans le minimum de temps et cela de façon constante.

Un consommateur, d'après une étude de Harvard, (Harvard Business School Research) reçoit 1 800 messages par jour (presse, radio, télévision, affiches, prospectus, Internet, etc.), n'en écoute que 80 et seulement 15 retiennent son attention. Industriels, distributeurs sont donc obligés de sur-communi-quer pour espérer atteindre leur cible. Ceci va à l'évidence créer des comportements à tous les niveaux du système de consommation et notamment chez *l'homo cliens* que les fondateurs du marketing ne pouvaient pas prévoir.

Si faire du bruit est de fait simplement une question de moyens et de volonté, « étonner » en permanence est plus difficile et implique que l'on fasse preuve d'une certaine créativité.

Barnum, l'inventeur du cirque du même nom, décrivait déjà en 1885, dans un livre fameux, les différentes recettes dont on dispose pour créer l'attention et faire accourir les foules. On se rappellera le succès de la femme à barbe, d'Elephant man, de la femme aux trois seins et de la parade de Buffalo Bill devant la Reine d'Angleterre à Londres. Depuis rien n'a vraiment changé, les recettes sont toujours les mêmes.

Lors du tour de France, les coureurs cyclistes, bardés de messages sur leurs maillots, doivent franchir la ligne d'arrivée en tête pour que sur le petit écran on ne voie qu'eux avec la marque qui les paie. Mais ça n'est pas suffisant, ça ne serait que faire du bruit. Il faut des records, des histoires, des épopées, des chouchous, des bons et des méchants, de l'EPO, des morts, de l'émotion pour soutenir « l'étonnement » et par conséquent l'attention. En d'autres termes, il faut systématiquement changer de message, remplacer celui qui est là par un nouveau plus fort, plus étonnant !

L'Étonnement avec un grand « É », c'est le rapport entre l'attendu (ce que tout le monde s'attend à voir ou à entendre) et l'inattendu (ce que l'on n'imaginait même pas).

Prenons quelques exemples. Lorsque le Saint Père Jean Paul Ier, l'ancien cardinal de Venise, décède le 29 septembre 1978 après seulement 33 jours de pontificat, on s'attend à ce que son successeur soit romain ou vénitien, cela fait partie de l'« attendu ». Personne n'imagine qu'il puisse être polonais ! Jean Paul II, élu à la surprise de tous, va être par le fait du rapport, « attendu/inattendu » le Pape le plus médiatisé qui soit. Il gardera cette énergie médiatique pendant tout son pontificat.

Lorsque le premier secrétaire général du parti communiste d'URSS, Andropov, décède en 1984, le monde entier s'attend à ce que son successeur soit très vieux, malade et membre du KGB. L'élection inattendue de Mikhail Gorbatchev va être l'expression de l'inattendu. Il est jeune, souriant et sa femme est élégante, belle et assez mince. Des critères inattendus pour des leaders soviétiques !

Tous les jours « l'inattendu » est bien la pépite que tout le monde cherche pour vendre ses idées à condition d'être le premier ou le seul à l'exploiter.

Mais la chose se complique encore. Il y a deux types d'inattendu :

- le naturel ;
- l'artificiel.

Tous ceux qui ont travaillé dans les médias ont été individuellement profondément choqués par les attentats du 11 septembre à New York comme par l'arrivée de Le Pen au second tour de la présidentielle française ou les attentats de Madrid en 2004. Sur le plan médiatique, il est évident que ces événements ont été, par leur caractère et leur valeur d'inattendu, des catalyseurs extraordinaires d'attention. Jamais les audiences n'ont été aussi fortes dans le monde comme en France. Jamais on n'a tant créé naturellement d'attention. Ces événements, malheureusement « naturels », recélaient en eux un rapport inattendu/attendu excessivement fort.

Les médias n'ont pas tous les jours cette « occasion » pour ne pas dire cette « chance » de trouver de l'inattendu directement à leur porte.

Aussi ils vont être tentés ou obligés de le créer ! C'est la création permanente d'inattendu artificiel qui va devenir la règle.

La recette est simple. On prend un événement, on le grossit, on le répète puis on le simplifie pour qu'il soit plus impactant et qu'il pénètre dans les cerveaux de tout un chacun ! Pour exemple, la présentation en première de couverture des photos de la mort de l'actrice Marie Trintignant dans Paris Match a fait progresser de 35 % les ventes de cet hebdomadaire !

On brûle une voiture, 10 voitures, 100 voitures, ce n'est pas le fait de brûler qui compte c'est le nombre, le score. Si ces actes de vandalisme sont de type répétitif dans une ville donnée, Strasbourg par exemple, la veille du jour où l'incident devrait se reproduire on fera de l'information sur ce qui s'est déjà passé auparavant et le lendemain on fera une information pour comparer la croissance ou la décroissance de ce type d'incident d'une année ou d'une semaine sur l'autre. On s'intéresse, dans tous les cas, plus au délinquant qu'à la victime. Un week-end sans grave accident sur la route, sans mort en Palestine, sans menace de Ben Laden et il faut absolument revenir sur un événement du passé ou en créer de toutes pièces un nouveau sous peine de perdre l'attention du consommateur.

L'anormal devient normal et le normal anormal.

Les médias se doivent bien sûr de participer à l'évolution de cette civilisation de « l'attention ». Tout d'abord, il faut admettre que partout dans le monde, ce sont les publicités qui font vivre les médias et non pas l'inverse ! En d'autres termes, si pas de publicité produit des grands annonceurs, pas de journal télévisé, ni de tour de France, de Mondial, de Thalassa ni de Loft story, de trophée Jules Verne, de Paris Dakar, de Jeux olympiques, etc.

117

C'est le marketing, la publicité et les marques qui payent pour que l'information puisse se distiller dans le cerveau de *l'homo consomatio.*

La télévision mais aussi la radio et les différentes presses quotidiennes, hebdo, magazine, news sont d'abord des fabricants d'audience donc d'attention. Si l'audience est forte, les fabricants s'engouffrent dans la tranche horaire de publicité qui encadre l'émission de télévision ou dans le titre d'une presse hebdo. Ils sont prêts à payer très cher pour figurer en bonne place. Ils veulent se faire entendre. Aux médias de créer de l'attention et de l'inattendu !

Fabriquer de l'attention, c'est donc d'abord fabriquer de l'audience. Il faut étonner le téléspectateur, au journal télévisé, après le journal, avant la tranche de 22 h 45 à 24 heures et cela du lundi au dimanche soir, du premier janvier au 31 décembre.

Ceci est vrai pour la première de couverture des news ou du simple quotidien régional. Les rédacteurs en chef de presse écrite, de télévision, les producteurs, les journalistes et plus généralement tous ceux qui ont la responsabilité de la vie d'une émission, d'une rubrique, d'un média vont, comme le coureur cycliste pendant le tour de France, vouloir être devant et avoir les meilleurs scores d'audience. Faute de quoi ils seront chassés, oubliés par les chaînes, les producteurs. Les annonceurs ne paieront plus et on imagine le cataclysme pour les chaînes, la presse en général, les radios. Les médias sont dans une économie de la bicyclette, à savoir que si on arrête de pédaler, on tombe.

La façon de faire, que parfois la morale réprouve, des opérateurs de TV, de radio et de la presse s'explique donc parfaitement, tout comme leur fascination et leur dépendance pour l'audimat. Rien de plus naturel. Dans l'immense incertitude où se trouvent les médias, tout est bon pour créer de l'attention. Il n'y a pas de limite. Il faut coller à l'actualité voire, s'il le faut, la créer, explorer tout ce qui pourrait faire que le téléspectateur, le lecteur laisserait tous les autres médias pour s'étonner sur celui dont on a la responsabilité.

Comme *l'homo consomatio* devient au fur et à mesure du temps un expert en « inattendu », dès qu'il regarde les images à la TV ou dans les journaux, il a vite fait de deviner au travers de ce qu'on lui montre s'il s'agit de vrai inattendu ou d'une tentative artificielle de le surprendre. Il a, depuis 50 ans, vu en noir et blanc comme en couleur tellement de guerres, d'otages, de crimes, d'assassinats, d'accidents de pétroliers déversant leur brut dans la mer, de voitures en feu sur les autoroutes, dans les cités, d'accidents d'avions, de mariages princiers que plus grand-chose ne peut l'étonner. Il devient par le fait un expert en violence et par contre-coup plus rien ne l'étonne. Que des jeunes ou des moins jeunes torturent, violent, que des grands de ce monde trichent, s'enrichissent, divorcent ou se suicident, tout cela rentre dans la norme audiovisuelle.

Les médias doivent donc vite devenir des magiciens dans l'art de faire croire à l'exceptionnel sinon ils perdent des points d'audience et disparaissent.

Personne aujourd'hui, pas plus les médias que les annonceurs, ne mesure vraiment la quantité de bruit ou d'inattendu maximum qu'un individu peut recevoir. Personne ne mesure non plus ou ne connaît les conséquences d'une trop grande quantité d'exposition à la violence, aux images « étonnantes » sur la vie privée, sur les envies d'achat, etc. Personne, pas un gouvernement, pas un parti politique, pas une association ne donne des indications sur des temps moyens acceptables d'exposition au rayonnement des médias et n'attire l'attention des uns ou des autres sur les risques d'une surexposition à certains types d'image. Il est curieux de constater que l'on se préoccupe de la vitesse sur les routes, de l'exposition trop longue au soleil, que l'on vote des lois sur la mesure du « radon » mais que l'on reste très silencieux sur l'importance des médias dans la vie de l'individu. La seule chose objective que l'on sache dire aujourd'hui c'est que les adolescents comme les adultes qui regardent trop la télévision grossissent !

La question de l'exposition aux médias ne semble même pas venir à l'esprit ! Elle ne pose pas problème ! Tout le monde imagine bien que trop de bruit tue le bruit ou encore qu'un jour ou l'autre l'individu ou *l'homo consomatio* pourrait devenir sourd ! Mais comme on ne dispose d'aucune mesure, on fait comme si de rien n'était. Tout simplement, on continue !

Ce qui est vrai pour les médias traditionnels l'est aussi pour ceux du cyberespace. Comme le décrit Pierre Lévy dans *World Philosophy*, « l'absence de refoulement ou de censure va mettre au grand jour pour la première fois l'immensité de l'esprit humain sous toutes ses facettes. *Il n'y a plus de censure, plus de cloisonnement, plus de refoulement du « mauvais », du « sans intérêt », du honteux, de l'absurde et du futile. Tout finit par s'exprimer.* »

La seule chose que l'on sache vraiment en observant les résultats audiences des médias, c'est que les individus sont de plus en plus exigeants en matière d'« inattendu ». Pour qu'ils accordent leur attention, ne serait-ce qu'une minute, à une marque ou à une information, il faut faire beaucoup plus qu'il y a 30 ou 40 ans, c'est-à-dire plus qu'au début de l'ère marketing !

Ce qui est vrai pour les médias traditionnels l'est aussi pour ceux du cyberespace. L'absence de refoulement ou de censure va mettre au grand jour pour la première fois l'immensité de l'esprit sous toutes ses facettes. Face à cette situation, l'individu est sujet à un premier comportement. Qu'il soit jeune, âgé, homme, femme, urbain ou rurbain, il prend l'habitude d'un rendez-vous à heure fixe avec l'extraordinaire, l'inattendu, c'est-à-dire avec les journaux télévisés et ceux des différentes radios périphériques. Il répond automatiquement toujours présent, surtout à la météo. Les courbes d'audience des grands journaux télévisés et des radios ne baissent pas au global et sont identiques dans toutes les couches de la population ! Ceci est vrai dans tous les pays du monde !

L'individu est en permanence exigeant et demandeur de stimuli d'attention. Il ne cherche pas forcément l'information mais plutôt l'émotion de l'information. Si on ne lui donne pas sa ration d'inattendu, il s'en va. C'est ce qui fait qu'on le traite de zappeur. Le sel de la vie, c'est pour lui l'émotion véhiculée par l'information !

Ce besoin de sensations, de nouveautés a une raison. Cette raison, ce moteur, c'est le fait que l'individu est convaincu que s'il ne se met pas au courant de « l'inattendu », il lui manquera quelque chose. Aux yeux des autres, il aura l'impression d'être déclassé, il ne pourra pas partager ses émotions nouvelles avec sa famille, ses amis ou ses collègues de travail ! Il ne pourra pas être dans le coup ! Il passera pour un personnage « a » social.

Il doit donc, peu importe ce qu'il lui en coûte, faire partie comme tous les autres de la course au sensationnel. Il dit qu'il déteste les images de violence et pourtant il les regarde.

Il est patent que le besoin de sensation ne fait pas bon ménage avec la monotonie du quotidien. Aussi on a vite fait de s'ennuyer dans les magasins quand il n'y a pas de nouveaux produits à l'horizon ! On se lassera de voir toujours les mêmes packagings dans les rayons, les mêmes hommes politiques. La formule 1 perdra des spectateurs si ce sont toujours les mêmes qui gagnent, en l'occurrence Schumacher et Ferrari. On sera fatigué de voir toujours les mêmes joueurs de tennis arriver en finale. Alors que dans les entreprises on croit à la durée, dans le marché on n'attend que la nouveauté.

Pour être agréable à *l'homo consomatio,* il faudrait changer tous les deux ans de packagings, de leaders, de challengers. Il faudrait refaire en permanence les magasins et surtout ne jamais montrer des images déjà vues. Malgré cela, ce sont toujours les mêmes produits que l'on achète et les mêmes commentateurs de télévision qui font recette. La contradiction est là, on veut du nouveau et on ne reprend que de l'ancien.

En France comme ailleurs, la distribution va largement contribuer à l'installation de cette économie « d'attention ». Ainsi, on va assister à une accélération de l'attention du désir. Les linéaires chargés de produits, le merchandising subtile, les prix alléchants et les promotions comme les mises en avant en têtes de gondole vont donner envie de posséder, d'acheter. On va pouvoir toucher, prendre, rêver, même si on n'en a pas les moyens. Caviar, homard, Champagne de marque, grands crus vont être, dans ces grandes surfaces, à la portée de tous les consommateurs, riches et pauvres. On remplira le panier sans se soucier de la dépense puisqu'on aura toujours la possibilité de tout laisser sur place au passage aux caisses si on a eu, au fur et à mesure de ses pérégrinations dans les linéaires, les yeux plus grands que le portefeuille.

La distribution ne fera donc pas que distribuer, elle va bien être le premier média de la création de besoins et de l'économie d'attention.

Par tous les moyens, on va dans les linéaires des magasins tenter de déclencher l'achat du client en attirant son attention. Ici on donnera 20 % de produit en plus sur une crème à raser, là ce sera un voyage que l'on pourra gagner, là-bas ce seront ces fameuses têtes de gondole croulant de produits et de prix.

Le « cucul » marketing

Parmi les procédés de communication qui visent à attirer l'attention du public, il en est un que les publicitaires affectionnent par-dessus tout. Il s'agit de proposer à la sagacité notamment des téléspectateurs des petites scénettes publicitaires, drôles, irréelles, quelquefois simplistes. Les personnages qui jouent dans ces piécettes ont souvent des rôles curieux voire stupides. Pour vanter une marque de peinture murale, on ne recule pas devant l'idée de présenter deux joueurs de tennis s'affrontant rouleaux de peinture à la main. Pour une marque de voiture ou d'engrais pour gazon, on n'hésite pas à faire jouer des scènes frisant le ridicule à Guy Roux l'excellent entraîneur de l'équipe de foot d'Auxerre. On ne compte pas les soucoupes volantes qui amènent sur terre des foules de petits hommes verts soit pour déguster nos pâtes, soit encore pour s'inscrire dans une compagnie d'assurance ou pour déposer leur argent dans une banque qu'il faut promouvoir.

Matin comme soir, les messages concernant l'apport en terme de qualité, de bénéfice consommateur, de plus, de différent, des marques, des banques, d'EDF, de Gaz de France sont acheminés au cerveau des *homo consomatio* sous le registre de la drôlerie, de la bande dessinée. Le parti pris est simple : « amuser pour attirer l'attention » ! En d'autres termes, le concept marketing de Kittrick impliquerait qu'il faille traiter de la façon la moins sérieuse possible des choses qui pour autant le sont vraiment, à savoir la part de marché, le positionnement, etc.

Le public ne refuse pas vraiment cette relation à la Disney ou à la Astérix. Mieux, on remarque que si l'on traite ces choses sérieusement, le taux d'écoute tombe de façon alarmante pour les marques, ce qui fait dire à Georges Duhamel, dans son livre *Scènes de la vie future*[1] : « La méthode américaine enchante les êtres simples et ravit les enfants. Tous les enfants que je connais raisonnent en Américains dès qu'il s'agit de l'argent, du plaisir, de la gloire, de la puissance et du travail ». Le chemin n'est pas long pour relier cette réflexion à l'idée que finalement tout ce « marketing » ne fait qu'infantiliser l'*homo consomatio* et la société dans laquelle il vit.

Quelle image extraordinaire que ces managers austères, tout de gris habillés, réfléchissant très sérieusement dans leurs buildings parfaitement conditionnés de la Défense, sur la dernière pub qu'ils doivent accepter, qu'ils jugent incroyablement stupide (mais qui devrait fonctionner), présentée par un créatif (même pas rasé, sans cravate) qui doit relever les ventes et leur faire garder toute la confiance de leurs actionnaires.

L'infantilisation de l'individu n'est pas une idée nouvelle. Pascal Bruckner l'a décrite dans *La tentation de l'innocence*[2]. Oui, nous sommes en plein « cuculand » comme il l'annonce dans son livre.

Comment ne pas imaginer vivre dans le « cuculand » lorsque dans la même minute on passe des larmes aux rires pour raison d'« attention » ?

---

1. Éditions 1001 nuits, 2003.
2. Éditions Grasset, 1995.

Comment s'étonner que la société se comporte comme le font les enfants alors que, directement après avoir diffusé une nouvelle atroce (viol, guerre, incendie, morts, tortures…) en radio, en première page de *Paris Match* ou à la télé, on décline sur tous les tons le fameux thème publicitaire basé sur le bonheur, le bien-être et la joie de vivre pour vendre des brosses à dents, des pneus de voiture ou tout autre produit ?

Comment notre société pourrait-elle être « sérieuse » quand d'anciens ministres issus de la fameuse ENA, traitent sur les ondes d'« imbéciles » les nouveaux ministres issus de la même ENA (et qui plus est, de la même promotion) ?

Tout le monde le sait : quand les parents s'insultent, les enfants ne font pas leurs devoirs comme le voudrait la maîtresse ! Il n'est pas alors irraisonnable d'imaginer que dans ces conditions, l'*homo consomatio* se comporte aujourd'hui comme l'Empereur avec son épouse : « J'ai le droit de répondre à toutes vos plaintes par un éternel moi. Je suis à part de tout le monde et n'accepte les conditions de personne. Vous devez vous soumettre et trouver tout simple que je donne de pareilles distractions » (Napoléon à son épouse dans Friedrich Nietzsche, *Le Gai Savoir*).

La distribution reste, cela étant, le meilleur « infantilisateur » de choix ! Denise, la jeune provinciale de Zola dans *Au bonheur des Dames*, n'est-elle pas décrite comme une enfant « bouleversée par l'ingéniosité des étalages, l'exposition des soies, des satins, des velours aux tons délicats, cet incendie d'étoffes » […] ; la jeune femme est littéralement possédée corps et âme : « à cette heure de nuit, avec son éclat de fournaise, le Bonheur des Dames achevait de la prendre tout entière ».

Chapitre 4

Jouir à tout prix

Dans l'introduction de l'ouvrage de Charles Melman, *L'Homme sans gravité – Jouir à tout prix* (entretiens avec Jean-Pierre Lebrun)[1], Jean-Pierre Lebrun, psychiatre et psychanalyste, ancien président de l'association freudienne internationale, écrit :

« … Hier même les proverbes et autres maximes rappelaient que tout n'était pas possible – « On ne peut pas tout avoir ! » – qu'il faut assumer les conséquences de ses actes – « Qui sème le vent récolte la tempête » – qu'il faut tenir compte de ce que l'on fait – « Rien ne sert de courir, il faut partir à point ». Aujourd'hui l'adage le plus communément évoqué, et pour cause, c'est « vouloir le beurre et l'argent du beurre » là où hier pour la plupart des patients qui s'adressaient au psychanalyste, il s'agissait de trouver une autre issue que la névrose à la conflictualité inhérente au désir, aujourd'hui ceux qui trouvent la voie de son cabinet viennent plus souvent lui parler de leurs englue-

1. Charles Melman, *L'Homme sans gravité – Jouir à tout prix* (entretiens avec Jean-Pierre Lebrun), éditions Denoël, 2002.

ments dans une jouissance en excès. Que s'est-il passé, que se passe-t-il donc pour qu'ainsi la jouissance l'emporte sur le désir ? »

Difficile de répondre à cette question mais difficile aussi de ne pas rapprocher ce commentaire sur la jouissance de ce qui précède sur l'économie « d'attention ».

L'*homo consomatio* jouit et veut jouir ! Les faits sont là.

Comme le souligne Charles Melman, éditorialiste de la revue *Passage* et l'un des dirigeants de l'école freudienne de Paris : « Nous passons d'une culture fondée sur le refoulement des désirs et donc des névroses à une autre qui recommande leur libre expression et promeut la perversion. « La santé mentale » relève aujourd'hui d'une harmonie non plus avec l'idéal mais avec un objet de satisfaction ».

Cette notion de santé mentale liée à la satisfaction immédiate apparaît bien comme l'une des explications principales du comportement actuel de l'*homo cliens*. Ce dernier ne va pas dans un magasin, dans un restaurant seulement pour acheter ou commander. Il est là pour prolonger et confirmer la jouissance ressentie et désirée par l'*homo consomatio*. Le client ne se sent bien que lorsqu'on n'altère en aucune façon le processus de satisfaction immédiate.

Les choses pourraient en rester là si la satisfaction immédiate du client pouvait être effective. Malheureusement elle ne l'est pas ! Pire, elle est de moins en moins possible.

Si le marketing et sa communication favorisent le processus de jouissance et le besoin de satisfaction immédiate, la réalité du terrain (points de vente, guichets, comptoirs, complexité des produits) s'y oppose ou le contrarie.

On ne peut pas servir tous les clients en même temps, on ne peut pas ne pas faire attendre, on ne peut pas avoir un personnel au contact toujours à l'image parfaite de ce que souhaiterait le plus agressif des clients insatisfaits. On ne peut pas dépenser plus pour la satisfaction (service) que pour la jouissance (produit) dans un monde de profit. On ne peut pas faire des produits qui ne tombent jamais en panne. On ne peut annoncer au monde, aux voyageurs, aux opérés, aux enfants que le risque zéro n'existe pas.

Et Melman de souligner : « Dans un monde où l'homme a effectivement pris la mesure que le ciel est vide aussi bien de Dieu, d'idéologies, de promesses, de références, de prescriptions et que les individus ont à se déterminer eux-mêmes singulièrement et collectivement », il est logique alors d'admettre que toute satisfaction reportée conduit immanquablement à la frustration.

La frustration n'est pas une « déception » comme on peut en avoir lorsqu'on achète une petite robe sur un coup de cœur et que finalement on s'aperçoit très vite qu'elle ne nous plaît plus ! Ça n'est pas non plus une « contrariété » qui vient du fait par exemple que l'on a la tristesse de constater que personne, ni vos amis ni votre famille n'a pensé à vous souhaiter votre fête ou votre anniversaire ou encore vos 30 ans de mariage. Ça n'est pas non plus une montée d'adrénaline liée à un refus, à un manque, à une absence de service, de choix, etc.

Une économie dans la frustration

La frustration est un état plus complexe, plus profond et impliquant que l'acception coutumière du terme le sous-entend. Être frustré, c'est, selon le Petit Larousse, se trouver dans la « situation d'une personne qui est dans l'impossibilité de satisfaire une pulsion ».

La « pulsion » se définit, elle, comme un « état d'excitation qui oriente l'organisme vers un objet grâce auquel la tension sera réduite » (la théorie psychanalytique oppose la pulsion, qui est concrète, à l'instinct, concept théorique). En d'autres termes, si le sujet qui ressent une pulsion n'est pas à même d'atténuer la tension de son excitation, il se sent frustré : « je veux tout, tout de suite » « un Ricard sinon rien ».

Dans le cadre d'une civilisation marketing, la « pulsion » oriente l'individu vers l'objet qui lui procure la jouissance. Cet objet de jouissance peut être un produit, un service, un prix bas, une émission de télévision, etc. Cette pulsion est d'autant plus forte que l'individu est aujourd'hui convaincu de son droit inaliénable à la jouissance immédiate. Cette conviction est induite par les promesses des médias, de la publicité faite autour des produits, de l'objet, des services, de la marque, de la vie en général !

Dans ces conditions, la « frustration » est bien la sensation d'être dans l'impossibilité de sentir l'excitation de sa pulsion se réduire ou disparaître. Par exemple, l'individu dans un restaurant éprouve une envie dévorante de fumer (pulsion), on lui fait remarquer que c'est interdit et qu'il doit aller fumer dehors où il fait froid et où il pleut (frustration). La frustration induit de fait chez le consommateur un état de non satisfaction généralisée. Attendre aux caisses d'un supermarché est une frustration difficilement supportable, surtout lorsque le caddie est plein, que l'on a passé plus d'une heure à faire les courses et que l'on ne peut plus abandonner le tout parce que l'on n'a pas le temps de recommencer ailleurs ! C'est une injuste privation !

Pour qu'il y ait frustration, il suffit donc de quelques ingrédients bien particuliers. Il faut tout d'abord que le sujet ait la perception de son « droit inaliénable à la jouissance » dès lors qu'il a fait le choix de posséder ou d'être : « I shop therefore I am », comme le dit Dominique Roux.

Ensuite, il faut que le sujet ait la perception d'une injustice. Cette injustice intervient dans le processus qui le conduit soudainement à ne plus pouvoir jouir légitimement des bienfaits de l'objet choisi et de ses « bénéfices » promis.

On note que la vraie frustration s'accompagne souvent d'un droit de « rancune » à l'encontre de ceux qui sont considérés comme responsables de la victimisation.

Dans un chapitre de ses *Essais de psychanalyse appliquée*, Sigmund Freud s'attache à décrire ce sentiment de rancune. Il note le caractère de certains êtres qui à la suite de maladie ou de revers subis dans leur enfance se croient exempts de sacrifice. On retrouve là la sensation du droit de rancune du frustré « *Nous croyons tous être en droit de garder rancune à la nature et au destin en raison de préjudices congénitaux et infantiles, nous réclamons tous des compensations à des précoces mortifications de notre narcissisme, de notre amour-propre. Pourquoi la nature ne nous a-t-elle pas octroyé le front élevé du génie, les nobles traits de l'aristocrate ? Pourquoi sommes-nous nés dans la chambre du bourgeois et non dans le palais des rois ?* »

Enfin le sujet doit se sentir victime. Freud esquisse cette idée en soulignant que dans bien des cas « *l'individu contemporain a tendance à pleurer sur son propre sort* ».

Oui, le frustré est victime de ce sort qui s'acharne sur lui, de cette injustice qu'il ne mérite pas et bien sûr de son innocence face aux faits : « *Dieu est juste : il sait que je souffre et que je suis innocent* » (Jean-Jacques Rousseau dans *Les rêveries d'un promeneur solitaire*).

On retrouve ce droit de vengeance dans différents endroits comme les points de vente (« Je ne reviendrai plus ici, c'est fini » ; « Je n'achèterai plus cette marque, c'est bien fait pour vous »), les restaurants (« C'est fini, ils m'ont eu une fois, jamais plus »), lors des élections (« Tant pis pour eux, ils n'auront pas ma voix, il ne faut quand même pas exagérer »).

En matière de vente, d'économie et de marketing, le premier frustré est à l'évidence *l'homo cliens*. C'est lui qui est en première ligne au supermarché, lorsqu'il fait la queue au cinéma, au péage d'autoroute, etc. Il a sa propre perception claire de ses droits. Il a aussi la perception aiguë de l'injustice qui lui est faite : « *Je suis client, je paie des impôts, j'ai fait la guerre, je travaille, moi* ». Sa perception de son droit de rancune à l'endroit des responsables qui font de lui une victime est parfaitement nette.

De ce fait, sa frustration ne se discute donc pas. Elle se constate. Elle est propre à sa perception. Comme toute perception, elle induit une réaction et par là même un comportement. Ici, on observe que le comportement de *l'homo cliens* frustré se caractérisera par son agressivité soudaine et souvent non contenue, par son refus d'essayer, d'acheter, de communiquer. Rien ne pourra calmer cette agressivité, sauf la condamnation des coupables (droit de vengeance) et la réhabilitation de son innocence.

Derrière ce mot « frustration » et ses définitions complexes se cachent des faits petits ou grands, simples, évidents, qui rendent agressif au quotidien des milliers d'individus, ce qui n'est pas sans avoir des effets « billard » non négligeables sur l'économie.

Aujourd'hui par exemple, le téléphone portable, outil magique aux multiples fonctions (réveil-matin, agenda, répertoire d'adresses, fax, émetteur récepteur de courrier électronique, appareil photo, etc.) s'inscrit dans un marché d'une magnitude impressionnante ! Les opérateurs, pour développer ce marché et toucher toutes les cibles (âge, catégorie socio-professionnelle, individus, entreprises, etc.), ont fait preuve d'une créativité marketing sans pareil. Année après année, les nouveaux modèles ont succédé aux nouveaux modèles, raccourcissant ainsi les cycles de vie des produits ! Mois après mois, les innovations successives ont créé de nouveaux besoins et ont conduit l'individu à acheter un nouveau portable pour être toujours *up to date* ! Mois après mois, les évolutions tarifaires se sont succédées, permettant ainsi de faire croire à la masse que le téléphone portable ne coûte pas cher !

Tout ceci a fait que le nombre d'utilisateurs n'a cessé d'augmenter, comme le nombre d'appels par individu, le nombre de SMS, etc.

Mais derrière ce téléphone portable se cachent les plus grandes frustrations. Pour n'en souligner qu'une, qui n'a entendu les phrases du type : « *Je ne supporte plus mon portable… ça coupe tout le temps… c'est un scandale, en arrivant à Roissy on avait deux heures de retard (un colis piégé, en fait, une valise oubliée) impossible d'appeler, il n'y a pas de réseau à l'aéroport c'est inadmissible… ».*

Frustré de ne pouvoir exercer son droit à l'utilisation immédiate du portable, l'utilisateur, du fait qu'il a la certitude que l'appel qu'il doit faire est « urgentissime », s'estime victime d'un fait scandaleux. Même si ce qu'il a à communiquer est d'une banalité évidente : « Coucou, c'est moi, je suis arrivé, c'est un scandale on avait trois heures de retard. À demain », il estime que son « droit » à la jouissance de se « plaindre » est gravement atteint : « J'ai le droit de me faire plaindre par qui je veux quand je le veux ».

Ce frustré va devenir rapidement la victime de son outil magique. Il l'est d'ailleurs ici doublement... Il est victime de celui qui a oublié la valise dans l'aéroport et aussi de celui qui (inconnu) n'a pas fait le minimum nécessaire pour que le réseau fonctionne. Ce portable, créateur de grandes jouissances, apporte aussi tous les jours son lot de frustrations, ce qui rend le frustré agressif et vengeur.

Est-ce à dire que le frustré va cesser d'utiliser son portable ou qu'il va diminuer sa consommation quotidienne d'appels ? Rien ne permet de l'affirmer. Peut-être dans le futur réagira-t-il à cette victimisation et changera-t-il de comportement dans sa façon de consommer. Là encore, rien ne permet de l'avancer. On ne dispose pas aujourd'hui d'assez de recul pour décrypter ce que seront les comportements des utilisateurs de portable dans un futur proche ou lointain.

La seule chose dont on peut être certain, c'est que cette frustration va s'ajouter à d'autres. Elles vont ainsi se multiplier à l'infini.

L'utilisation de la voiture, le matin, pour se rendre au travail sera cause de frustration : « Tous les matins, c'est la même colique, une heure pour passer sous le tunnel de la Défense ! Qu'est-ce qu'ils ont à foutre tous dans leur voiture. Au lieu de mettre des radars ils feraient mieux de mettre des flics pour faire avancer ces bonnes femmes qui conduisent comme des ... ».

La dame qui attend depuis deux jours le passage du service entretien du gaz (sa chaudière ne fonctionne plus) ou du téléphone (sa ligne a été coupée suite à des travaux, la carte SIM de son portable ne marche plus) et qui n'obtient pour toute réponse que la voix froide d'un répondeur téléphonique (« Si vous souhaitez des informations sur nos tarifs tapez 1, si vous voulez un rendez-vous tapez 2 ») sera frustrée au plus haut degré et se sentira victime du système.

La secrétaire qui n'arrive pas à joindre le service après-vente du fabricant d'ordinateur ou encore le monsieur à qui un motard a arraché le rétroviseur de sa belle berline allemande et auquel le préposé du garage dit par téléphone d'une voix laconique que la pièce n'est pas en stock mais qu'elle arrivera fin de semaine prochaine ou début de l'autre, seront l'un comme l'autre frustrés. Ils le seront tous d'autant plus que chaque fournisseur insistera dans sa publicité, dans ses contacts, sur son service après-vente, sur sa volonté de fidéliser et de satisfaire les clients.

Ce sentiment de frustration ne va pas s'arrêter à *l'homo cliens,* il va aussi par la force des choses toucher *l'homo consomatio…* !

La multiplicité des informations qui nous submergent, sans discrimination ni hiérarchisation, (cela va de la vache folle aux crimes d'enfants perpétrés par des récidivistes relâchés après un temps de prison) va engendrer un méli-mélo de frustrations et de victimisations dont les responsables seront à l'évidence les pouvoirs publics, plus généralement ceux qui gouvernent et finalement le système.

Dans les grandes villes, les grèves soudaines des transports en commun (trains, métro, bus) qui paralysent plusieurs fois par an la vie des usagers comme des automobilistes vont encore alimenter ces frustrations et désigner les mêmes coupables. Au moment des vacances, en été comme en hiver, les grèves alternées et consécutives de tout genre (bagagistes, pompiers, personnels de piste, pilotes, hôtesses, agents de comptoir, agents de la SNCF) frustreront d'autant plus *l'homo cliens* qu'il aura rêvé depuis des mois de partir à la mer, dans les îles ou à la neige pour oublier.

Les sept types de frustration

Parmi les frustrations qui accablent *l'homo consomatio* comme *l'homo cliens,* on a pu isoler sept grandes familles ou types de frustrations.

Première frustration : la perte de temps

La perte de temps (injustifiée ou non) est aujourd'hui considérée comme la chose la moins acceptable. Tout montre que *l'homo cliens* ne tolère plus de perte de son temps. Il devient d'ailleurs intraitable vis-à-vis de ceux qui le lui font perdre ou ne se soucient pas de l'aider à en gagner. Toute attente est pour lui devenue insupportable ! Il s'agit de supprimer tout intervalle entre l'énoncé d'un souhait et sa réalisation.

▷ Dans les grandes surfaces alimentaires ou spécialisées, il ne comprend pas que les passages aux caisses soient si consommateurs de son précieux temps. Il s'étonne que depuis 40 ans, on n'ait fait aucun progrès en la matière. Alors qu'il ne lui faut que quelques instants pour acheter un produit (1 minute et 11 secondes par marque en moyenne en grande surface), que son temps moyen d'achat global n'est que de 37 minutes en supermarché et 49 minutes dans les grands hypermarchés, il estime que le passage aux caisses, lui, consomme plus de 25 % de ce temps dédié aux achats pour sa famille et lui-même. Il est certain que cette perception de perte de temps aux caisses est exagérée. Mais ce qui compte, c'est la perception du temps et pas le temps lui-même, *l'homo cliens* n'aime plus l'hypermarché !

» En avion, il préfère prendre ses bagages avec lui plutôt que de les mettre en soute, au risque de se fatiguer, de se voir dans l'impossibilité de trouver de la place dans les racks, de se disputer avec les autres passagers, le personnel de bord, etc. Il ne tolère pas d'attendre devant le tapis roulant que son bagage arrive.

» En matière de transport, il s'insurge quand le TGV ne respecte pas l'horaire prévu. Douze minutes de retard sur un Paris-Lyon deviennent un scandale pour tous les voyageurs et induisent une demande de remboursement. Le bas débit d'Internet a probablement été l'un des freins les plus importants à toutes les tentatives de vente en ligne.

» Il zappe d'une chaîne de TV à l'autre dès qu'il ne jouit plus et commence à s'ennuyer.

Cette frustration liée au temps a l'inconvénient, dans la plupart des cas, de limiter la volonté d'achat globale de l'*homo cliens* d'une part et d'autre part, de le rendre très agressif. Frustré par le temps, il effectue moins d'achats d'impulsion, de même qu'il s'intéresse moins aux promotions. Enfin, son comportement met à rude épreuve les personnels de vente qui pensent plus à se protéger qu'à prendre le risque de forcer la vente (quand ils en ont encore l'envie) ! Tout ceci fait que les investissements, sous leur forme actuelle, propres au développement de stratégies de fidélisation et de satisfaction des marques et des distributeurs, s'avèrent être souvent des dépenses à très faible retour sur investissement. Compte tenu de cette réalité de la frustration « temps », on est en droit de se poser la question : pourquoi les fabricants d'appareils d'électroménager et autres s'ingénient-ils à proposer des notices d'emploi en plusieurs langues, illisibles, incompréhensibles, demandant un déchiffrage intolérable de schémas plus compliqués les uns que les autres. Comment ces spécialistes du marketing peuvent-ils imaginer que l'*homo conso-matio* lira patiemment la brochure mettant en sommeil son besoin de jouissance immédiat?

Deuxième frustration : la relation aux normes

Pourquoi faut-il un permis de construire pour installer une véranda préfabriquée dans mon jardin alors que l'achat s'est fait en toute légalité dans la grande surface spécialisée Leroy Merlin ? Parce qu'elle dépasse la surface tolérée au sol d'un mètre carré ! Ridicule ! Pourquoi faut-il l'autorisation du père ou de la mère pour qu'un enfant de divorcé mineur parte en vacances à l'étranger avec l'un de ses parents ? Pourquoi les heures d'ouverture de la Poste ne correspondent-elles pas aux heures qui conviendraient à ceux qui travaillent et qui doivent aller chercher une lettre recommandée ? Pourquoi faut-il respecter les limitations de vitesse en voiture alors que les motards, eux, peuvent foncer à l'allure qui leur convient ? Pourquoi faut-il respecter ces normes qui ne sont en fait que des « interdits » qu'impose la société ?

Pourquoi alors s'embarrasser de toutes ces contraintes journalières liées aux lois, aux interdits, aux normes alors qu'elles sont souvent édictées par des gens du passé pour des situations anciennes qui à l'évidence ne sont plus dans le tempo de la vie moderne ?

Pour beaucoup d'*homo cliens* la norme n'est plus supportable. Non seulement elle apparaît souvent comme inefficace mais en plus elle n'est pas ou plus respectée. La puissance de l'administration, des grandes organisations comme les banques, les compagnies d'assurance, leurs visions souvent considérées comme étroites, leur droit absolu, « victimisent » au plus haut degré les malheureux clients.

Difficile en effet de faire comprendre aux voyageurs qui reviennent de longs vols de nuit qu'il n'y ait le matin, à sept heures, à l'arrivée que deux préposés à la police de l'air et des frontières pour vérifier tous les passeports. Difficile de faire comprendre à cette foule sortant de plusieurs charters arrivant de partout, pleins de femmes, d'enfants, de personnes du troisième âge et de quelques managers qu'il faut attendre debout, serrés les uns contre les autres et supporter qu'on les regarde comme s'ils étaient des voleurs. Difficile surtout de faire admettre le bien-fondé du mélange des passagers alors que dans les autres pays les résidants sont prioritaires. Difficile enfin d'expliquer que cette contrainte est la conséquence d'une organisation des RTT des préposés.

Cette frustration liée aux normes a pour effet de créer un état de « rébellion » permanente et d'inciter à la désobéissance civique. Dans les magasins, les clients font ce qui leur plaît. Ils touchent si c'est interdit, n'attendent pas la vendeuse pour essayer et crient au scandale quand on leur dit de ne pas fumer, de ne pas toucher. Les baigneurs ne tiennent pas compte des conseils des maîtres nageurs et en montagne le hors-piste est devenu un droit.

Comme le fait remarquer Pascal Bruckner : « Ainsi veut-on tout et son contraire : que cette société nous protège sans rien interdire, qu'elle nous couvre sans nous contraindre, nous assiste sans nous importuner, nous laisse tranquilles mais nous tienne aussi par les milles rets d'un rapport affectueux ».

Si l'individu est frustré par la norme, il l'est aussi par le regard ou le comportement de l'autre.

Troisième frustration : la relation à l'Autre

L'Autre, c'est le sujet qui intervient dans tous les processus de communication, c'est-à-dire d'échange (Autre est pris ici dans la définition de Jacques Lacan).

Il est important ici de rappeler que selon Gregory Bateson et Jurgen Ruesch[1] « ...la communication ne se rapporte pas seulement à la transmission de messages verbaux explicites et intentionnels ; telle qu'utilisée dans notre acception, la communication inclurait l'ensemble des processus par lesquels les sujets s'influencent mutuellement, cette définition est basée sur la prémisse que toute action et tout événement offrent des aspects communicatifs dès qu'ils sont perçus par un être humain. ».

Partant du principe que tout, aujourd'hui, peut être considéré comme communication, on constate que cette dernière se doit d'être obligatoirement « affectueuse ». L'individu ne supporte plus les méchants. Ceci est vrai pour la personne qui vient retirer son mandat à la poste comme pour la postière qui remet le mandat. Tout le monde doit communiquer vers l'autre dans les rapports les plus courtois, les plus urbains possibles, sans quoi on s'expose à un torrent d'injures et à un comportement négativiste de la part des antagonistes. Le vendeur, l'instituteur, le receveur des postes, le réceptionniste de l'hôtel doivent dans tous les cas être gentils. Un regard un peu dur, un mot un peu violent, un geste malhabile et la frustration est là. Immédiatement, le client se sent victime. Soit il devient agressif et sort ses griffes, soit il s'en va pour ne plus jamais revenir. Jamais les relations commerciales, les relations à l'administration, voire les relations entre individus n'ont été si tendues. C'est la gentillesse de la caissière de la pompe à essence qui est le plus grand facteur

---

1. *Communication et société*, Le Seuil, 1988.

de fidélisation. Dans les sacristies, la « gentillesse » des prêtres ou des laïcs qui reçoivent des parents non pratiquants pour le baptême du nouveau-né ou pour la préparation au mariage de concubins est certainement le meilleur atout de la conversion future ! Cette frustration n'est pas innocente. En dehors des relations commerciales où elle peut créer des situations délicates, elle s'exprime dans la relation à l'Autre, notamment dans celle qui lie les personnels à leur hiérarchie. Dans les grandes entreprises, là où il y a beaucoup de monde, on remarque que de plus en plus souvent les cadres, les employés, le personnel de tous niveaux s'embrassent le matin. On n'en est pas encore à voir les hommes s'embrasser comme en Argentine ou au Brésil mais le pas à franchir ne semble pas une fosse abyssale. Ce rituel de communication est en fait une réponse aux risques de frustration à l'Autre. L'embrassade plutôt que l'accolade n'apporte rien et ne garantit en aucun cas que l'ambiance dans l'entreprise est ou sera bonne. Elle permet simplement aux Autres de signifier qu'ils ne veulent pas déclarer de guerre, pour la journée du moins, et qu'ils vont adopter une relation « affectueuse ».

Les mots, le regard, le ton de la voix, la gestuelle sont les garants de la paix à l'Autre.

Cette paix avec l'Autre sans laquelle l'échange, donc le commerce et le marketing, sont impossibles se trouve souvent contrariée par la quatrième frustration, celle dite de l'« asymétrie ».

Quatrième frustration : l'asymétrie

Pour expliquer cette frustration, laissons parler Charles Melman et Jean-Pierre Lebrun[1].

Jean-Pierre Lebrun : « Il est vrai que la multiplication des possibilités de jouissance offertes dans le cadre de la nouvelle économie psychique peut sembler favoriser voire promouvoir l'égalitarisation des jouissances. »

Charles Melman : « Au lieu de respecter le fait qu'il y ait de l'envie, qu'il y ait du désir, ce qui après tout est le grand moteur social et le grand moteur de la pensée, on assiste aujourd'hui à une dénonciation de toutes les asymétries au profit d'une sorte d'égalitarisme qui est évidemment l'image même de la mort ».

Les faits sont là. *L'homo consomatio* comme *l'homo cliens* ne supportent plus les « asymétries ». Il y a comme toujours beaucoup d'explications à cette réalité.

« Chacun se croyant irremplaçable voit les Autres comme une foule indistincte mais cette croyance serait immédiatement balayée par l'égale prétention de tous » propose Pascal Bruckner. Ou encore « convaincu que se croyant unique, il se découvre quelconque, il préfère plutôt que de se battre pour se différencier empêcher l'Autre de lui être différent ». Cette réalité se traduit par des comportements très simples.

Pas question de payer plus cher que l'Autre et de passer pour un « moins bien » (moins intelligent, moins rusé) que cet autre ! Darty l'a bien compris qui avec son « contrat de confiance » assure l'individu de ne pas être moins que l'Autre en terme de prix et de service. Pas question que l'Autre ait le droit de rouler plus vite sur la route, qu'il passe devant. Grandes ou petites, les

---

1. Charles Melman, *L'Homme sans gravité – Jouir à tout prix* (entretiens avec Jean-Pierre Lebrun), éditions Denoël, 2002.

voitures doivent pouvoir faire les mêmes choses. Personne sur la route, dans les hôpitaux, à l'école, n'est supérieur à l'autre. On admet que les vedettes de cinéma ou de télévision aient la possibilité de passer devant parce que ce sont des demi-dieux, mais pour le reste on doit tous faire de la même façon. Il est à noter que cette frustration d'asymétrie, cette volonté d'être pareil n'a pas la même signification que celle inscrite au frontispice des édifices publics « Liberté, Égalité, Fraternité ». Ici on veut interdire à l'autre le dépassement ! On ne cherche pas à lutter contre l'oppression ou l'oppresseur ce qu'exprime ce slogan républicain et français.

Victime de cette frustration d'asymétrie, il aura fallu des années à Air France pour faire embarquer ses passagers en fonction des numéros de siège, donc dans un esprit « différentiel ». De toutes les compagnies d'aviation, c'est encore à peu près la seule qui dans la majorité des cas laisse ses passagers monter dans l'avion en troupeau, le personnel rechignant à faire la police ou à devenir l'agent d'une dissymétrie.

En 1981, les socialistes avaient comme slogan lors des élections présidentielles : « Moins d'inégalités sociales ». Rien ne pouvait mieux répondre à la frustration d'asymétrie. Ce slogan-ci est à opposer à celui-là, moins intelligent : « Plus de libertés individuelles », qui bien évidemment ne fait que renforcer la peur de voir l'autre vous dépasser.

Cette frustration est d'autant plus importante que souvent elle est associée à la cinquième frustration.

Cinquième frustration :
« Tout à portée de mains en abondance et toujours »

L'homo consomatio comme *l'homo cliens* sont convaincus de vivre dans une corne d'abondance. Quels que soient ses moyens financiers, l'individu doit avoir droit à tout. Il ne supporte pas la rupture. Ainsi par exemple, la cause première de l'abandon d'un point de vente réside dans les ruptures de stock de produits. Lorsque devant un linéaire, le client voit un vide, un trou et ne trouve pas sa marque, il crie au scandale tout simplement parce que ceci est inadmissible. Le distributeur est là pour qu'il ait tout, tout de suite sans se poser de questions. Rien n'irrite et ne frustre plus celui qui veut louer une grosse voiture à l'aéroport parce qu'il doit atteindre sa destination au plus vite vu que son vol est annulé que de s'entendre dire « *il ne nous reste qu'une Clio…* ». Comment une grande compagnie de location de voitures qui distribue à ses bons clients des cartes Privilège N°1 peut-elle les laisser sans rien ou presque un jour de grève ? Le touriste en vacances accompagné par sa famille, arrivant un peu tard au restaurant entre dans une frustration totale quand on lui dit de faire vite pour commander parce que le chef va fermer la cuisine et qu'il ne reste plus que le plat du jour. Faut-il alors s'étonner de la vitalité des *fast food* ?

Que la presse informe qu'éventuellement on viendrait, pour différentes raisons, à manquer de « crème de marrons » à Noël et immédiatement, même ceux qui n'en consomment jamais se précipiteront dans les points de vente pour faire des stocks afin de ne pas en manquer !

L'effort pour accéder à ce qui est dû paraît insupportable et par là même frustrant. Imagine-t-on une télévision sans télécommande ? Évidemment non ! Il faut pouvoir accéder à tous les programmes dans l'instant pour jouir du spectacle, le tout immédiatement et sans effort.

Il est étonnant à ce sujet que les fabricants de lecteurs DVD n'aient pas compris que la complexité de leurs télécommandes, la multiplicité des boutons et la petite taille des inscriptions, pouvaient être un frein sérieux à l'achat puis à l'utilisation, notamment chez les seniors.

Sixième frustration : l'inacceptable imperfection

Cette frustration est fondée sur l'idée que les choses dues ne peuvent être, « imparfaites », quelle qu'en soit la raison.

Le chirurgien qui laisse une cicatrice trop importante lors d'une opération de l'appendicite sera traduit en justice sous le prétexte que la dame ou la demoiselle amenée en urgence, ne pourra plus s'exhiber en maillot de bain sur la plage une fois rétablie. Ce dommage incalculable ne sera jamais vraiment réparé, même si les juges donnent raison à la patiente. La frustration sera éternelle.

Dans sa quête de jouissance, l'homo cliens refuse la possibilité de l'incertain, c'est-à-dire de la fatalité ! Rien ne le frustre plus que de devoir admettre que l'ordre des choses ne peut pas être contrôlé soit par les responsables de l'État, soit par ceux des entreprises. Comme l'individu a remis sa destinée entre les mains des dirigeants, il estime que ces derniers ont le devoir de le protéger contre tout, 24 heures sur 24, 7 jours sur 7, 365 jours par an. Qui plus est, une catastrophe doit toujours trouver son responsable : on en revient au droit de vengeance. Ce droit devrait, pense la majorité, être inscrit dans la constitution ! Le panneau de basket qui s'effondre, heureusement sans faire de victime, dans une cour de récréation parce qu'il était vétuste (ce qui n'est pas certain) et servait souvent à des Tarzan mineurs, de « branche haute » pour épater les copains (ce qui est plus probable) fera la une du journal télévisé du soir. Il n'est pas inimaginable que le préfet voire le ministre se déplacent pour réconforter les familles qui heureusement n'auront pas eu cette fois-là à déplorer la perte d'un enfant.

Les frustrations semblent pouvoir se cumuler chez un même individu ou dans une foule pour créer des comportements inattendus. En d'autres termes, une frustration n'en chasse pas une autre !

Dans le TGV reliant Lyon à Paris début août 2004, les passagers, apprenant par le contrôleur que le personnel du wagon bar était en grève et que par le fait, il ne leur serait pas possible d'acheter de quoi boire, se sont trouvés frustrés. Frustrés qu'on les prive injustement de boire alors que partout on parlait de plan canicule, de la nécessité de faire boire les seniors, les enfants, frustrés qu'on ne leur offre pas une solution, frustrés de se trouver enfermés dans des wagons, frustrés que personne ne prenne en compte leur état de victimes, frustrés d'avoir encore à subir une grève, etc. Ce faisant, certains, aidés par le contrôleur, ont pris la décision de fracturer les portes des réserves d'eau du wagon bar pour prendre les bouteilles d'eau et les distribuer aux voyageurs, particulièrement satisfaits de ce comportement du contrôleur et de cette situation pré-révolutionnaire.

Dans une boutique, une *homo cliens* peut, par exemple, être frustrée à la fois par la façon dont la vendeuse l'a regardée, par l'autre cliente qui cherche la même petite robe et qui occupe tout l'espace devant le rayon ou par la robe convoitée qui n'existe malheureusement plus dans la taille ou la couleur recherchée, etc. La jouissance prévue (achat de la petite robe pour être plus belle et étonner les amies) peut se trouver ainsi fortement contrariée par une somme de frustrations, qui s'ajoutant les unes aux autres conduiront la cliente peut-être à l'abandon définitif de la volonté d'acheter. Cette somme de frustrations, en créant une situation insupportable pour l'*homo cliens*, se traduira par un comportement où l'agressivité et la volonté de vengeance pourront conduire la cliente à lancer à qui voudra l'entendre : « Je ne remettrai plus les pieds ici ».

Septième frustration : la frustration de la frustration

Lorsque l'individu frustré ne peut exprimer ce qu'il ressent, lorsque les règles de la société l'enferment dans une conduite stéréotypée, il souffre. Si l'on perd un être cher, il n'est pas convenable de s'affaler en pleurant, de crier, de se battre la poitrine. La règle définie par notre société veut que l'on taise ses émotions. On peut pleurer mais en cachette. Le faire en public entraîne critique et réprimande. Lorsque nous voyons aux actualités télévisées ces femmes qui hurlent en se griffant le visage et en se frappant la poitrine en Palestine, en Tchétchénie après les attentats, nous les plaignons sincèrement. Certes, nous partageons leur peine, nous avons bien évidemment de la compassion mais nous restons souvent surpris, nous occidentaux, de ce déballage d'émotion.

L'émotion doit rester enfouie, cachée, personnelle. Elle peut s'exprimer, selon nos règles et nos coutumes, dans la rue, dans une grève, dans une masse à la condition qu'elle soit digne et surtout que personne n'ait un comportement asymétrique par rapport à la foule.

Dans *Alchemies of the Mind - Rationality and the Emotions*[1], Jon Elster[2] a analysé les émotions. Il a confirmé l'hypothèse selon laquelle « nos comportements sociaux normatifs tiennent en grande partie aux émotions qu'ils mettent en jeu. »

---

1. Cambridge University Press.
2. Sociologue d'origine norvégienne.

Face à l'impossibilité (ou à l'interdit) d'exprimer sa frustration ou de la faire reconnaître, une autre frustration se fait jour. Son intensité est d'une force insoupçonnée et peut produire des effets incontrôlables. Toute frustration qui ne trouve pas de réponse et qui au contraire est exacerbée par une volonté de non-réponse de la part de l'État, du conjoint et plus généralement de l'Autre déclenche une émotion non raisonnée et des comportements erratiques.

Prenons un exemple simple issu d'une histoire vraie. Un automobiliste met sa voiture au parking du terminal 2F de Roissy. À son retour de voyage, il retrouve sa voiture complètement pillée, le tableau de bord lacéré par des coups de cutter. On lui a volé sa radio et son GPS. Pour prendre ce matériel, on a coupé tous les fils électriques. Il peut encore démarrer sa voiture mais il n'a plus de clignotants (il ne le sait pas encore). Il dépose une plainte à l'aéroport. Le préposé lui dit qu'il n'a qu'à remplir le formulaire et souligne que c'est une grande habitude à Roissy, qu'il n'y a donc rien vraiment d'anormal. Il devra porter plainte au commissariat ou à la gendarmerie de son domicile. L'automobiliste est bien sûr frustré. Il se fait une raison, on lui a déjà volé les roues de sa voiture toujours dans le même aéroport, alors ! Mais il n'est qu'au début de sa septième frustration.

Sur le chemin du retour, les autres automobilistes l'insultent parce qu'il n'a pas de clignotants, ce qu'il ne sait toujours pas. La police de la route l'arrête pour avoir tourné à gauche sans mettre ses clignotants. Il s'explique, montre les dégâts dans sa voiture. Rien n'y fait, il a enfreint la règle qui veut que l'automobiliste, selon le code de la route, doit faire le tour de son véhicule avant de démarrer pour contrôler que tout est en état de marche. Mais le pire de tout, c'est qu'il va recevoir, quelque temps après de sa compagnie d'assurance, un courrier très

© Éditions d'Organisation

administratif lui indiquant qu'il ne doit plus avoir de sinistre, faute de quoi il ne sera plus assuré dans cette compagnie. À aucun moment, l'automobiliste n'a pu trouver une oreille compétente ou compatissante pour exprimer son émotion. Pire, la police et la compagnie d'assurance ont majoré sa frustration. Il est probable que cet automobiliste aura passé la frustration de sa frustration sur quelqu'un ou quelque chose.

La plupart des grèves en France, notamment dans le secteur des sociétés publiques, proviennent de cette septième frustration. Frustrés par un problème de terrain, les syndicats des sociétés publiques se mettent souvent en grève parce que l'administration n'écoute pas leurs doléances. On les renvoie après des discours souvent lénifiants, des sourires entendus et des promesses vaines à leur triste sort, c'est-à-dire à leur frustration. La grève, alors, prend des proportions qui dépassent la raison et qui sont en fait très loin de la frustration de départ.

Cette septième frustration n'est pas innocente et c'est sans doute la plus terrible de toutes. Le péché mortel pour les catholiques, c'est de pécher en sachant que l'on pèche. Il en va de même pour la frustration. Il est mortel de frustrer un frustré.

Chapitre 5

La mystique client
dans l'économie psychique

On doit à Charles Melman d'avoir le premier proposé l'idée d'une économie « psychique » pour définir la nouvelle ère dans laquelle nous entrons. La définition de cette économie nouvelle viserait ainsi à faire admette que « la grande philosophie morale d'aujourd'hui est que chaque être humain devrait trouver obligatoirement dans son environnement de quoi le satisfaire pleinement ».

En d'autres termes, face à la volonté viscérale actuelle de l'individu de jouir de tout immédiatement, les acteurs de l'économie comme de la politique, devraient admettre dans un futur proche que leur seul objectif doit être de fournir à chacun la réponse, le moyen lui apportant le sentiment de la satisfaction totale, c'est-à-dire la meilleure santé mentale possible, ou encore un quotidien sans aucune frustration.

La nouvelle dialectique

On ne peut nier la réalité actuelle du besoin de jouissance par le produit. Dans ces conditions, on peut donc admettre que ce besoin est l'un des facteurs de la satisfaction du consommateur ou du client. Mais si on n'y prend garde, on sera vite tenté de penser que cette notion d'économie psychique, cette nécessité de « satisfaire pleinement » l'individu n'est finalement qu'une autre façon peut-être plus moderne d'interpréter un marketing qui se devrait d'être encore plus orienté sur les services clients. Les techniques du CMR[1] ne sont-elles justement pas là pour améliorer la relation service ? Est-il vraiment nouveau de prétendre que la satisfaction client se doit d'être au centre du dispositif quand on sait qu'un grand courant de pensées propose depuis quelque temps déjà que les entreprises se restructurent le plus rapidement possible pour passer de leur état actuel de société *product-centric* à celui de *customer-centric* afin de se dégager entre autres de la guerre des prix. Enfin le marketing *one to one* n'est-il pas la preuve que les marques comme les distributeurs disposent de techniques, pour ne pas dire de théories, leur permettant de concentrer leurs efforts sur les attentes des consommateurs ?

De fait, pour comprendre la réalité que recouvre cette notion d'économie psychique, il faut probablement analyser de façon très nouvelle les contenus des mots « satisfaire » et « pleinement », que l'on trouve dans la citation de Charles Melman : « [...] devrait trouver obligatoirement dans son environnement de quoi le satisfaire pleinement ».

Traditionnellement, les entreprises se sont développées en prenant appui sur le fait que tout objet, tout service est naturellement porteur de ses propres contradictions. Ainsi, l'attente aux caisses d'un supermarché est la contradiction du libre service favorisant le gain de temps et le *one stop shopping* ; le fait de devoir passer plus de temps pour aller à l'aéroport que de temps de vol est la contradiction du transport aérien, etc.

---

1. *Customer management relationships.*

Ce sont ces contradictions naturelles à toute chose qui, on le sait, ont été la plate-forme des innovations depuis la nuit des temps. Innover, n'est-ce pas finalement simplement répondre aux contradictions des produits précédents ? Le rasoir mécanique Gillette n'est-il pas la réponse à la contradiction du « coupe-chou » de nos grands-pères ? Le stylo à bille, la réponse à la contradiction de l'écriture à la plume, le rasoir jetable Bic, la réponse à la contradiction du rasoir mécanique, la poêle Téfal, la contradiction aux poêles en fonte puis en aluminium, les verres de contact la réponse à la contradiction des lunettes, etc. La réponse est bien évidemment oui !

Satisfaire, c'est donc d'abord apporter une solution à ce qui dérange, contraint, freine, s'oppose, etc. En quoi alors cette notion d'économie psychique définit-elle une nouvelle approche ?

La contradiction naturelle, inhérente à chaque produit est considérée de façon totalement inédite dans cette nouvelle économie. Pour preuve, l'évolution du fer à repasser. Il y a cent ans, nos grands-mères utilisaient des fers à repasser lourds, peu pratiques. La lourde et épaisse semelle était indispensable parce qu'elle gardait la chaleur longtemps et permettait aussi d'effacer les plis des draps, des chemises. Ce fer a, au cours des ans, été remplacé par un ustensile plus léger, électrique qui a permis à nos mères de moins se fatiguer. Mais comme pour effacer les plis rebelles il fallait toujours appuyer très fort, les grandes marques ont eu l'idée d'innover et de proposer des fers crachant de la vapeur afin de rendre la séance de repassage encore plus facile et efficace. Il est indiscutable que les innovations apportées par le fer à repasser électrique à cinq vapeurs sont la conséquence directe d'une volonté de répondre aux contradictions du fer, lourd, peu pratique, de nos grands-mères.

Face à cette évolution des produits et de la lutte contre les contradictions, on est en droit de se poser la question de savoir quelles vont être les nouvelles innovations dans le fer à repasser et par conséquent à quelles nouvelles contradictions les fabricants vont devoir répondre.

Toutes les recherches montrent qu'au point où on en est du progrès dans ce type de produit, la seule contradiction qui est actuellement perçue par les ménagères est celle de devoir encore s'adonner à la séance de repassage. En d'autres termes, la contradiction du fer à repasser n'est autre que le repassage lui-même. Ainsi la contradiction nouvelle que le consommateur veut voir vaincre par le fer de demain, est la suppression pure et simple du fait de repasser. Bien sûr cette idée peut surprendre ! Mais pour la ménagère, repasser est un acte qu'elle juge astreignant, ingrat qui en outre consomme un temps infiniment long qu'elle aimerait consacrer à autre chose. La contradiction du fer à repasser moderne actuel réside dans le temps qu'il demande pour repasser et non plus, comme auparavant, dans son poids, sa mauvaise glisse, son temps de chauffe. C'est la frustration du temps perdu à exécuter une tâche qui n'apporte aucune satisfaction (si ce n'est celle d'en avoir fini) qui est en réalité la contradiction dialectique à laquelle il faut répondre.

Si demain un fabricant invente un fer qui permet de ne plus repasser ou qui divise en deux le temps de repassage et qui élimine tout ou partie de la frustration du temps perdu, il aura enfin répondu à la phrase de Charles Melman : « trouver obligatoirement… de quoi le satisfaire pleinement ».

Par cet exemple simple, on voit bien que la contradiction dans l'économie psychique a quitté le champ du réel pour aller vers celui du virtuel. Dans ces conditions, il va donc être difficile pour les fabricants de fers à repasser de trouver de nouvelles contradictions et par là même des innovations intéressantes pour la ménagère s'ils s'évertuent à faire comme par le passé. Il leur faut se tourner vers un autre type d'innovation. Bien évidemment, avant que les grandes marques lancent un fer qui permette d'éviter le repassage ou encore une machine à repasser entièrement automatique, les industriels vont probablement encore développer des stratégies classiques. Certains vont lancer des fers toujours aussi sophistiqués mais moins chers fabriqués en Chine. D'autres vont développer des communications exaltant le fait de repasser et montrant que la vraie femme d'intérieur repasse toujours avec des fers authentiques. D'autres encore vont inventer le fer pour hommes ou la planche à repasser avec télévision intégrée qui distrait. Enfin on verra, et c'est déjà le cas, de plus en plus de produits annexes type Fabulon, ayant pour but d'augmenter la glisse et d'économiser du temps de repassage. Tous les produits seront conviviaux, hauts en couleur, peu chers et bien évidemment il y aura des marques distributeurs et des premiers prix !

Pendant que les industriels chercheront des solutions à leurs problèmes, la situation profitera bien sûr aux fabricants de tissus non froissables ou encore à ceux qui lanceront la mode du tout froissé.

L'économie psychologique recèle bien des opportunités pour ceux qui sauront les saisir !

Il va de soi que cette nouvelle dialectique, ce nouveau sens donné aux mots « contradiction » et « novation », surprend, déroute, déstabilise. Ceci est surtout vrai si l'on perd de vue que la seule chose qui intéresse l'individu, c'est sa jouissance immédiate.

Dans le même ordre d'idées, l'attente aux caisses de supermarché ne constitue plus aujourd'hui dans l'économie psychique la contradiction principale du supermarché ! La contradiction actuelle, c'est le fait même de devoir investir du temps de

« vie », de « loisir » dans les magasins ! Ceci ne peut bien sûr se comprendre que si l'on s'accorde pour dire qu'il n'y a pas grand plaisir pour une ménagère active à gaspiller du temps pour s'approvisionner en pain, en viande, en poisson, en carottes, en détergents ou en denrées d'épicerie, autant de produits qui excluent la poésie, le shopping, la convivialité d'achat. Cette ménagère est frustrée de devoir perdre du temps à acheter des produits « corvée ». Ce temps bêtement investi lui manquera pour flâner dans d'autres magasins où elle pourra à loisir rêver, regarder de belles choses, de belles robes, des parfums, etc.

On peut alors se poser la question de savoir pourquoi les ventes en ligne des grandes enseignes de supermarchés se sont soldées par un échec retentissant dans les années 2000. L'achat en ligne ne permettrait-il pas à la ménagère d'économiser ce fameux temps de vie ou de loisir en la libérant d'une tâche fastidieuse ? Il est incontestable que les ventes des produits alimentaires sur le net apporteraient une grande économie de temps à la ménagère. En ce sens, le principe de l'approvisionnement en ligne semblait bien s'inscrire dans le cadre d'une volonté de vaincre la contradiction liée à la perte de temps en point de vente. Mais les contradictions du net ont été plus fortes que celles liées à la perte de temps d'achat dans le supermarché ! Bien sûr le débit Internet était trop lent, bien sûr certaines ménagères avaient peur des paiements non sécurisés, évidemment il y avait des contraintes de livraison pour toutes celles qui travaillaient, mais le cœur du problème est que si la ménagère ne veut pas perdre son temps, elle ne veut pas non plus rester seule chez elle. C'est là que la vente en ligne pèche. La cliente veut moins de corvées, mais en même temps elle veut plus d'amitié et de relations ! Elle veut aussi rester celle qui choisit la viande, le fromage, les fruits et légumes pour être félicitée et reconnue par son entourage. Là encore le net ne peut pas aujourd'hui lui donner cette satisfaction. Le fer à repasser, comme le supermarché sont frustrants par le temps qu'ils font perdre injustement et non plus pour telle ou telle faiblesse, tel ou tel défaut fonctionnel, poids, prix, taille, etc. On est bien maintenant en présence de nouvelles contradictions dites « fonctionnelles ». Il n'est plus demandé au fer de bien, de mieux repasser et au supermarché de bien distribuer et de présenter les produits au meilleur prix. On veut tout simplement ne plus être frustré par une perte de temps vécue dans les deux cas comme injuste.

La bonne solution (inimaginable) serait sans doute d'offrir à chaque femme qui travaille ou non une repasseuse, et aux ménagères une personne qui les accompagnerait en magasin pour faire les emplettes non intéressantes et leur faire gagner du temps, ou des formules de point de vente de type « *hard discount* ».

Cette nouvelle économie, qui met en cause à la fois Hegel, Marx et Kittrick, n'est plus conditionnée par la recherche du besoin mais par une nouvelle relation.

La nouvelle équation de l'économie psychique

Le PC portable dont les ventes ne cessent d'augmenter semblerait être un exemple intéressant pour comprendre les mécanismes de la nouvelle économie. Cette machine extraordinaire permet d'envoyer et de recevoir du courrier, d'écouter la radio, de graver de la musique, de regarder des DVD, des films sur le net, de téléphoner, de voir des photos digitales et de les transformer en photo papier, de classer, garder, stocker, dessiner, d'interroger à distance des sources dans presque tous les domaines, de calculer et tout cela sans contrainte. Plus besoin d'aller à la poste pour chercher des enveloppes, des timbres ou dans une boutique pour choisir un CD ou un DVD parmi les derniers tubes, plus besoin de réserver une pièce pour écouter de la musique, la radio, voir des films ou consulter un dictionnaire pesant. Grâce au WiFi on est complètement libre, on peut être parfaitement nomade. Pour autant, les marques ne se distinguent pas les unes des autres. Tous les PC sont finalement bons, ceux que l'on achète par le Net comme ceux qui sont distribués par les chaînes spécialisées. Dans ces conditions, la différence se joue comme toujours par le prix et sans doute par le service après-vente. Mais là encore, les quelques marques qui dominent le marché sont toutes au même niveau ! En quoi alors la nouvelle économie psychique intervient-elle dans ce marché ? Qu'apporter aux entreprises fabriquant ces produits comme solution stratégique pour ne pas les laisser tomber dans l'indifférence du marché et dans l'obligation de réduire leurs marges, leurs coûts, etc. ?

Puisque la recherche du besoin, la création de besoin nouveau ou la technique des cycles de vie courts ne mènent plus à rien, il faut bien inventer une nouvelle façon de réfléchir aux problèmes.

Quelle est donc la plate-forme nouvelle de réflexion pour les fabricants de PC? Partant du principe que l'évolution, l'innovation dans les PC portables se propage à la vitesse de la lumière, on remarque que la frustration chez le consommateur vient du fait qu'une fois acheté, l'ordinateur portable est déjà obsolète. Hier il fallait avoir un portable WiFi. Cette innovation était considérée comme une révolution. Aujourd'hui ne pas pouvoir se connecter dans un aéroport, dans sa chambre d'hôtel apparaît comme une situation archaïque, insupportable. Aujourd'hui le nouveau concept, c'est « la convergence numérique ». La machine doit pouvoir dialoguer avec toutes les autres machines (appareil photo, autre ordinateur...), faute de quoi elle est muette, enfermée sur elle-même.

Comme avec l'ordinateur, le futur c'est qu'aujourd'hui, jour après jour, l'innovation technologique change le PC ! Malheureusement pour l'utilisateur, ces innovations vont lui échapper. Comme il est difficile que la majorité des consommateurs puisse changer de PC tous les six mois, il y aura toujours une partie du marché complètement frustrée.

Pour les fabricants, la solution ne passe pas seulement par la course à l'innovation pour offrir des machines plus rapides, plus performantes, moins chères. Les nouvelles machines intéressent les nouveaux clients, certes, mais il faut aussi permettre aux clients anciens d'être toujours *up to date*. Il faut donc soit organiser un marché de revente, soit proposer des contrats d'abonnement permettant de changer de machine tous les six mois, soit encore aller vers des types de machines se modernisant à distance ou par des kits appropriés.

L'économie psychique oblige à prendre d'abord en compte d'un côté la jouissance du produit, son effet immédiat, de l'autre la frustration liée à la contradiction « fonctionnelle » (ici cette évolution permanente). Pour être différent et capter le marché, l'industriel doit offrir l'ordinateur le plus en avance en même temps qu'il doit garantir à ses clients qu'il leur permettra de toujours disposer des dernières innovations. L'industriel doit résoudre ce que certains vont définir comme la quadrature du cercle, à savoir faire en sorte que le rapport « jouissance immédiate/total des frustrations » soit toujours positif.

Dans cet exemple, on voit bien que la simple quête du besoin (ici les avantages technologiques du PC) est toujours l'un des moteurs du mécanisme général de consommation, mais l'achat, l'appropriation proprement dite du produit ou du service ne se déclenchera en faveur de la marque que lorsque le rapport « jouissance/frustration » deviendra positif.

159

C'est le fabricant qui le premier trouvera la réponse à la frustration générique, (ici : avoir le PC dernière génération), qui solidifiera ses parts de marché et qui évitera la guerre des prix. Si par aventure aucun fabricant ne voulait ou ne pouvait se développer dans cette économie psychique, il ne serait pas improbable que la consommation de renouvellement des PC diminue. En effet, on peut imaginer que, frustré de ne jamais avoir le dernier modèle de PC, le consommateur, de guerre lasse, va cesser d'acheter ou ne rechercher que le prix le plus bas. Cette nouvelle relation « jouissance immédiate/total des frustrations » définit ce vers quoi le nouveau marketing doit tendre. Certaines entreprises ont déjà franchi le pas. Le *hard discount*, par exemple, dont on parle tant dans ces années 2004, est la preuve du bien-fondé de cette nouvelle relation jouissance/contrainte. Ces formules de magasins garantissent effectivement à la ménagère la non frustration de perte de temps grâce à la proximité, à l'assortiment nécessaire et suffisant, à la taille réduite des magasins et à la jouissance immédiate grâce aux prix bas sur tous les produits.

L'innovation dans cette économie repose donc sur une nouvelle dialectique. Cette dernière n'est plus liée aux contradictions directes du produit mais bien à celles qui touchent la fonction de ce dernier.

L'économie psychique demande aux entrepreneurs d'abandonner le principe de la recherche ou de la création de besoin (pour réaliser des profits), afin de le remplacer par celui qui vise à prendre prioritairement en compte la réponse aux frustrations ressenties par le consommateur.

Entrer en économie psychique

Il n'est certainement pas facile d'entrer dans cette nouvelle économie lorsque depuis plus de 50 ans on a pris l'habitude d'un marketing orienté vers le besoin. Il est clair que lorsqu'on pratique depuis des générations la règle des quatre P (Prix - Promotion - Publicité - Packaging), on ne peut qu'être déstabilisé par l'importance du principe de la frustration. C'est vrai, l'économie psychique est une nouvelle philosophie du profit, déroutante, inquiétante. Le comportement des distributeurs actuels vis-à-vis du *hard discount* en atteste. Pour mémoire, c'est en 1986 que le *hard discount* a fait son entrée en Belgique et a commencé à terrasser les hypermarchés du groupe GB. À cette époque, on a considéré qu'une fois de plus les Belges ne savaient pas y faire ! En 1989, le premier *hard discount* a fait son apparition en France. Là encore personne n'y a cru un instant malgré les preuves, les conférences, les livres traitant du problème. Dans les années 1990, tous les distributeurs sans exception ne voyaient dans ce type de format qu'un pis-aller pour pauvres.

On connaît la suite de l'histoire. D'où vient la bévue des opérateurs ? Quelle est l'origine de cet aveuglement dont ils font preuve chaque jour si l'on en croit les erreurs grossières qu'ils commettent et les solutions impraticables qu'ils mettent en route ? Les distributeurs, et on ne peut pas leur en vouloir, croient ferme à cette fameuse règle des quatre P de l'économie passée. Ils pensent qu'il faut faire des prix encore plus bas (premier P), des promotions encore plus nombreuses (deuxième P), de plus en plus de publicité (troisième P) et enfin refaire les magasins, c'est-à-dire le packaging (quatrième P). Ils ne peuvent pas comprendre que tout cela ne sert pas à grand-chose et que c'est sur le terrain de la relation jouissance/frustration que se jouera la reconquête du client.

161

Cette nécessité de supprimer les contraintes pour entrer dans l'économie nouvelle implique un changement radical dans la compréhension, l'interprétation des façons de faire ou d'être de *l'homo consomatio* comme de *l'homo cliens*. À titre d'exemple, dans les années 1980, les boulevards périphériques ceinturant Paris étaient engorgés. Des millions de véhicules y circulaient jour et nuit. Les automobilistes étaient frustrés de se retrouver littéralement prisonniers dans ces files ininterrompues de voitures et de camions. La frustration conséquente de l'impossibilité de s'orienter vers la fuite de ces périphériques conduisait naturellement à l'agressivité et de l'agressivité à l'énervement, etc. Après de nombreuses études d'opinion faites auprès des usagers, tout laissait à penser que le besoin des utilisateurs résidait essentiellement dans une meilleure fluidité de la circulation. Plusieurs solutions avaient alors été envisagées pour régler le problème : construire un second périphérique, interdire la circulation à certains véhicules, à certaines heures, etc. Chacune de ces solutions portait en elle des contraintes telles qu'elles furent toutes abandonnées.

Aujourd'hui, les périphériques sont toujours aussi saturés mais les automobilistes se sentent moins victimes, c'est-à-dire moins frustrés. Il a suffi que l'on dispose à toutes les portes de Paris, au-dessus du périphérique, des panneaux lumineux indiquant le temps nécessaire pour atteindre les autres portes de la capitale, les autoroutes, etc. Les usagers peuvent ainsi lire et s'informer qu'il faut 53 minutes pour atteindre la Porte d'Orléans et 59 minutes pour arriver à la Porte Maillot. Le temps n'y fait pas grand-chose, ce qui est important ici c'est que l'automobiliste soit prévenu. Qui plus est, la technologie moderne du téléphone portable lui permet de prévenir l'Autre de son probable retard. Il ne se perçoit plus comme prisonnier du système. Il n'a plus à satisfaire sa pulsion qui consiste tout naturellement à vouloir s'évader.

Le point intéressant, semble-t-il ici, c'est que la solution choisie n'a pas consisté à répondre au besoin de circulation mais à la frustration conséquente *de* l'impossibilité de satisfaire la pulsion légitime de l'évasion de l'individu face à la situation bloquée du périphérique encombré. L'automobiliste ne gagne pas de temps. Il est toujours dans les mêmes conditions qu'en 1980. Ce qui change, c'est sa perception de la situation. Son comportement est alors plus calme, l'absence de gestes obscènes dirigés vers l'autre automobiliste, de gestes visant à frapper le volant montre que l'utilisateur du périphérique n'est plus sous tension.

Le syndrome de l'évasion n'est pas nouveau chez les mammifères. Une expérience de laboratoire montre que si l'on empêche un rat d'avancer en le retenant par une entrave au niveau de l'abdomen, il va rapidement faire un ulcère à l'estomac. Le rat ne peut vivre s'il n'avance pas. Par contre dès qu'on le relâche, l'ulcère disparaît !

Un directeur d'une prison américaine expliquait que chez lui les prisonniers ne s'évadaient jamais. Son secret ne tenait pas dans la férocité des chiens de garde, dans la formation au tir des gardiens, dans l'utilisation plus sophistiquée qu'ailleurs de systèmes électroniques. Non, son secret tenait dans la cuisine. Ce directeur affirmait qu'un détenu qui mange bien n'a pas envie de s'évader. Il ajoutait : « Ici, nous respectons les prisonniers, nous leur parlons comme à des êtres humains et finalement ils finissent tant bien que mal par prendre leur mal en patience ! ».

Le succès des magasins Sephora peut s'analyser de différentes façons. Certains expliquent qu'il réside dans le fait qu'ils ont été les premiers libres services en parfumerie, d'autres que le décor moderne, le look des magasins ont été une révolution pour l'époque, etc. Mais on peut aussi faire une analyse de la réussite en partant des frustrations de *l'homo cliens*. Bien des clientes sont aujourd'hui encore frustrées dans les points de vente traditionnels, où il faut obligatoirement « passer » par une « conseillère ».

La frustration provient du fait que la conseillère « pousse » parfois, notamment dans le domaine des crèmes et des produits de soin, des marques chères que la cliente voudrait bien refuser mais qu'elle s'oblige à acheter pour ne pas décevoir ou contrarier la vendeuse ou encore se sentir déconsidérée à ses yeux. La cliente suppose souvent ou sait par ouï-dire que la conseillère « pousse » toujours des produits sur lesquels elle touche probablement des primes données par les marques. Bien évidemment, ceci ne fait qu'augmenter sa frustration. Elle est convaincue qu'on lui vend un produit trop cher pour l'usage qu'elle va en faire. La cliente se convainc alors qu'on l'a roulée ! Elle se sent lâche de n'avoir pas refusé et repart la conscience lourde : alors que cet achat aurait dû lui apporter de la jouissance, il la rend malheureuse. Elle sera d'autant plus « chagrin » qu'elle n'osera pas en parler à ses amies de peur d'être ridicule !

En allant dans les magasins Sephora où personne ne vous agresse (les conseillères ne viennent que sur appel), où la cliente prend, reprend, essaie, pose et dépose les produits en toute liberté sans que personne n'intervienne, la sensation de manipulation disparaît. La cliente est libre. Elle trouve les mêmes produits que dans les points de vente traditionnels, les mêmes marques, aux mêmes prix mais avec la liberté en plus ! Sans faire de promotion, sans faire de publicité comme les magasins classiques, l'enseigne fait entrer deux fois plus de clients par jour. La base du concept de « liberté » comme arme du combat contre les frustrations est suffisamment forte pour attirer le client.

Tout le monde reconnaît que les magasins à l'enseigne Zara sont un succès mondial. On ne compte plus les reportages, les émissions de télévision sur cette *success story*. Là encore, on peut y voir l'application d'une volonté marquée de s'attaquer aux frustrations des clientes.

Que dit Zara ? Des choses simples que l'on peut traduire de la façon suivante :

- La mode est éphémère !
- Par définition la mode coûte cher !
- Aussi, quand on achète un produit « mode », dès le moment de son achat, il commence à ne plus être à la mode. Et malheureusement, il ne reste plus d'argent pour acheter le nouveau produit à la mode.

Par cette simple logique, Zara confirme que la mode peut définir pour certaines clientes une situation qui les conduit à être frustrées de ne pouvoir toujours être à la mode. En proposant de copier la mode et de bien la copier, la marque assure à ses clientes qu'elles ne seront plus jamais frustrées.

La société Kodak traverse des heures à tout le moins difficiles. Numéro un au monde de la pellicule sensible, elle a dû, avec difficulté, encaisser (il n'y a pas d'autres termes) le développement foudroyant de la photo numérique. Qui dit appareils numériques dit photos sur ordinateur, à la rigueur photos à partir d'imprimantes laser, mais pas des photos à partir de plaques sensibles.

Nombreux sont alors les experts qui ont prévu une fin difficile pour la firme.

Aujourd'hui, Kodak propose à la clientèle de transformer ses photos numériques en vraies photos papier en expliquant et en soulignant que les photos ne sont jamais aussi belles, jamais aussi fortes en tant que véhicule d'émotion que lorsqu'on peut les « toucher ». En fait, Kodak propose de s'attaquer à la frustration que beaucoup partagent de ne pouvoir serrer sur leur cœur la photo d'un disparu, du dernier petit-fils, de l'être que l'on aime et mettre toute la famille dans leur portefeuille.

Le maire de Paris est peut-être en train de réussir la quadrature du cercle. Il est socialiste, donc on peut s'attendre à ce que ses idées soient critiquées par la droite. C'est normal, c'est le jeu. Au lancement de Paris plage, tout était prêt pour l'attaque en règle. On ferme les voies sur berges, donc on frustre les automobilistes ! On dépense deux millions d'euros pour amuser avec l'argent des contribuables de droite, les citoyens de gauche qui vivent à Paris et ne partent pas en vacances. Mieux, devant l'Hôtel de ville, on installe un terrain de pétanque ! Il est clair que l'initiative du maire et de ses adjoints vise à « défrustrer » les « parigots ». Le slogan « Paris appartient aux Parisiens, pas aux automobiles » sonne bien chez les écolos. Sauf quelques grincheux patentés, personne cependant ne critique. Tout le monde trouve cela formidable. La quadrature du cercle est résolue ! Ce sont les marques qui payent en 2004, pas le contribuable. La circulation est fluide puisque tout le monde sait qu'il ne faut pas emprunter les quais ! Tout le monde est sincèrement heureux. La réalité, c'est qu'en créant Paris plage, le maire de Paris apporte une solution à la frustration ressentie par ceux qui habitent la ville. Les citadins aiment leur Paris, mais ils sont frustrés de ne pouvoir se baigner dans la Seine, de ne pouvoir jouir de la beauté des quais, de la vue que l'on a de cette merveilleuse ville. L'initiative du maire permet de redonner un air frais à la ville et pour quelques jours le sentiment que Paris redevient Paris.

L'économie psychique apparaît bien comme une économie où tous les entrepreneurs, tous les opérateurs doivent tout faire pour qu'il n'y ait plus aucune frustration chez *l'homo consomatio* comme chez *l'homo cliens* tant dans l'acte de consommation que dans l'acte d'achat ou dans la période d'utilisation et de destruction du produit. Pour certains, ce serait une économie sans pesanteur où l'homme aurait enfin la chance de ne plus souffrir de l'attraction terrestre. C'en serait enfin fini de l'obligation d'utiliser des piles électriques dont on ne sait que faire lorsqu'elles sont usées et qui polluent, des huiles de voiture qui dégradent la terre, vidange après vidange, des magasins qui mangent votre temps libre, des trains, des avions dont souvent le personnel ne vous considère pas mieux que du bétail, des automobiles qui ne garantissent pas contre l'accident occasionné par l'Autre ou de votre fâcheux penchant au dépassement de vitesse, du pain qui fait grossir, des plats cuisinés qui favorisent la montée du cholestérol, etc.

La mystique client

En économie psychique, plus qu'une façon de faire, il s'agit d'abord d'une façon de croire. On ne peut entrer dans cette économie qu'en adoptant une nouvelle doctrine. Comme en 1957, lorsque Kittrick définit la notion de recherche du besoin pour faire des profits, aujourd'hui il faut admettre que c'est la relation jouissance/frustration du client qui est le moteur du développement. Cette nouvelle doctrine met alors au centre de l'univers des marchés une nouvelle notion : « la mystique client ». Le concept de mystique client signifie qu'il faut tout simplement croire qu'en partageant les frustrations principales de ses clients l'entreprise pourra s'imposer à ses concurrents et réaliser des profits.

Si la compagnie d'aviation estime que la priorité n'est pas de voler, de servir un bon repas à ses clients business, d'être aimable, mais bien de trouver les solutions aux mille frustrations que rencontrent ses clients, de leur point de départ à leur point d'arrivée, elle aura effectivement gagné son droit de continuer et de faire des profits. Si le fabricant d'automobiles comprend que ses investissements doivent d'abord être orientés vers la frustration actuelle de l'automobiliste face au retrait des points de son permis, aux accidents dont il n'est pas responsable, aux embouteillages, aux vols et dégradations que subit sa voiture, il aura lui aussi consolidé sa position.

Cette doctrine, et c'est en cela qu'elle est novatrice, conduit, tous les opérateurs, de la direction générale en passant par les services financiers, le marketing, les ventes, les usines, à n'avoir qu'une priorité : contribuer à trouver des idées nouvelles pour éliminer les éléments frustrants de la vie de leurs clients.

La mystique client se définit comme l'engagement de toute l'entreprise à partager sincèrement une ou plusieurs frustrations de ses clients et d'en faire l'axe stratégique unique pour la R&D, le marketing, la distribution, la communication. Pour entrer dans cette mystique client, il faut donc revoir de fond en comble les principes et modèles de raisonnement, jusqu'ici connus et utilisés, pour conquérir ou reconquérir les parts de marché et fidéliser les clients.

La mystique client vise à remplacer les pratiques marketing actuelles qui font par exemple que dès qu'une entreprise se sent menacée par ses concurrents, faute de différence, elle veut par réaction investir pour trouver de nouveaux positionnements, des « plus » ou un meilleur prix pour que le client ne se détourne vers d'autres propositions plus alléchantes.

Face à la chaîne d'hypermarchés en perte de vitesse qui pour reconquérir la clientèle investit en rénovation de magasin, en architecture flamboyante, en nouvelles couleurs, face au produit qui devient obsolète et dont on veut refaire obligatoirement le repositionnement, le packaging et le site web pour qu'il apparaisse plus jeune, plus moderne que son concurrent, la mystique client proclame : à quoi sert d'embellir une grande surface s'il faut toujours attendre aux caisses, faire un effort pour trouver son produit et traverser un parking mal éclairé lorsqu'il fait sombre, qu'il neige et que la température est polaire, à quoi sert un nouveau packaging si la frustration est ailleurs ?

La mystique client, ça n'est pas faire plus de jouissance, c'est faire moins de contraintes pour arriver à les éliminer totalement. On ne combat pas les frustrations par des effets de publicité ou de marketing traditionnels. On les combat par une volonté de déplacer le centre de gravité de la figure !

Mystique client et dimension créative

S'il est un secteur d'activité où le principe de la mystique client est essentiel aujourd'hui, c'est bien celui de l'hôtellerie, notamment celui des grands hôtels internationaux de luxe. Les grandes chaînes de quatre et cinq étoiles affirment depuis longtemps leur volonté de bien servir et de répondre à tous les besoins de leurs clients. Four Seasons, la chaîne américaine d'hôtels de luxe n'avance-t-elle pas « *Welcome to the Extraordinary* » ? Du côté d'Holiday Inn, on affirme : « *Today's Holiday Inn gives you more. And more is better* » ou encore « *Holiday Inn, the world innkeeper* ». Sofitel lance « Destination émotions » et enfin Hilton évoque l'« excellence ».

Si toutes ces entreprises pratiquent l'excellence dans leur management et font en sorte que les clients s'attendent tout naturellement au meilleur service, force est de constater par exemple que lorsqu'après de longues heures de route ou de vol, les clients arrivent dans ces palaces, ils doivent comme partout ailleurs rester debout à attendre leur tour pour avoir la clé de

169

leur chambre. Selon les jours ou les heures, cette attente est souvent qualifiée d'insoutenable, interminable, odieuse, inhumaine ! Cette sensation sera d'autant plus exacerbée qu'il y a de fortes chances que pendant cette attente mille incidents se produisent.

Ainsi par exemple, on ne retrouvera pas la réservation d'un client qui bien sûr hurlera de rage et maudira tout le personnel ! Le téléphone ne cessera de sonner et il aura toujours priorité sur ceux qui attendent plus ou moins sagement dans la file, etc. La chaîne internationale à laquelle appartient l'hôtel aura beau faire de la publicité, dans les meilleurs news, montrer des images idylliques de son *dining room* sur son site Internet et dans ses brochures en quadrichromie, mettre des fleurs dans chaque chambre, l'image de l'hôtel, sa réputation, son rapport qualité/ prix, la qualité de son service dépendront finalement de la perception qu'auront les clients de cette situation.

Bien évidemment, dans ce secteur d'activité, le personnel reçoit en permanence des formations intensives pour mieux accueillir le client, répondre aux objections de mauvaise foi et régler tous les problèmes quotidiens. Dans certains établissements, on va même jusqu'à accueillir le client à une table basse, afin d'éviter l'effet *desk* qui met toujours l'interlocuteur en infériorité par rapport au personnel bien campé derrière le comptoir.

Nonobstant, lorsqu'il faut faire patienter le voyageur pressé d'en finir avec sa journée, que peut faire le personnel, dans des situations aussi frustrantes que celle de l'attente au *check in* ou pire encore, *au check out* lorsque tous les clients veulent payer en même temps et à la même heure pour partir vite ?

La réponse semble couler de source ! Le personnel doit être aimable, c'est la moindre des choses. Il doit présenter des excuses si les choses vont mal. En un mot, ce personnel doit être parfait ! Il doit connaître son programme de formation par cœur et être à même de l'appliquer en toutes circonstances. Dans le meilleur des cas, il devrait aller jusqu'à abdiquer sa personnalité.

Bien évidemment, ceci est impossible ! Bien sûr des primes, des incentives, des clients mystères, des concours viendront récompenser les collaborateurs les plus zélés. On éditera un journal où les gagnants seront à l'honneur et on affichera dans chaque établissement la photo du meilleur employé du mois.

Mais ces réceptionnistes, dans la réalité, sont des êtres comme les autres. Ils n'ont pas forcément un salaire qu'ils jugent bon en regard des efforts qu'ils font. Leurs primes ne sont pas forcément motivantes ! Ils ont leurs propres problèmes (relations plus ou moins difficiles avec la hiérarchie, maladie d'un proche, divorce, problèmes d'enfants, distorsion entre le luxe de l'hôtel et le pauvre standing de leur demeure dans certains pays, longs trajets pour se rendre de l'hôtel à chez eux, etc.). S'ils sont tous fiers de parler plusieurs langues, de porter l'uniforme du grand hôtel international où descendent parfois des hôtes illustres, comme des grands de la finance, du sport, de la télévision, ils sont exposés à des situations difficiles. Ils se sentent souvent injustement traités par les clients et surtout ils ne voient pas comment se sortir de ce type de situation qui se répète tous les jours.

La question se pose de savoir en quoi une stratégie basée sur le principe de la mystique client peut changer cette situation. Dès que le personnel va prendre conscience que c'est la frustration propre à chaque client qui fait qu'il se montre difficile, agressif et insatisfait et non pas sa nature profonde ou son appartenance à un type socio-psychologique, il va comprendre qu'il n'existe pas une solution, mais bien une multitude de solutions adaptées à chaque cas particulier qui se présente à la réception de l'hôtel.

171

Il va comprendre que la solution, ce sont d'abord ses idées, ses initiatives alliées à celles des autres collègues ! Pour certains clients, il faudra inventer le bon regard, au bon moment, qui en dit long et qui fait patienter. Pour d'autres qui s'impatientent, ce sera le bon geste qui fait comprendre que l'on participe à la frustration. Pour d'autres encore, il s'agira d'envoyer sans rien demander à personne un garçon d'étage s'occuper de la dame dont le bébé pleure et qui énerve tout le monde. Pour tous, il faudra se comporter en ami, faire rire, montrer que tout le monde y met du sien, ne jamais s'agacer et mal répondre, etc. On pourra aller jusqu'à inventer des solutions comme celle mise en place par la chaîne Hilton à New York Airport où le *check in* se fait dans le bus qui amène les voyageurs de l'aéroport à l'hôtel par un employé qui contrôle les réservations sur son portable. C'est aussi cette initiative prise par une équipe en Allemagne qui suit les retards et problèmes des vols transatlantiques pour assister à leur arrivée les clients qui ont plusieurs heures de retard ou qui ont eu un vol particulièrement difficile.

Le point essentiel de la réussite d'une stratégie basée sur la mystique client se trouve dans les comportements de ces personnels. Ils doivent être créatifs dans les moindres détails, à tout instant et à propos de n'importe quoi. Il faut pour cela qu'ils puissent pratiquer le principe de « l'intelligence collective ». Chacun doit devenir auteur et propriétaire des idées qui tendent à éliminer la frustration choisie.

Ce qui est vrai pour le personnel de réception l'est aussi pour les maîtres d'hôtel, les cuisiniers, les valets, les femmes de chambre, les téléphonistes, les jardiniers, le service entretien, etc. La caissière du supermarché, l'hôtesse d'accueil à l'aéroport, le vendeur de chez Darty, les personnes qui répondent au téléphone dans les sociétés d'assistance et plus généralement tous ceux qui sont au contact de l'Autre. La secrétaire, le chef de service comptabilité qui ne voient jamais les clients, qui ne les connaissent que par une référence sont eux aussi, sans le savoir, soumis à la même loi. Ils sont l'âme de la marque, de leur créativité dépend la pertinence des solutions trouvées pour combattre les frustrations et promouvoir la légitimité et l'authenticité de la marque.

L'économie marketing, la compétition par le produit et le service ont obligé les entreprises à mettre en place des types de management favorisant la performance compétitive ! Ce faisant, « l'excellence » dans la préparation, la réflexion, la réalisation des stratégies est devenue un culte, l'objectif vers lequel tout le monde doit tendre dans l'entreprise. Il est de tradition que tous les collaborateurs d'une entreprise participent chacun à la bonne marche du produit, de la marque ou du service. Pour ce faire, ils sont formés et motivés pour appliquer les règles et procédures qui permettent au produit de satisfaire le client. Ils font tous, à leur niveau, grâce à l'organisation des services et aux techniques diverses de management qui les stimulent, leur possible pour que les « promesses » définies par le marketing soient effectives.

Pour que le produit soit élaboré, défini, fabriqué, vendu, dans les meilleures conditions, pour que le service qui l'accompagne soit irréprochable et conduise à la satisfaction de la clientèle, la solution passe par la volonté « d'excellence » de la chaîne qui va de l'idée du produit à sa consommation.

Même si l'application et le contrôle des *process* d'excellence trouvent leurs limites organisationnelles chez de nombreux opérateurs, même si les efforts du passé n'ont pas permis de faire que toutes les sociétés arrivent au degré d'excellence souhaité pour satisfaire la clientèle, même si certaines sociétés performantes comme Google sont montrées du doigt pour leur réussite dans la désorganisation, l'exemple de la réussite des entreprises qui ont su le mieux être « excellentes » confirme encore aujourd'hui le bien-fondé de ce concept.

La vraie question aujourd'hui est de savoir ce que va devenir le concept d'excellence dans une économie psychique où à l'évidence la nature même de l'excellence va changer.

S'il est déjà difficile dans une économie classique d'appliquer la règle du *perpetual improvement*[1], règle fondatrice du concept d'excellence qui vise à la remise en question permanente de tout, que seront alors, dans une économie psychique les relations entre individus, entre individu et entreprise, entre entreprise et marché ? Dans le cas des entreprises qui fondent leurs stratégies sur la mystique client, les rôles des collaborateurs sont complètement différents. En effet, la frustration du client n'est pas une donnée figée comme le besoin qui peut être facilement consigné dans un document comme peuvent l'être, par exemple, la définition d'un produit et son positionnement dans un plan marketing. La frustration, c'est en fait une chaîne de souffrances successives ressenties par l'individu. Il n'y a donc pas une solution à la frustration mais un cortège d'actions positives, de propositions impliquant une sorte de conversationnel entre l'entreprise, le client, son problème et l'apaisement de ses souffrances. L'employé et le responsable ne doivent pas seulement à leur niveau faire du mieux possible, ils doivent à tout instant trouver, créer la bonne solution, prendre des décisions pour gérer la crise, c'est-à-dire la frustration du client. Décider d'appuyer le devenir de l'entreprise sur un procédé de mystique client impose que tous les collaborateurs aient la volonté de participer à l'effort qui consiste à s'approprier cette « frustration du client ». C'est donc chaque individu dans l'entreprise qui

---

1. Amélioration perpétuelle.

doit avoir la responsabilité de changer les règles et les modèles de décision de l'entreprise face à ses clients, pour dans l'instant éviter les pulsions négatives et son corollaire d'agressivité destructrice. Cela sous-tend une créativité permanente de la part de chacun, un climat de confiance totale des uns envers les autres comme envers la hiérarchie. Cela autorise aussi la possibilité d'avoir le droit à l'erreur lorsque les choses ne se passent pas comme on les avait prévues. Il est clair que l'on va demander encore plus de participation aux collaborateurs puisque ce sont eux qui sont finalement l'âme de l'entreprise. Le problème est d'autant plus complexe qu'il ne s'agit pas seulement de demander aux collaborateurs qui sont au contact du client d'adopter une conduite axée sur la mystique client mais bien à tous dans l'entreprise, c'est-à-dire à toute la chaîne qui va de la conception à la destruction du produit.

Pour que la relation jouissance immédiate/contrainte soit toujours positive, il faut à l'évidence que le concept d'excellence s'appuie sur des bases nouvelles. La compagnie d'aviation ne doit pas seulement être excellente aux guichets d'embarquement, au travers de son personnel de bord, dans la configuration de l'espace des cabines et de son service. Elle doit aussi être excellente dans la façon dont les bus amènent les passagers aux avions, la livraison des bagages, la sécurité dans les parkings, la fluidité de l'autoroute qui mène à l'aéroport, etc. La compagnie doit, pour que son client ne soit pas frustré, avoir conscience de sa responsabilité d'excellence tout au long de la chaîne de frustrations probables de celui qui l'a choisie pour effectuer son vol. Il ne s'agit donc pas d'être excellent dans son champ d'activité, il faut l'être dans tout ce qui structurellement ne concerne pas l'entreprise, c'est-à-dire dans une chaîne de contraintes qui ne commencent pas et ne s'arrêtent pas là où commence le champ d'activité de la compagnie. Les grandes marques de produits de consommation comme les grandes sociétés de service obéissent naturellement au principe de la « patate chaude ». En d'autres termes, elles cessent d'intervenir dès lors que le produit ou le service quitte leur « aire de responsabilité ». Elles passent le relais des contraintes aux autres puis ferment les yeux.

Quelle grande marque se soucie du merchandising frustrant de tel ou tel distributeur ? Quelle grande marque se soucie des manques de produits au linéaire ? Quelle grande marque se soucie des camions qu'elle envoie sur les routes et qui bloquent ou ralentissent la circulation ? Quelle compagnie d'aviation se soucie des embouteillages qui frustrent les passagers stressés à l'idée de rater leur vol ? Il serait si simple de créer une radio FM propre à la compagnie, qui annoncerait à ses clients « Passagers de la compagnie Air X, il est 19h30, nous savons que l'auto-route est bloquée par un accident à la hauteur de Rungis, ne vous inquiétez pas, nous n'allons pas vous abandonner. Télé-phonez à tel numéro (un par vol) nous allons voir si en cas de trop gros retard nous pouvons vous mettre sur un autre vol ». Un peu comme le système mis en place à Disney World (Orlando).

Bien sûr, il est tentant de ne voir dans ce principe de la mysti-que client qu'une méthode nouvelle réservée aux entreprises de services ou aux distributeurs en mal de différence ou de fidéli-sation de clientèle. Ce serait là prendre un parti risqué ! Il est certain que les entreprises de services contribuant à créer des contraintes pour l'*homo cliens* se doivent de faire le maximum pour les éliminer et donc de prendre le parti de la mystique client. Il est non moins vrai que les marques sont, elles aussi, créatrices de frustration et par conséquent, très à même d'entrer en mystique client.

L'intelligence collective : clé de la mystique client

C'est tout le personnel de l'hôtel, comme celui du supermarché, de la grande marque de voiture ou du fabricant de PC qui doit trouver la réponse et formuler les moyens pour sortir le client de ses frustrations. Pour faire en sorte que le rapport jouissance/frustration soit nettement supérieur à « 1 », il ne faut pas que le personnel attende les bras croisés d'appliquer ce qu'on lui proposera. Ce n'est pas le marketing, le DRH, l'agence de publicité, les consultants seulement qui doivent trouver la solution miracle, c'est avec ou sans eux que toute l'entreprise doit créer ! La première condition d'un tel principe trouve sa réponse dans le processus dit « d'intelligence collective ».

Comme le souligne Pierre Lévy, selon l'approche néodarwinienne, l'évolution biologique résulte de la compétition coopérative des gènes pour leur survie : « Tout se passe comme si les gènes « égoïstes » voulaient se perpétuer et comme s'ils utilisaient les organismes afin de se transmettre et de se multiplier » […] « Les gènes sont en fait engagés dans un vaste processus de coopération. Ils doivent entrer en relation les uns avec les autres pour régir collectivement la plupart des aspects de la vie d'un organisme… » ; et d'ajouter : « Si les gènes d'un même organisme s'opposaient, s'ils étaient mutuellement incompatibles, l'organisme en question ne serait tout simplement plus viable ».

Cette dernière phrase souligne ce qui arriverait à une entreprise placée dans l'économie psychique et dans laquelle les cellules attendraient que ça se passe ou s'opposeraient aux solutions salvatrices !

Pour qu'il y ait intelligence collective, il faut respecter certaines conditions. La première peut se définir ainsi : « On ne peut pas devenir créatif si l'on met son destin en péril chaque fois que l'on a une idée ». Il y a une règle du jeu et il faut la respecter.

On remarque par exemple que dans certaines grandes entreprises où l'on a pour diverses raisons sacrifié beaucoup de personnel cadre sur l'autel de la productivité ou du profit, la créativité a baissé dans des proportions inquiétantes. Ceci tient au fait que chacun est sur ses gardes et ne cherche pas à se mettre en avant.

La deuxième est que l'on doit s'interdire de répéter et de reproduire ce que font ou ont toujours fait les voisins. Certains adeptes du *benchmark* seront sans doute scandalisés par de tels propos. On peut observer ce que font les autres, certes, mais pas forcément copier. Il n'y a pas de pensée unique, ce qui ne veut pas dire qu'il n'y a ni organisation des schémas, ni règles.

La troisième, c'est que le pouvoir central ne doit pas fonder sa légitimité sur son droit à décider ou à utiliser la maîtrise que lui a conférée le capital. Il doit certes s'imposer, mais uniquement par sa capacité à accepter puis à organiser et implémenter la création des autres.

La quatrième, c'est que l'entreprise doit être un lieu de liberté.

« La compétition, c'est-à-dire la multiplication des formes, est la dimension de la liberté de l'intelligence collective ».

« L'acte de liberté n'est pas un choix entre des possibilités existantes à un moment donné dans une situation déterminée, mais plutôt l'élargissement du champ des associations et des coopérations possibles »[1].

Ainsi peut-on se poser la question de savoir pourquoi les grandes enseignes d'hypermarchés, qui sont toutes dans une situation existentielle critique, s'ingénient à ne parler que de prix de produits alimentaires, alors que la frustration majeure des clients vient de l'attente aux caisses et d'un assortiment de produits

---

1. Pierre Lévy, *World philosophy*, éditions Odile Jacob, 2000.

non alimentaires insuffisamment sophistiqué. La réponse est simple : l'intelligence collective est totalement absente dans ces entreprises à structure pyramidale. Pourtant la technologie moderne met à la disposition de ces magasins mille moyens pour réduire le temps de passage aux caisses des *homo cliens* !

Quand un nouveau problème se pose, personne ne sait à l'avance quelles sont les bonnes ou les mauvaises solutions ! La seule chose que l'on sache c'est qu'il y en a au moins une et qu'il faut que tout le monde la cherche pour qu'elle appartienne à tous et à chacun !

Enfin, et ce n'est pas la moindre des conditions, « la marque de l'intelligence est sa fécondité, non son pouvoir de gagner ».

L'intelligence collective ne défend pas le « c'est bien » contre le « c'est idiot » ou « impossible » « c'est une expansion de la conscience, une manifestation de la puissance créatrice de la vie ».

Qui pourrait être contre cette idée d'intelligence collective ? Personne ! La question au fond n'est pas d'être pour ou contre mais de définir comment !

Au travers de leurs travaux et surtout de leur livre *Fish*[1], Stephen C. Lundin, John Christensen et Harry Paul ont tenté d'apporter une solution simple à ce grave problème. Par nature, affirment-ils, l'entreprise est un lieu qui peut être créateur de frustrations, pour les dirigeants, les cadres, les employés ou les ouvriers. Ces frustrations empêchent la diffusion de l'intelligence collective ! Les tâches que l'on y accomplit, les relations aux autres, la pression qui est exercée sur chacun par les objectifs qu'il faut atteindre, la forme de structure, la qualité des responsables, les méthodes de travail, la routine des tâches, la publicité de l'entreprise, les produits que l'on vend, la vision de

---

1. Éditions Michel Lafon, 2001.

son propre futur dans l'entreprise, de son positionnement relié à ses propres problèmes familiaux, existentiels… déterminent une situation qui par le truchement de la perception de chacun crée des comportements, des pulsions et donc aussi des frustrations.

En règle générale ce qui complique la chose pour les managers, c'est que tout le monde n'a pas les mêmes frustrations et bien évidemment pas forcément au même moment !

Dans une économie psychique, l'entreprise aussi doit changer. Elle n'est plus seulement le lieu de création de richesses, elle se doit d'être avant tout le lieu de création de bonheur.

Au marché aux poissons de Pike Fish Market à Seattle, l'exemple quotidien du bonheur des poissonniers est contagieux. Ils ne travaillent pas, ils semblent s'amuser. Ils rient et font rire. La chaleur, le froid, les clients grincheux, les jours de mauvaise vente ou de tempête, rien n'y fait, ils transpirent le bonheur. Ils sont les meilleurs de ce marché couvert aux poissons. A quoi cela tient-il ? C'est que Johnny Yokoyama, le propriétaire de cette poissonnerie, a su trouver la solution. Il a mis au point un management très simple qui évite les frustrations de ses employés et de ses clients et place chacun dans une situation gratifiante !

Tout d'abord force est de constater, dit Johnny, que la frustration crée une « énergie toxique » dans l'entreprise. Le frustré n'est pas neutre dans un système. Son énergie toxique paralyse ses initiatives comme celles des autres. Trop de frustrés dans l'entreprise créent un véritable « marigot d'énergie toxique ». Tout peut devenir alors sujet à une surenchère dans le processus de frustration. C'est cette énergie toxique qu'il faut éliminer avant toute chose.

Si on ne choisit pas forcément son métier, renchérit Johnny, on peut toujours choisir comment l'exercer et sa façon d'être quotidienne avec les autres dans l'entreprise. Devenir un vrai combattant de la frustration de ses clients dans la file d'attente du grand hôtel peut être une façon d'être motivante pour la réceptionniste. Se transformer en Saint-Bernard pour ses clients et être reconnu comme tel par sa hiérarchie et par les clients peut permettre d'évacuer l'énergie toxique que le collègue non motivé déverse sur vous ! Permettre aux collaborateurs de choisir ce qu'ils veulent être dans l'entreprise, c'est aussi admettre qu'ils ne sont pas obligés d'avoir le rôle qu'on voudrait leur voir jouer. En d'autres termes, c'est laisser suffisamment de place à leur aptitude à être « assertif »[1]. C'est un comportement essentiel en communication. Nous avons un capital inégal d'assertivité à développer et optimiser.

Mais, insiste Yokoyama, tout cela doit se faire dans la joie. Il faut trouver les solutions créatives pour que les collaborateurs s'amusent en travaillant. Le bureau n'est ni la prison ni la mine. C'est là que l'on passe le plus clair de sa vie. Ça n'est pas pour rien que sur les écrans de veille de chaque ordinateur, on voit chez les secrétaires, les cadres, le CEO, des poissons qui dansent, des îles lointaines et merveilleuses, des photos de famille, des volcans, la lune, etc. Chacun cherche à avoir sa fenêtre sur la vie, chacun se donne un peu de bon temps dans sa journée tout en exerçant une forme de créativité. Eh bien il faut aller plus loin, organiser des jeux, une autre façon de s'accepter. Il y a mille occasions de faire la fête dans une entreprise, à condition de le vouloir ! Dans le combat contre les frustrations, il y a des

---

1. Si l'on entre dans une bibliothèque universitaire aux États-Unis, on trouvera des piles de livres sur l'assertivité. En Europe continentale, ce sera tout le contraire. On ne trouvera que quelques exemplaires traduits de l'anglais. Assertivité vient du verbe anglais « assert » qui veut dire « oser, affirmer » ses points de vue, ses droits. Pour faire simple, c'est : « Ne pas se sentir obligé de dire oui quand on pense non » !

médailles d'or, d'argent et de bronze à distribuer. L'entreprise doit d'abord être un terrain de jeux si l'on veut que chaque collaborateur devienne créatif et trouve sa solution pour combattre une frustration interne ou externe !

Enfin, conclut Johnny, tout ceci ne peut se réaliser que si chacun a la mission d'illuminer la journée de l'autre, la journée de la secrétaire comme celle du chef comptable ou du client ! Illuminer la journée de l'autre, c'est trouver le petit détail ou la grande idée qui va faire que la journée ne sera pas grise et ce, quelles que soient les tensions dans l'entreprise ou à l'extérieur de cette dernière. C'est aussi faire preuve de créativité pour gommer une frustration de l'Autre alors qu'il ne s'y attend pas. Mais illuminer la journée de l'autre, c'est déclencher chez ce dernier une chaîne d'effets positifs. La preuve est là, lorsqu'on illumine la journée de l'autre, physiologiquement des relais vont se mettre en marche et opérer une transformation dans la sécrétion de sérotonine, l'individu se sentira plus performant, moins fatigué, plus présent dans son travail. » Le garagiste peut illuminer votre journée lorsqu'il vous rend votre voiture propre, clinquante, après la révision. La secrétaire du garage ou le préposé au service entretien sont souvent des médias plus importants. Ceci veut dire, conclut Johnny, que chacun doit être « présent ». Il faut être tout à son travail, mais en plus il faut anticiper la frustration de l'autre. Il faut être vis-à-vis de ses collègues et de ses clients, comme l'athlète l'est vis-à-vis de sa course et du record qu'il faut battre. « Les mauvais élèves sont d'abord absents ; ils pensent à autre chose, ils n'aiment pas leur école, leur classe, leurs copains, la matière qui leur est enseignée, ils s'évadent ».

Ceci implique que le personnel de l'entreprise soit parfaitement informé de ce qui se passe sur le terrain et surtout des résultats de sa démarche.

Le Radclyffe Group basé à Fairfield (New Jersey) est un important cabinet d'ingénierie qui développe des solutions d'interaction clients innovantes pour les centres de contact. Il a interrogé 400 employés de centres de contacts appartenant à 16 sociétés différentes. Son rapport – intitulé *The True Face of Business : How Employee Satisfaction and Contact Center Culture Impact the Bottom Line*[1]★ établit que les employés cherchent à fournir un service de qualité mais manquent souvent d'informations leur permettant de savoir s'ils atteignent ou non leur objectif. Ainsi, 86 % des employés de centres de contact savent ce que l'on attend d'eux, mais seuls 46 % bénéficient d'informations actualisées indiquant dans quelle mesure les clients sont satisfaits des produits et services fournis. Plus ils sont informés, formés et impliqués, plus les employés sont en mesure d'offrir un service de qualité et d'accroître la satisfaction client. L'enquête démontre que le niveau de service fourni par les agents peut constituer un facteur vital de la réussite de l'entreprise. Elle révèle en effet que si le service client d'une société n'est pas satisfaisant, 59 % des clients cessent de faire affaire avec elle, 53 % conseillent à leurs amis et à leur famille de ne pas faire appel à elle, et 57 % choisissent les produits ou services d'une autre société (les personnes interrogées pouvaient sélectionner plusieurs réponses).

Par ailleurs, 45 % d'entre eux prendraient le temps de se plaindre auprès d'un représentant de la société et 16 % auprès d'une association de défense des consommateurs. L'étude montre également qu'un excellent niveau de service incite une écrasante majorité de clients – 82 % – à recommander la société à leurs amis et à leur famille. De plus, 78 % des consommateurs bénéficiant d'une expérience positive sont susceptibles de devenir

---

1. Le vrai visage des affaires : comment la satisfaction de l'employé et la culture du centre de contact influencent le résultat global.

des clients fidèles. Seuls 24 % des clients se sont déclarés très satisfaits du service fourni par téléphone. Une majorité d'entre eux – 52 % – ont répondu être plutôt satisfaits. 78 % ont déclaré que leur satisfaction serait accrue si les agents étaient capables de leur fournir plus d'informations et de services au lieu de les mettre en relation avec d'autres agents. L'enquête du Radclyffe Group a également mis en évidence que le temps consacré à la résolution d'un problème constituait un facteur très important de la satisfaction client. Selon les conclusions de l'étude, être mis plus rapidement en communication avec un CSR contribuerait à accroître la satisfaction des deux tiers de la clientèle.

« Les clients ont une conscience aiguë du temps passé à essayer de résoudre les problèmes », « Ils se souviennent de leurs expériences, et ne pas répondre à leurs attentes peut avoir un effet désastreux sur leur fidélité. La satisfaction client est également très importante pour les agents du service client qui tiennent à ce que leurs interlocuteurs soient satisfaits. Nous avons établi que la satisfaction client est directement corrélée à la satisfaction que les CSR retirent de leur travail, laquelle, lorsqu'elle est élevée, limite le turnover, ce qui en retour améliore la satisfaction client et vice versa. »

Il va sembler difficile, pour ne pas dire impossible, à bon nombre d'entreprises d'appliquer du jour au lendemain des solutions du type de celles proposées dans la *Fish philosophy* de Lundin, Christensen et Paul et/ou de mettre en place des structures, des conditions permettant de favoriser l'intelligence collective. Dans les entreprises industrielles, les grands magasins, les hypermarchés, les sociétés de services, les PME, PMI, le poids des traditions, celui des habitudes, la méfiance des uns vis-à-vis des autres, la croyance dans la pérennité de l'économie du « besoin » seront à l'évidence le plus grand frein.

Cela est d'autant plus vraisemblable qu'il va falloir faire entrer dans l'entreprise, à la place ou à côté des DRH, de nouveaux personnages les b*ehavior and psychologic's officers*. Ces derniers auront la responsabilité de l'animation des collaborateurs dans l'entreprise. Le propos peut paraître à tout le moins curieux mais aujourd'hui il n'y a pas un incendie de forêt, un accident sur la route, dans les chemins de fer sans qu'une cellule psychologique n'intervienne pour prendre en main les survivants, les familles dans la douleur voire les secouristes et les soldats du feu. Ces B&PO auront comme matière première les comportements de chacun. Ce ne seront ni des *Big Brothers* ni des « commissaires politiques » au service des actionnaires par le truchement du CEO ! Ce seront des spécialistes des comportements. Leur mission sera de proposer l'organisation permettant à chaque collaborateur à tous les niveaux de la hiérarchie d'avoir les bonnes réactions, de se sentir heureux dans l'entreprise. Ils seront là pour favoriser et encourager chacun à prendre le risque de la créativité. Ils seront aussi des « explorateurs » impartiaux des frustrations des clients. Ils rapporteront aux collaborateurs de l'entreprise des vidéos de leurs clients pour qu'ils puissent comprendre et participer à la recherche de vraies solutions. Bien évidemment, on peut se poser la question de savoir si ces B&PO seront des cadres fonctionnels ou des consultants d'un nouveau genre ?

En Espagne, une enseigne de supermarché a lancé avec succès une stratégie de mystique client. L'entreprise a tout d'abord décidé de ne plus communiquer par des dépliants dans les boîtes aux lettres, partant du principe que c'était là un acte frustrant pour les clients mais aussi et surtout pour les collaborateurs ! Recevoir un dépliant toutes les semaines, cela fonctionne toujours mais cela encombre aussi les boîtes aux lettres. Mais le plus terrible, c'est que ces dépliants ont un rendement très faible.

Chaque semaine, les chefs de rayons, les chefs de secteurs doivent se creuser la tête pour trouver des idées différentes de la semaine passée et surtout des autres enseignes concurrentes.

On croit avoir trouvé la bonne idée, mais finalement on constate que tout le monde fait pareil. Parfois, le même produit se retrouve dans le dépliant concurrent avec de meilleurs prix. C'est la catastrophe, le clash assuré ! C'est alors l'éternelle série de discussions frustrantes entre les chefs de secteurs qui accusent les services achat de ne pas avoir obtenu les bons prix, les services achat qui se retournent contre les fournisseurs et tout le monde qui montre du doigt le service publicité et marketing. Tout ceci prend une allure encore plus dramatique quand on sait que dans la distribution on connaît les ventes heure par heure, que l'on compare les chiffres d'hier à ceux d'aujourd'hui, ceux de l'année passée à la même date à la même heure ! La pression ressentie par chacun est extrême, elle interdit la bonne créativité et crée un climat où les gens sont rarement heureux !

L'économie en terme de dépliants réalisée par l'entreprise lui a permis d'investir dans une équipe de B&PO. Ils sont 80 dans toute l'Espagne à travailler d'une façon tout à fait révolutionnaire !

Tous les clients des points de vente reçoivent gratuitement une carte de type fidélité. Cette carte a surtout une mission de traçabilité des clients. On sait où habitent ces clients, qui ils sont, combien il y a de personnes au foyer, combien ils devraient consommer, etc. On anime la carte de telle sorte que les clients ne l'oublient pas et laissent donc une trace à chacun de leurs passages. Chaque chef de secteur ou chef de rayon peut donc avec l'aide d'un coordinateur observer que tel pourcentage de clients n'achète plus, ou moins de viande, de fruits et légumes, de volailles, de vin et définir si ces clients sont de même typologie (âge, CSP, habitat…). Bien évidemment, on peut accéder grâce à ces informations à la personne, à la famille, à la consommation de cette dernière. Forts de ces informations, 80 psychologues visitent ces clients qui posent problème après avoir eu avec eux un entretien téléphonique prolongé. Leur mission, c'est de comprendre où sont les frustrations de ces clients, ce qui fait qu'ils n'achètent plus ou pas certains produits dans ce magasin. Les visites se font quand la famille est là. On en profite l'après-midi pour faire des réunions avec les voisines. On ne cherche pas à vendre mais bien à comprendre les frustrations. L'information est ensuite travaillée avec les chefs de rayons et les chefs de groupe. On met en place des solutions trouvées en groupe et on le fait savoir aux clients par une lettre circulaire ou par un e-mail. L'enseigne fait de moins en moins de promotions mais adopte la classique stratégie du EDLP (*every day low price*[1]). Les résultats sont excellents et les clients semblent satisfaits.

Le devenir des marques dans l'économie psychique

On peut s'attendre à ce que les notions d'économie psychique et de mystique client bouleversent la façon d'interpréter les concepts mis en place par Kittrick en 1957 et par la même, les moyens de réaliser des profits dans l'entreprise ! Les schémas sur lesquels sont basés l'économie de marché et le marketing se doivent d'être obligatoirement revus puisque le besoin n'est plus au centre du dispositif !

L'un des éléments les plus essentiels du système marketing de Kittrick est sans conteste possible, celui du principe de la « marque ». Il est aujourd'hui admis par tous que la marque est là pour défendre le produit, donc l'entreprise, contre l'agression sous toutes ses formes (publicité, promotion, prix) de ses

_____

1. Prix bas au quotidien.

concurrents. Elle est aussi là pour créer la fidélité de la clientèle à l'entreprise et assurer sa pérennité grâce à son image, à sa personnalité. Enfin, elle est le symbole du capitalisme moderne. En échange de la fidélité de ses clients, l'entreprise, au travers d'une sorte de contrat de confiance, se doit d'apporter, de façon permanente, une garantie de qualité, d'image, de novation. La marque, c'est aussi le moyen de financer l'information ; sans marque, pas de publicité, pas de médias rentables, pas de société d'attention et donc moins de ventes. Mais la marque, c'est aussi et surtout le marquage d'une empreinte forte, indélébile du cerveau de *l'homo-consomatio*, par la firme. Le mot anglais « *brand* » ne vient-il pas du mot français « brandon » qui signifie le fer avec lequel les vachers marquaient le bétail ! L'image de la marque, sa notoriété sont, encore aujourd'hui, les valeurs auxquelles l'entreprise fait le plus souvent référence pour exprimer sa puissance !

La réalité de l'importance de la marque dans l'économie est telle aujourd'hui, qu'elle entraîne naturellement partout dans le monde, par réaction, des mouvements contestataires anti-marques. La revue *Casseurs de pub*, le mouvement RAP (Résistance à l'agression publicitaire), *La Décroissance - le journal de la joie de vivre*, le best seller *No logo*[1] de la journaliste canadienne Naomi Klein estiment que la marque aliène le libre arbitre des consommateurs par ce marquage volontaire des cerveaux. À l'opposé, des mouvements de défense comme l'ILEC (Institut de liaisons et d'études des industries de consommation), Promomarque, ainsi que les grandes agences de publicité affirment que la marque est le seul moteur efficace de la liberté de choix des clients.

---

1. Éditions Actes Sud.

Malheureusement pour les « anti-marque » comme pour les « pro-marque », aujourd'hui ce concept, dans la nouvelle économie qui se prépare, ne semble plus ni enfermer le consommateur dans des choix prédéterminés, ni garantir parfaitement la bonne marche des entreprises, comme c'était le cas il y a encore quinze ou vingt ans. De partout en effet, sont venus solliciter les regards et les faveurs des consommateurs, qui des marques de distributeurs, qui des contremarques, qui des produits génériques et ce dans tous les segments de marché, dans tous les secteurs d'activité. Il est important de rappeler qu'il ne s'est pas agi d'une demande explicite des consommateurs, mais bien plus d'une volonté des grandes enseignes de distribution d'attirer le client en démontrant leurs performances et leurs différences en matière de prix.

En d'autres termes, on n'a pas répondu à un besoin, on en a créé un de toutes pièces.

Ces « sous-marques » ou encore « fausses marques » ou « copies » ou « clones » selon la définition donnée par les fabricants, sont toujours effectivement, de prime abord, vraiment moins chers. Le différentiel prix peut aller jusqu'à faire apparaître une économie de 25 %, parfois plus ! Bien que vraiment moins chères, ces contremarques se réclament par contre, d'après leurs producteurs, d'une qualité comparable voire supérieure à celle des « grandes marques » ou « marques nationales » !

Quoi qu'il en soit, les faits sont là, beaucoup de « grandes marques » sont aujourd'hui dans des situations concurrentielles préoccupantes. Comme il leur est difficile de communiquer leurs différences du fait que ces dernières se sont estompées avec le temps, ou qu'elles n'intéressent plus vraiment le public, comme il leur est enfin quasiment impossible d'éviter d'être copiées et que *l'homo cliens* adopte de nouveaux comportements

189

d'achat, elles résistent de moins en moins bien à l'agression « prix » des « fausses » marques. Elles se voient d'ailleurs souvent abandonnées petit à petit par leurs meilleurs clients.

Ceci s'explique d'autant mieux, que dans cette économie psychique, l'individu qui veut tout, tout de suite, s'interdit d'avoir un quelconque frein à ses désirs. Dans ces conditions, on comprend qu'il se sente poussé à acheter du prix pour avoir la possibilité d'accéder à tous ses désirs, d'économiser là pour acheter plus ailleurs, etc.

En réponse à cette situation, on note que les industriels ont de plus en plus souvent recours aux actions de promotion, partout où l'on peut donner quelque chose de « plus » pour que le client ne vous abandonne pas pour le prix bas. Ce faisant, certains industriels mettent alors souvent moins de moyens pour défendre les valeurs de leur marque, dans la publicité que pour les faire acheter en magasin par le biais de la promotion. Ils donnent par là raison à ceux qui proposent l'option prix pour faire consommer.

Quel est alors le devenir du concept marque dans cette économie « psychique » ? Quelles modifications doit-on apporter au concept de marque dans un principe de mystique client pour privilégier la renommée plutôt que le prix ?

Pour répondre à cette question, il faut tout d'abord faire la différence entre les marques distributeurs de produits alimentaires ou non alimentaires, vendus en libre service et les produits vendus en magasin, comme le textile, les produits pour le sport où l'assistance d'un vendeur est quasiment obligatoire. On comprend bien que *l'homo cliens* aura des comportements très différents selon qu'il sera dans une situation de parfaite liberté de choix ou qu'il devra se confronter à un vendeur pour s'informer, être conseillé, etc.

En libre service, *l'homo cliens* est seul devant le choix qu'il doit faire entre les marques et le prix. C'est lui et lui seul qui peut prendre la décision. Personne ne peut se mettre à sa place pour l'aider à effectuer les comparaisons, les calculs infiniment longs et compliqués pour définir où est son intérêt, où sont ses risques et la probabilité de ses satisfactions au moment de la possession ou de la consommation. La publicité média des marques, la qualité des packagings, les promotions, la publicité magasin, la position dans le linéaire sont les seuls éléments qui peuvent créer une situation influençant son choix entre d'une part, le prix et d'autre part, la grande marque !

Dans les magasins où les produits ne sont pas en libre service, la situation est totalement différente. Là, le client n'est plus vraiment seul. Il n'est plus libre au sens où il l'est lorsqu'il se trouve face à lui-même devant un linéaire. Il n'est plus centré sur lui-même. Il ne se parle plus à lui-même et ne s'enferme pas dans ses pensées profondes pour faire son choix. Il n'est plus l'unique occupant dans sa « bulle de réflexion ». Il doit se situer face à la personnalité du vendeur et par là même affronter une situation qui n'est jamais neutre. En fait, il a besoin du vendeur pour faire son choix. Le vendeur, de son côté, souvent bien formé à convaincre, va pousser le « clone », si c'est son intérêt ou l'objectif qui lui a été assigné par sa direction. Il va argumenter et par là, tenter d'exacerber l'avantage prix sur l'avantage grande marque. Il garantira la qualité de la « marque de distributeur », aussi bien, voire mieux et avec plus d'impact que ne le fait la publicité média pour la grande marque. Il démontrera pendant le temps que lui accordera le client les avantages du prix et de la qualité du clone. La publicité image de la grande marque sera alors directement et fortement concurrencée par le temps passé par le vendeur dans le cadre de son argumentation.

Même si le client tient à sa marque, il lui faudra parfois lutter fermement pour pouvoir l'acheter…

Dans le cas de la concurrence des grandes marques et des clones en libre service, il faut admettre que la situation actuelle est avant tout le fruit d'une évolution qui s'est faite pendant plus de 20 ans. Il est à noter par exemple, qu'historiquement les fabricants de grande marque ne se sont pas émus de voir que les distributeurs, dès les années 1985, avaient bien compris qu'il ne fallait plus frustrer les *homo cliens* en ne leur proposant que des produits « *éco* » austères et tristes.

Les produits « libres », les produits Blancs comme les produits Orange des années 1975 n'avaient finalement pas eu le succès tant espéré par leurs « inventeurs ». En fait, ces produits étaient à l'époque porteurs d'un message politique qui n'intéressait que quelques intellectuels. Sous l'impulsion des démocrates américains et du président John Kennedy, les produits « anti-marketing » faisaient leur apparition dans les rayons de supermarchés américains. Ils se reconnaissaient à leur packaging blanc sans aucune sollicitation publicitaire et à leurs prix bas !

En France, à cette époque, le marketing arrive tout juste. Qu'y a-t-il alors de plus frustrant pour une mère de famille faisant ses courses en grande surface que de devoir rapporter, chez elle, à ses enfants du chocolat, des boissons aux fruits, de la confiture, des biscottes moins chères, sans doute de bonne qualité, mais dans un conditionnement pour « pauvres ». La réponse est simple : rien ! Faire cela, c'était à l'évidence montrer à sa famille qu'on n'avait pas les moyens de vivre comme les autres, dans cette nouvelle société marketing qui s'ouvrait à tous. C'était aussi dans le point de vente, ressentir la frustration d'avoir à choisir entre la marque, son image, son packaging superbe, son prix élevé et les produits « *éco* », avec leurs prix bas, leurs tristes présentations. Le discours « anti–marketing » avant l'heure des Américains n'intéresse pas à cette époque la ménagère avide de publicité, de marketing et de couleur !

Ce détail n'échappe pas à l'époque aux responsables marketing des marques de distributeurs des grandes enseignes. Rapidement, ils remplacent ces produits dans les linéaires par d'autres, plus beaux, plus conviviaux, souvent des copies de grandes marques. Ils vont créer ainsi une nouvelle situation d'achat. Il est certain que cette stratégie qui consistait à redorer le blason des « copies de marque », des « clones », par le truchement de beaux packagings répondait parfaitement à la frustration occasionnée par les produits « libres » et leurs messages « zéro marketing ». Bien que cette façon de faire ait été fortement dénoncée par les industriels qui avaient bien compris que les consommateurs risquaient de ne plus distinguer la fausse marque de la vraie, (certains allant jusqu'à intenter des procès aux enseignes qui copiaient leurs emballages) avec le temps, les choses se sont arrangées. Les distributeurs ont rapidement appris à faire leurs propres packagings et à ne garder dans ces derniers que les codes couleurs des grandes marques soi-disant pour ne pas déstabiliser les clients au moment de leur choix, mais en fait pour mieux les tenter !

Aujourd'hui les *homo cliens* sont habitués à ces « marques de distributeurs ». Dans certaines catégories de produits, ce sont elles qui sont maintenant les leaders.

La marque distributeur, la contremarque, le « premier prix », par leur présence permanente à côté des grandes marques, ont créé de nouveaux comportements d'achat. Dans bien des cas, le client n'hésite même plus au moment du choix entre les grandes marques et les solutions du « moins cher » proposées au rayon. Ce sont ces nouveaux comportements qui font que pour certaines « marques nationales », l'impasse dans laquelle elles se trouvent aujourd'hui est tout simplement critique voire irréversible. La défense des grandes marques confrontées à des clones moins chers reste donc le thème crucial pour les économies de la zone *luxury* définissant les pays riches où va d'abord s'exprimer l'économie psychique. Face à cette réalité, la question se pose de savoir combien de temps encore les grandes marques, qui aujourd'hui résistent au prix bas, pourront éviter de délocaliser leurs productions pour rester compétitives. Pour l'instant, la chose est rendue difficile. On observe en effet, publicité après publicité, que communiquer sur le mode classique de la tentation, de la création de valeur, du bénéfice de la marque ne permet pas dans certaines catégories de produits de récupérer des clients passés aux « contremarques » et d'arrêter l'hémorragie des ventes.

La part de rêve n'est plus un levier suffisant pour combattre le « bénéfice prix ». Les positionnements classiques ne définissent plus des territoires suffisamment concrets, différents, crédibles pour intéresser ceux qui se sont tournés vers les prix bas. On trouve là sans doute les raisons qui font que de très grandes marques se sentent finalement obligées de fabriquer sans retenue, des clones de leur propre marque pour contenter la distribution !

Pour avoir une vision objective de ces nouveaux comportements d'achat des *homo cliens*, des recherches sérieuses ont été menées, année après année, pour comparer l'évolution de la force des « grandes marques » par rapport à l'attrait des « fausses marques » (clones), dans le cas de la vente en libre service.

Dans différents linéaires où les grandes marques et les « sous-marques » se côtoient, on a fait varier les prix des produits proposés aux clients pendant plusieurs mois. Les yogourts de marque, par exemple, ont été présentés à leur prix habituel, alors que les « clones » ont été proposés successivement 10 %, puis 20 % et enfin 30 % moins cher.

La recherche effectuée dans différents points de vente et dans les pays où la marque distributeur existe montre que les clients ne réagissent pas tous de la même façon à l'attrait du prix.

Dans le domaine des yaourts de grande marque, pour reprendre cet exemple, malgré que la marque distributeur ou le clone sont proposés 30 % moins cher, il reste encore plus de 40 % des clients qui préfèrent payer plus cher mais être sûr de profiter des avantages de leur marque. Si la marque perd 60 % de ses clients face au prix, force est de constater qu'elle en garde contre vents et marées une forte proportion et ce, quel que soit le prix de la concurrence.

Ceci est encore plus vrai pour les poudres à laver ! Là, 85 % des clients restent fidèles à la grande marque, quel que soit le rabais que leur propose la « sous-marque ». Par contre, dans le domaine des conserves de légumes ou des surgelés, ils ne sont plus que 20 % à rester fidèles à leurs marques.

La question que l'on est en droit de se poser face à ces résultats est de savoir pourquoi malgré des prix très bas, des packagings à l'identique, certains clients restent fidèles à leur marque qui se trouve être 20 % ou 30 % plus chère que les marques distributeurs. De la même façon, pourquoi ces mêmes clients, cependant sensibilisés à la grande marque, changent-ils de comportement et achètent-ils dans d'autres catégories de produits des « clones » moins chers ? Pourquoi, enfin, ces consommateurs qui sont prêts à payer le prix de la marque pour les huiles d'olive, le Coca Cola, les pâtes à tartiner, les produits pour chat ou chien, ne sont-ils plus d'accord lorsqu'il s'agit de faire le plein de leur véhicule ou d'acheter du papier, de l'eau de source, des légumes surgelés, etc. ?

On ne peut pas nier que les prix bas, sous quelque forme qu'ils se présentent, sont tentants pour un *homo consomatio* comme pour un *homo cliens* ! Ils permettent de jouir de tout, sans retenue, sans contrainte. Ils permettent aussi dans certaines catégories de produits d'accéder à la consommation, de faire des économies pour acheter plus et d'avoir le plaisir de ne pas payer le prix fort, etc. La tentation du prix existe donc pour tous et à propos de tous les produits, qu'ils soient de type *commodities* ou *shopping goods*. Puisqu'en plus aucun effort particulier n'est demandé à l'individu pour qu'il puisse s'approprier les prix les plus bas, son anonymat étant parfaitement gardé, grâce au libre service, il n'est finalement pas anormal dans ces conditions, que ce prix bas soit le grand concurrent de la grande marque ! Il est clair que de découvrir au linéaire, un prix très bas, une grande différence de prix entre la marque et le clone crée chez l'individu une « pulsion ». Selon le niveau de prix de l'objet désiré ou recherché, selon sa rareté, l'intensité de l'envie qu'on en a et le montant du « discount » proposé, les pulsions prendront des intensités différentes ! Elles seront parfois irrésistibles.

Pour autant, on observe que fréquemment *l'homo cliens*, au moment du choix entre la marque et le clone moins cher, se pose la question de préciser sa prise de risque… Les clients, encore aujourd'hui, veulent savoir si le prix bas ne cacherait pas par hasard un risque, un danger. Le risque apparaît lié à la fois au type de produit et à la perception de chaque consommateur. Pour certains produits comme les mouchoirs en papier, l'essence, le gasoil, le risque perçu par la majorité des individus est faible, voire inexistant. On imagine en effet mal ou pas du tout que ces produits puissent être de mauvaise qualité. Pour le café que l'on prend le matin, le risque apparaît minime à la grande majorité des consommateurs. Ceci est beaucoup moins vrai pour le café que l'on prend après le repas et encore moins pour les cafés qui permettent le soir de trouver le sommeil ! Pour les poudres à laver, le risque est considéré par presque tous comme maximum. On tremble à l'idée que le détergent puisse mal laver ou pire encore abîmer le linge, la petite robe, etc. Chaque produit est donc naturellement porteur d'une part de risque. Ceci tient à son usage, à ce que l'on en attend, à sa composition, à son histoire, aux différentes expériences passées que l'on a pu faire en changeant de marque ou en essayant les prix bas, enfin au degré d'informations et de connaissances que l'on possède.

On remarque aussi que selon les individus, ce risque inhérent à chaque produit peut être perçu et imaginé avec plus ou moins d'intensité. Ceci serait lié à l'appartenance de l'individu, à une sorte de typologie de perception du risque.

Ainsi pour certains, le risque d'acheter un produit qui pourrait s'avérer être à l'usage moins solide, moins performant, sans vrai service après-vente peut être une bonne raison de ne pas se laisser tenter par le prix. Pour d'autres, au contraire, ces mêmes peurs ne pèseront pas lourd devant l'avantage prix ! Cette perception si différenciée est particulièrement vraie dans les cas du petit électroménager, de la hifi ou de la télévision. Pour certains, le risque d'achat des contremarques, dans ces familles de produit, est total ; pour d'autres, il est seulement présent. Dans les produits alimentaires manufacturés, le risque d'un goût moins savoureux, d'un moelleux différent peut fidéliser certains à la marque, alors que pour d'autres ces peurs, si elles existent, ne seront considérées que comme des arguments qui ne méritent pas que l'on se prive d'un prix vraiment bas. Bien évidemment, le risque que le produit soit franchement mauvais ou dangereux pour la santé existe toujours, mais dans une société où tout est contrôlé, mesuré, rares sont les individus qui finalement imaginent le pire !

Si chaque produit est porteur d'un coefficient de risque que l'on pourrait qualifier de « structurel », c'est-à-dire lié à son état ou à son usage, si chaque individu a une certaine perception de ce risque, on remarque depuis peu qu'un nouveau facteur est pris en compte par certains clients dans le choix entre la marque et le prix. Il s'agit de la « frustration imaginaire *a priori* ». Tout se passe comme si l'individu au moment de l'achat imaginait et projetait le regret, la frustration qu'il pourrait ressentir lors de la consommation au cas où il aurait décidé de privilégier le prix et non la grande marque. C'est le sentiment qu'aura par exemple la ménagère lorsqu'au moment d'être séduite par le prix, elle s'imaginera que son mari, ses enfants seront frustrés de ne pas retrouver leurs marques et par-là même les repères tels que le goût, la couleur, la part de rêve liés à la marque qu'ils préfèrent.

C'est aussi la consommatrice qui voyant au linéaire à côté de sa marque habituelle un produit « clone » pour son chien préférera peut-être payer le prix fort de la grande marque pour ne pas ressentir l'éventuelle frustration de voir son fidèle animal de compagnie refuser de manger cette « sous-marque ».

C'est encore la consommatrice confrontée au choix entre une crème à raser de marque et une marque distributeur moins chère, qui fera son choix en interprétant la frustration qu'elle éprouverait si son époux ou compagnon se sentait déçu de ne pas avoir la marque qu'il utilise habituellement.

La « frustration imaginaire *a priori* » est un sentiment nouveau, étroitement lié à l'économie psychique, dépendant à la fois de l'image de la marque, de la relation de l'individu à cette dernière, de la nostalgie qu'il en a, de son expérience d'acheteur et

© Éditions d'Organisation

de son degré de culpabilité, face à une société de jouissance immédiate qui le désarme ! Le sentiment de « frustration imaginaire *a priori* » provient également du fait qu'aujourd'hui, l'idée que l'on puisse regretter quelque chose, constitue une contrainte insupportable. C'est cette « frustration imaginaire *a priori* » qui devient l'un des meilleurs soutiens de la grande marque si l'on sait l'exploiter. Cette anxiété, cette pré-frustration, sont, semble-t-il, en parfaite concordance avec le *buzz family marketing*[1] *(marketing de la « contagion » fondé sur la rumeur, le bouche à oreille et la famille) décrit entre autre par Richard Laermer*[2]. L'auteur rappelle que la ménagère n'achète pas seulement pour elle lorsqu'elle va en magasin. Elle est l'« acheteur délégué » des différents membres de la « tribu ». En ce sens, elle a la responsabilité d'acheter ce qui convient mais aussi ce qui ne frustrera pas celui qui lui a passé commande, en d'autres termes, le destinataire final de l'achat.

Les observations faites à propos de ce concept du *buzz family marketing* montrent qu'après les courses, lorsque les produits arrivent dans la maison et que chaque destinataire reçoit sa commande, il n'est pas rare qu'il y ait des discussions familiales sur le pourquoi des marques choisies ou non choisies, sur la valeur des achats, etc.

L'*homo cliens* « délégué » aux achats d'une famille, d'un groupe d'amis, de collègues, ressent selon les marques, soit une « frustration imaginaire *a priori* » directe pour les achats qui le concernent, soit une frustration indirecte pour les achats qui ne concernent que les membres de son entourage.

---

1. Emmanuel Rozen définit cette notion dans son ouvrage *The Anatomy of Buzz,* éditions Doubleday Currency.
2. Richard Laermer, *Full Frontal PR: Building Buzz About Your Business, Your Product, or You,* éditions W. W. Norton & Co.

En conclusion, on peut avancer que ceux qui choisissent la grande marque ou la marque en refusant le prix bas sont ceux qui prennent à la fois en compte la perception traditionnelle du coefficient de risque véhiculé par le produit, alliée à la perception qu'ils peuvent en avoir et la « frustration imaginaire *a priori* » qu'ils ont à propos de la marque.

Pour défendre leurs marques, les industriels ont donc plusieurs possibilités en terme de stratégie de communication. Ils peuvent par exemple exacerber par une publicité anxiogène les risques structurels inhérents à leurs produits. Les pâtes dentifrices inventent des « peurs » que seule la marque peut résoudre, comme les problèmes posés par la plaque dentaire, les gencives qui saignent, etc. Dans les poudres à laver, ce seront les anxiétés liées au calcaire, à la redéposition de la saleté, à la couleur qui se ternit, lavage après lavage, qui fidéliseront à la marque, qui après avoir soulevé le problème sera la seule à pouvoir le résoudre.

Les marques peuvent aussi exacerber cette « frustration imaginaire *a priori* ». Seules quelques firmes comme Darty utilisent déjà ce procédé dans leurs spots TV. Pour faire comprendre qu'il peut y avoir une frustration imaginaire *a priori* à ne pas acheter chez elle, l'enseigne met en scène un personnage qui tombe en panne avec son camescope numérique un dimanche. Faute de ne pas pouvoir jouir avec sa femme ou ses amis de la petite fête, il se voit reprocher par son entourage de ne pas avoir acheté dans le magasin où justement on est ouvert même le dimanche, à savoir Darty !

Ces actions vont se multiplier. Elles ont l'inconvénient de s'appuyer sur une créativité nouvelle. Cette dernière devra être trouvée par les publicitaires mais surtout acceptée par les annonceurs ! Ce ne sera pas le moindre des problèmes.

Quand il s'agit de comparer les performances de la grande marque confrontée à des « clones » dans le cas des achats où il y a la quasi-obligation de passer par un vendeur, les choses sont plus difficiles à cerner. Si les risques liés au produit et les frustrations imaginaires *a priori* existent toujours, dans le cas des ventes en magasin, il faut prendre en compte l'interférence de l'effet vendeur.

Dans une pharmacie, les patients hypertendus par exemple hésitent à abandonner la marque qu'ils utilisent depuis des années pour des produits génériques. Ils affirment qu'ils ne se sentent pas aussi bien avec ces produits sans marque qu'avec leur grande marque. Toutes les recherches convergent pourtant pour expliquer qu'il s'agit là d'un effet placebo. La substance active est la même, seul l'excipient de ces médicaments est par nature différent, ce qui ne change en rien le produit. Pour autant, des changements de goût, de couleur dont les effets objectifs sont nuls peuvent avoir des effets subjectifs qui sont, il faut le reconnaître, effectifs ! Par exemple, la pression sanguine du patient, son taux de cholestérol ou la qualité de son sommeil peuvent être sérieusement troublés par cette « frustration imaginaire a priori » qu'il ressent. C'est le pharmacien qui va devoir convaincre le patient que le générique est exactement de même nature et aussi bon que le médicament princeps. Autorisé et forcé par le gouvernement à substituer à la marque prescrite par le médecin un générique, il va s'employer à vendre ce dernier au maximum de patients. Il devra en même temps être très attentif à la frustration qu'il risque de créer chez ses clients.

Le vendeur de pneus des enseignes Speedy ou Midas par exemple va probablement tout faire pour que le client qui vient changer ses pneus comprenne que la grande marque qu'il demande, c'est bien, mais pas pour un conducteur comme lui, qui roule peu, dont la voiture n'a fait que 80 000 kilomètres en cinq ans, qui ne fait que rarement ou jamais de très longs trajets, qui n'habite pas en montagne où les routes sont difficiles pour les pneumatiques, etc.

Il expliquera qu'acheter la grande marque qui coûte 20 % de plus c'est, par les temps qui courent, une hérésie ! Il va démontrer que l'achat du clone est sans risque, qu'il n'y a donc pas à avoir peur d'un quelconque danger ou d'une frustration *a posteriori*. Si le vendeur est excellent, il ira jusqu'à inverser la figure et à frustrer celui qui voulait payer plus cher pour avoir une marque !

Dans le cas de ces magasins où le rôle du vendeur est primordial pour les « contremarques », les clients qui malgré cela, restent fidèles à la grande marque sont, comme dans le cas des ventes en libre service, des *homo cliens*, hyper-conscients de la frustration et du risque qu'ils prendraient en écoutant le vendeur. L'*homo cliens* qui après tous les arguments du vendeur et l'économie certaine qu'il ferait en choisissant la marque distributeur, achète quatre pneus de grande marque doit avoir l'intime conviction qu'il préfère payer plus cher pour assurer sa tranquillité morale. La tranquillité morale au moment de la consommation deviendrait alors dans cette économie psychique le vrai bouclier des marques contre les « marques de distributeurs » !

Si le coefficient de risque du produit est fort et la « frustration imaginaire *a priori* » très nette, comme c'est par exemple le cas dans les marques de pneus pluie, le vendeur ne prendra même pas la peine de tenter une présentation de la marque distributeur. Il sait très bien qu'il n'a aucune chance de faire changer le point de vue du client. Les marques fortes ne craignent donc pas les efforts des vendeurs en faveur de la marque de distributeur. Il convient simplement qu'elles n'oublient pas de leur rappeler les peurs et frustrations probables de leurs clients.

Cette tranquillité morale « pré-achat », apportée par la marque, particulièrement effective dans les produits mode, est l'argument essentiel de défense de la marque contre le prix. Les responsables marketing doivent comprendre que leur stratégie de marque ne doit pas, comme c'est le cas actuellement, évoquer seulement les plus de la marque, mais bien souligner les peurs, les anxiétés, les « frustrations imaginaires *a priori* » des marques. La communication de grande marque doit être de fait un acte de mise en garde et de rappel visant à protéger le consommateur contre ses propres tentations prix. La communication de marque devient, entre autres, l'ange gardien du consommateur contre ses propres tentations et ses possibles déceptions.

Le nouveau positionnement des marques

Parmi les concepts opérationnels du marketing, le « positionnement » des marques et des entreprises est l'un des principes incontournables qui confère à ces dernières leur force, leur différence et leur statut.

Selon Jack Trout et Steve Rivkin[1], tout se passe dans le cerveau des consommateurs. C'est là que la marque trouve son vrai terrain de combat, l'espace de ses intentions généreuses pour le consommateur. C'est là qu'elle imprime à jamais son nom, sa volonté et son utilité. Mais le positionnement, c'est aussi le parti pris de la marque, sa mission. Il s'exprime par des phrases, des verbes, des mots qui proclament les intentions universelles et éternelles de la marque.

Pour Nestlé c'est : « Ensemble, mieux manger, mieux vivre » ; Pour Danone c'est « Partout dans le monde faire grandir, mieux vivre et s'épanouir les hommes en leur apportant chaque jour

---

1. *Les nouvelles lois du positionnement*, éditions Village Mondial, 2004.

une alimentation meilleure, des goûts plus variés, des plaisirs plus sains ». La firme Nike affirme « *Just do it* », General Electric assure « *Imagination at work* », Avis « *We try harder* », Carrefour continue à dire « Avec Carrefour je positive ». Ainsi, chaque marque s'inscrit dans une volonté d'occuper un territoire dans le cerveau des consommateurs. Ce positionnement devient à son tour source de « fierté » d'appartenance tout d'abord pour les collaborateurs voire pour les distributeurs et plus généralement tous ceux qui de près ou de loin sont reliés à la marque. Dans le cas des ventes en magasin, la fierté que ressent le vendeur à promouvoir une marque bien positionnée est l'un des moyens les plus certains d'éviter une dérive vers les clones !

Dans le marché des colas, ce sont surtout Coca-Cola (« *Coke is it* ») et Pepsi Cola (« *New generation* ») qui dominent le marché. Dans les années 90, le n° 2 de Coca-Cola affichait sa volonté en ces termes : « Faire en sorte que chaque habitant de la planète boive du Coca-Cola ».

Ces marques sont fortes, planétaires, au sens où leurs valeurs, leurs territoires, leurs différences et leurs moyens de communication leur assurent une véritable reconnaissance et une hégémonie mondiale. Ces deux grandes marques ne redoutent pas les « clones ». Si dans tous les pays il existe bien des contremarques, finalement elles ne sont pas vraiment dangereuses pour les deux leaders. Le Virgin Cola de l'Anglais Richard Branson comme le Sam's Cola de Wal-Mart ont bien à une époque grappillé quelques parts de marché mais l'attaque de ces marques a été rapidement contenue par les deux grands. À épisodes réguliers, on voit qui un Canadien, qui un Américain, qui un distributeur, tenter de s'approprier un peu de cette formidable manne que représente le marché des colas, mais ces tentatives n'inquiètent pas les leaders.

Les choses sont peut-être sur le point de changer à cause de cette nouvelle économie psychique !

En France, à côté des colas de distributeurs, des contremarques et des deux grandes marques, on commence à rencontrer dans les linéaires, des Breizh Cola, des Chti'Cola ou des Corsica Cola.

Ces colas ne sont pas considérés par leur public comme des contremarques, mais bien comme des colas régionaux, positionnés comme « acte de résistance » à la mondialisation et à la toute-puissance des multinationales. Le combat ne se situe donc pas au linéaire des grandes surfaces, au facing des linéaires. Il se situe dans la rue, les journaux, les cérémonies et plus généralement partout où des communautés peuvent se rencontrer et partager leurs émotions. On pouvait lire ainsi dans le journal *Nouvel Ouest* n° 95 de juin 2003 : « S'il est lilliputien au regard de ses concurrents, le marché tenu par le cola breton progresse : Breizh Cola vient de détrôner Pepsi du Festival interceltique de Lorient (6000 000 personnes en fête sur 10 jours, en août) et Coca du festival Art'rock de Saint-Brieuc (40 000 festivaliers). »

Plus intéressant encore, l'exemple de Mecca-Cola ! Lancé durant le dernier ramadan par Tawfik Mathlouthi et inspiré du Zam Zam Cola iranien, Mecca-Cola se targue d'un nouveau concept : « l'économie au service de l'idéologie », et se lance dans le financement de causes caritatives musulmanes.

Mecca Cola est un cola vendu dans le cadre d'un positionnement très particulier. Ce cola est destiné aux consommateurs arabes et musulmans d'Europe et plus généralement de tous les pays du monde arabe. Il propose à ses clients de consommer de façon différente et affiche sur son étiquette « Ne buvez plus idiot, buvez engagé ! », « *Mecca-Cola the taste of freedom* ». Qui plus est, Mecca-Cola Beverages promet sur son site internet « de céder 20 % de ses bénéfices nets pour des œuvres caritatives.

Dix pour cent seront reversés à des œuvres palestiniennes strictement humanitaires, privilégiant l'enfance et le savoir. La fondation Mecca-Cola usera de tous les moyens à sa disposition pour que les aides qu'elle accordera ne soient pas détournées de leurs objectifs et renvoyées à des factions combattantes ».

Les 10 % restant seront, en ce qui concerne l'Europe, reversés à des associations qui œuvrent pour la paix dans le monde et qui soutiennent le peuple Palestinien dans sa lutte légitime pour son indépendance. Enfin la marque demande à ses consommateurs de ne jamais mélanger ce breuvage à l'alcool car c'est interdit par le Coran.

Mecca-Cola, Breizh Cola et ceux qui sont encore à venir, ne se présentent pas comme des clones de Coca-Cola. Ces marques ne veulent pas le statut de sous-marque, de contremarque. Elles ne proposent pas un goût meilleur, une digestion plus facile, un prix plus bas ! Elles ne proposent pas non plus un positionnement classique centré sur le « plus » le « meilleur ». Ces colas pratiquent un positionnement d'un style très nouveau qui confère à la marque une différence de nature essentiellement « politique ».

Mecca-Cola pour ses clients est un drapeau, une valeur de combat. La marque prend parti, elle prend en compte la frustration de ceux qui, aimant le goût du cola, sont obligés de boire américain. Mecca-Cola inscrit son positionnement comme Breizh Cola et Corsica Cola dans le champ de la marque « identitaire », de la marque politique ! Le territoire de la marque, c'est la contestation. À ce titre, plus qu'une marque, Mecca-Cola est ce que l'on pourrait désigner comme une marque « *claim* ». Il ne s'agit plus de prendre place dans le cerveau de l'individu par la promesse d'un bénéfice produit, mais bien dans son cœur ou dans son âme par un transfert d'émotion, de responsabilité. *Homo consomatio* et *homo cliens* se confondent ici dans une nouvelle entité : le client « partisan » ! Ces partisans de Mecca-Cola, de Breizh Cola ne sont pas opposés au produit Coca-Cola, mais bien à la marque, à son origine, son image et sa provenance.

Ces marques posent une simple question à leur marché : qu'y a-t-il de plus frustrant aujourd'hui que d'être obligé de consommer un cola fabriqué par les Américains et surtout par des marques qui sont l'expression d'une idéologie (« le capitalisme »), d'une façon de vivre (« l'impérialisme économique ») ? Qu'y a-t-il encore de plus frustrant que d'imaginer que chaque fois que l'on achète la grande marque américaine, on renforce les fonds de pension américains, ceux-là même qui soutiennent la mondialisation et l'hégémonie américaine ? Qu'y a-t-il de plus frustrant enfin que d'être finalement prisonnier d'un goût que l'on affectionne, mais qu'on devrait s'interdire eu égard à ses convictions ?

Ces marques politiques n'intéressent bien évidemment que les différents segments de population qui se sentent concernés par l'image par trop envahissante des deux grandes marques américaines. La stratégie de ces colas consiste donc non plus à créer des amateurs de ce type de boisson, comme c'est le cas pour les leaders traditionnels du marché, mais à recruter des partisans, des militants pour accompagner la cause défendue par leur marque. Ceci conduit à choisir une communication de type propagande et à abandonner les modèles classiques de communication basés sur la tentation.

Ce qui s'esquisse pour les produits semble également se confirmer pour les marques de distribution. Dans un secteur d'activité tout à fait différent, le distributeur américain de lingerie, American Apparel est lui aussi l'exemple d'une nouvelle génération de marque *claim* et d'un positionnement politique.

207

En 1993, le Canadien Dov Charney ouvre une usine aux États-Unis. Il se veut pourfendeur de la délocalisation textile et des *sweat shops,* terme réservé aux grandes sociétés accusées d'exploiter la main-d'œuvre pour réduire les coûts. Il ouvre des magasins à New York, Los Angeles, Montréal et Francfort pour y vendre de la lingerie, des sous-vêtements comparables aux autres produits du marché, mais véhiculant une valeur forte : « le combat contre l'exploitation des hommes par les hommes ». Les clients apprécient les magasins, les produits, mais surtout ils sont ravis de savoir qu'American Apparel fait des profits, ce qui aux États-Unis est essentiel. Il affirme employer plus de 1 300 employés et payer ses ouvriers aux environs de $15 de l'heure alors que dans les ateliers clandestins, les travailleurs non déclarés gagnent moins de $4 ! En plus, la firme offre à ses employés une couverture sociale, ce qui n'est pas rien aux États-Unis !

American Apparel a la volonté de s'attaquer aux problèmes qui font que beaucoup d'Américains, qui sont moins *profit oriented* qu'on ne le pense et plus citoyens du monde qu'on ne l'imagine, se sentent frustrés du comportement peu charitable de certaines de leurs grandes entreprises phares.

American Apparel se veut être comme Mecca-Cola, une entreprise qui prend la position « anti ». La marque cherche à s'inscrire dans une cause qui implique la conscience plus que la sauvegarde et l'assurance des avantages acquis.

La marque claim

Pour s'inscrire dans un positionnement politique et faire de sa marque une marque *claim*, il faut respecter de nouvelles règles. Tout d'abord, il faut redéfinir la notion même de marché et de consommateur. Le marché n'est plus une addition ou un empilement de segments de consommateurs définis par leurs caractéristiques socio-professionnelles (âge, pouvoir d'achat, situation familiale, lieu d'habitation, type d'emploi, CSP et type de besoins).

Dans le cas des marques *claim*, le marché doit être considéré comme des communautés d'individus caractérisés par leur degré de victimisation et leurs frustrations partagées, alliés à leur volonté de résister ou de combattre un ennemi, un opposant.

Breizh Cola s'intéresse aux Bretons, à leur souci d'indépendance, à leur volonté de préserver leurs valeurs, à leur souhait de résister aux firmes phares de la mondialisation. *L'homo consomatio* ne se contente pas ici de savourer, de jouir de son produit ou du service qu'on lui offre. Quittant pour un instant son habitus traditionnel de client, il devient grâce à la marque un partisan, un militant, participant à une action volontaire de résistance.

Lorsqu'un jeune se promène sur les Champs-Élysées en arborant sur le dos de son blouson la mention « No logo », il ne fait pas autre chose que de s'identifier comme un militant adepte des idées du sociologue Paul Rey et de son mouvement « *clean clothes* », comme un partisan et admirateur de Naomi Klein et de son ouvrage *No Logo* publié en 2000. Il donne finalement une « marque » à son blouson. Sur ce blouson, « No Logo » n'est plus une marque comme les autres mais bien un « *claim* » c'est-à-dire une revendication ! La marque *claim* a donc un double effet sur l'*homo consomatio*. Elle lui apporte dans un premier temps la jouissance du produit comme le ferait une autre marque et dans un second temps, la satisfaction de la participation à un combat !

Dans ce nouveau marché fait de communautés, de partisans et de militants, il convient bien évidemment de redéfinir les principes de mission, de territoire et de positionnement de la marque.

La mission de la marque *claim* est claire : elle est là pour libérer le consommateur des contraintes du « système » afin qu'il profite de sa jouissance « produit » de façon harmonieuse et sans remords. Elle offre à ses partisans une solution unique, à savoir la possibilité de se satisfaire d'un produit du système déjà existant, sans pour autant que ce dernier ne soit la cause d'une culpabilisation ou le moteur d'une frustration ou d'un manque de liberté.

Le territoire de la marque s'exprime au travers des valeurs de combat qui permettent au consommateur de retrouver sa liberté de choix et plus généralement son libre arbitre face à la société.

La marque *claim* étant par définition une marque responsabilisante et impliquante, elle oblige le consommateur à faire son choix entre le bien et le mal et non plus entre le bon et le moins bon, le cher ou le moins cher comme le font les marques de l'économie du « besoin ». Son positionnement apparaît donc comme celui d'une « volonté » bien plus que comme celui d'une marque de produit. Une marque *claim* parle au cœur, pas à la raison. Dans ces conditions, la définition des axes de son combat, les raisons de sa résistance, la frustration à laquelle elle s'attache constituent les nouveaux critères fondateurs de son positionnement.

Le positionnement « politique » de la marque sous-tend l'idée que l'entreprise qui la supporte s'engage auprès des clients à défendre non pas directement ses intérêts personnels mais bien ceux de la communauté définie par le combat. On ne triche pas avec le positionnement d'une marque *claim* : c'est l'entreprise dans son entier qui doit supporter le choix stratégique.

Il est tentant de voir dans l'histoire des entreprises, des expériences connues que l'on voudrait voir s'apparenter au principe de la marque *claim*. Dans les années 1960, la FNAC (Fédération

© Éditions d'Organisation

nationale des acheteurs cadres) n'était-elle pas elle aussi, comme American Appticels, une enseigne au positionnement « politique » ? Si la mission de ces magasins était bien de permettre aux jeunes cadres de profiter de l'émergence de la photo, du cinéma à des prix vraiment plus bas que ceux proposés par le commerce spécialisé de l'époque, si les animateurs de l'entreprise Essel et Théret et la plupart des vendeurs étaient bien des révolutionnaires de gauche politiquement très engagés, si enfin on cherchait plus à conseiller qu'à vendre, le positionnement de leur entreprise n'était pas pour autant véritablement celui d'une marque *claim*. On donnait certes dans ces magasins un avantage substantiel en terme de prix et l'on traitait le client selon un mode nouveau, on en faisait des partisans, mais on se situait bien néanmoins dans une civilisation de besoin. La FNAC permettait d'avoir plus, pas d'avoir différemment. On permettait de jouir des produits par un prix bas, un assortiment complet mais tout cela sans impliquer le client dans une volonté de se libérer d'une frustration.

Les supermarchés Leclerc ont probablement été assez proches d'une marque *claim* dans les années 1980. L'enseigne luttait à l'époque contre la vie chère, conséquence de l'inflation à deux chiffres. Elle dénonçait les responsables de cette situation, comme les succursalistes (Casino, les Docs de France) et bien sûr le gouvernement qui faisait voter des lois instaurant le prix unique des livres et l'interdiction de pratiquer des remises supérieures à 5 %. La communication de type dialectique visait à faire des partisans. Faute d'inflation et d'ennemis, aujourd'hui l'enseigne se positionne comme une enseigne traditionnelle de supermarchés. Dans le cadre des produits, le concept dit du « commerce équitable » s'apparente dans son positionnement, quelque peu à celui des marques *claim*. Si la volonté d'agir des promoteurs s'inscrit bien dans un combat, si pour certains il s'agit bien là d'une noble cause, il n'en reste pas moins vrai que stratégiquement il semble que l'on cherche plus à sensibiliser le consommateur sur le dysfonctionnement économique du monde, qu'à l'impliquer comme militant manifestant contre un ennemi désigné. Plus que d'apporter une réponse à l'une de ses frustrations fortes, il semble que l'on s'attache essentiellement ici à faire participer le client à une œuvre de moralisation de l'économie. Il semble en être de même pour les produits et marques des produits « bio ». Ces produits répondent certes à un besoin, à une garantie mais ne constituent pas la plate-forme d'un combat spécifique.

Ces exemples montrent que le positionnement d'une marque *claim* ne laisse aucune place aux compromis, aux belles paroles, aux promesses factices ou aux bonnes intentions. Pour que la marque *claim* puisse s'installer dans le cerveau du consommateur, encore faut-il qu'il existe impérativement une problématique frustrante ressentie par les clients et s'appuyant sur ce qu'il convient d'appeler l'ordre social. Dans le cas de Mecca-Cola, l'ordre social est incarné par l'hégémonie américaine liée à la domination des boissons à base de cola. Pour American Apparel, l'ordre social c'est la domination des marques qui ne respectent pas le travailleur américain. Dans le cas de la FNAC et, pour les produits du commerce équitable, il n'y avait à proprement parler pas d'ordre social polarisé. Les marques *claim* ne peuvent donc pas se contenter d'affirmer leurs avantages sans prouver leur participation dans la restructuration de l'ordre social. C'est à cette condition qu'elles peuvent partager leurs convictions, leur combat avec leurs partisans et militants. Ces marques « s'oppositionnent » plus qu'elles ne se positionnent.

Les effets psychologiques de la mondialisation sur les individus, les problèmes engendrés par les exagérations du marketing de la communication perçus et ressentis par les consommateurs, les divisions, le besoin d'appartenance, vont offrir dans tous les pays de nombreuses possibilités de création de marques *claim* pour les produits comme pour la distribution, qui n'auront que l'embarras du choix pour prendre en compte l'ordre social perturbé, d'un secteur d'activité donné. Ce seront les nouvelles plates-formes du combat. Il est fort probable que dans un futur proche se développeront un peu partout des marques *claim* offrant à leurs clients la possibilité de participer à des luttes contre, par exemple, les délocalisations, les hégémonies, les puissances, etc. Les marques *claim* auront l'avantage de ne pas être des marques « objet » de la distribution mais bien des marques « sujet ». Ce sera là un grand changement dans le rapport de force entre la distribution et la production.

La marque *claim* a besoin de communiquer comme les autres, mais il est clair que dans leurs modes de communication, les marques *claim* vont utiliser des principes radicalement différents de ceux jusqu'ici adoptés par les grandes marques classiques.

Alors qu'une marque classique continue à jouer sur la part de rêve, les marques *claim* vont au contraire communiquer sur le mode de la « révélation et de la dénonciation de la frustration ». Il ne s'agira plus de dire à l'individu tout le bien que va lui apporter le produit mais au contraire, la frustration que va lui éviter son parti pris et son choix d'une marque *claim*. En d'autres termes, alors que la communication classique vise à dire « Prends, c'est bon, meilleur, mieux », la communication *claim* visera, elle, à dénoncer, à sensibiliser et à faire prendre conscience du combat. Elle n'aura qu'à dire « Regarde, prends conscience et soit soulagé, heureux de ta bonne décision » puisqu'elle n'a pas à vendre le produit et à le garantir.

C'est là un changement radical dans le mode de communication. Dans une marque *claim* , ce ne sont plus les bénéfices produits qui apportent la jouissance, mais bien les bénéfices du choix politique qui unit ses partisans à la cause commune.

Cette nouvelle communication des marques *claim* va parfaitement s'accommoder de la révolution Internet. Alors que la communication traditionnelle est parfaitement installée dans les médias, (télévision, presse magazine) qui favorisent les expressions de part de rêve et les moyens de la séduction, le net va, lui, être le média privilégié du message « révolutionnaire ». Ce message va se révéler d'autant plus redoutable que pour des dépenses budgétaires infimes, les marques *claim* vont pouvoir comme c'est déjà le cas pour Breizh, Corsica, Mecca Cola, communiquer avec leurs partisans au travers de messages forts, prenants, convaincants, impliquants. Grâce aux possibilités de « chat », à la diffusion de vidéo, les clients pourront être au contact des « révolutionnaires », c'est-à-dire des initiateurs de la marque comme c'est le cas pour American Apparel. Les marques *claim* vont ainsi occuper un espace médiatique nouveau qui leur sera de plus en plus légitime.

Mais cette communication doit respecter certaines règles.

Dans l'économie traditionnelle basée sur la réponse aux besoins, il n'est pas rare que l'entreprise, au travers de sa communication, dans son désir de séduire ne sur promette sur sa qualité, son service, son accueil ! Ce sont souvent ces excès médiatiques qui, on l'observe dans tous les secteurs d'activité, sont à la base des plus grandes frustrations ! Si sur promettre a des effets négatifs évidents dans l'économie classique, dans une économie psychique, elle est mortelle. En économie classique, la marque peut décevoir mais l'image négative qui s'ensuit n'est pas forcément définitive. Avec le temps, une marque traditionnelle peut faire oublier ses erreurs. Renault dont la qualité de ses voitures à une époque laissait à désirer au même titre que son service après-vente, a su faire oublier ses défauts et reconquérir sa clientèle. Même chose pour Peugeot qui malgré les débuts vraiment difficiles de certains de ses modèles a su redresser la barre. Coca-Cola, malgré une faute terrible dans les années 1980, a fait oublier ses errements stratégiques. Le Fouquet's, grand restaurant des Champs-Élysées, a su, après le scandale conséquent à ses approvisionnements, retrouver sa place dans l'univers des restaurants chics de Paris. Il en est des marques comme des champions, avec beaucoup de sérieux, le come back est toujours possible.

Dans l'économie des marques *claim*, les choses sont radicalement différentes. Comme l'*homo consomatio* est ici un partisan, il ne tolère pas qu'on puisse lui mentir ou abuser de ses bons sentiments. L'entreprise qui ne tiendrait pas ses engagements se retrouverait abandonnée par ses militants.

Comme dans cette nouvelle économie, l'*homo consomatio* se définit aussi comme faisant partie d'une communauté et non pas d'un marché, toute trahison prend au niveau de ses effets « billard » des proportions incommensurables. Les effets de vengeance peuvent aussi prendre des amplitudes extrêmes. Si l'on apprenait que demain Mecca-Cola ne reversait pas les sommes promises aux enfants de Palestine, si l'on apprenait que finalement la marque appartenait par exemple à un groupe nord-américain, il en serait fini de la marque, du marché et probablement de tous ceux qui auraient la même philosophie de positionnement de type « acte de résistance ».

Dans cette économie de « jouissance immédiate » sans contrainte où la réponse aux frustrations de l'*homo cliens* se définit comme le moteur de la dynamique de l'entreprise et la plate-forme sur laquelle va s'édifier le combat de la marque *claim*, il ne saurait être question de décevoir les consommateurs.

Avant même de parler de communication et de publicité, c'est-à-dire des moyens de propager l'information, de rassurer, d'enthousiasmer les partisans et de rassembler la communauté, c'est au niveau de la conscience de l'entreprise qu'il faut porter l'effort.

Chapitre 6

Et après !
Les gagnants et les perdants
de la nouvelle économie psychique

Si l'on accepte l'idée que la recherche du besoin n'est plus, pour les opérateurs, au centre du dispositif et que les entreprises vont devoir, pour survivre et prospérer, trouver des réponses à la relation satisfaction/contrainte, la question que l'on se pose est la suivante : qui va gagner, qui va perdre, qui va disparaître, qui va émerger et que se passera-t-il après ?

Prévoir le futur de la consommation, de la distribution, de l'automobile, des produits alimentaires, du management, des institutions, et plus généralement du monde tel qu'il est, est une chose difficile, pour ne pas dire impossible dans certains cas. Mais elle se complique encore plus en ce début du troisième millénaire quand on prend en compte le fait que comme par hasard l'arrivée de l'économie psychique qui devrait tout changer survient à un moment très particulier de l'évolution de l'économie traditionnelle.

Le retard à l'entrée dans l'économie psychique

On pouvait s'attendre à ce que les entreprises en mal de différence cherchent en urgence à formuler de nouvelles réponses à d'anciens besoins ou encore à se tourner vers l'étude des frustrations et la recherche de nouvelles idées pour satisfaire leurs clients sans les contraindre. Passer du marketing du besoin au marketing de la frustration semblait un passage obligé pour la majorité des grandes entreprises. Dans la réalité, il faut bien reconnaître que pour beaucoup d'entreprises, les choses n'iront pas dans ce sens. L'histoire est souvent pleine de malice ! La preuve, il n'est un mystère pour personne que le retard pris par les pays communistes en matière de consommation durant l'ère prospère du marketing du besoin des pays riches est aujourd'hui le meilleur allié de ces entreprises parfois essoufflées du monde occidental. Tout montre que des marchés gigantesques s'ouvrent aujourd'hui, dans ces nouveaux horizons, aux fabricants de voitures, d'articles de sport, de produits cosmétiques, de mode, de bricolage comme aux grandes enseignes de distribution, etc.

Pourquoi alors tenter de répondre aux frustrations des consommateurs gavés, choyés de nos régions par de nouveaux produits, de nouveaux services quand on sait que les Chinois, les Russes et bien d'autres vont acheter par wagons, grâce à notre *know how* et à leur travail, nos marques de voitures, de télévisions, de parfums, de savons, de raquettes et de balles de tennis et plus généralement, tous ces produits et ces marques qui ont fait nos 30 glorieuses et qui caractérisent notre civilisation ? Il est clair que la perte de vitesse du marketing du besoin dans certains de nos marchés va trouver dans ce vide laissé par les « communistes » une planche de salut, une bouffée d'oxygène qui va, momentanément du moins, relancer la machine !

Parmi la multitude des turbulences que cet appel d'air venu des anciens pays marxistes va créer, il en est une qui aura probablement des conséquences directes sur les stratégies d'innovation des entreprises du monde occidental.

L'*homo consomatio* devient, on le sait, de plus en plus difficile à satisfaire dans nos pays. Dans ces conditions, il peut apparaître plus profitable à certains d'investir dans ces nouveaux marchés à « besoin », laissant à d'autres les marchés à « frustration ». Dans les nouveaux marchés à « besoin » comme la Chine, il suffit de reprendre les bonnes success stories passées et actuelles de nos marchés puis de transférer les savoir-faire, de former leurs vendeurs, d'ouvrir les marchés et d'attendre que les profits se réalisent.

Ce faisant, il est probable que toute l'énergie de ces entreprises « conquérantes » sera essentiellement tendue vers ces jardins d'Eden de la nouvelle consommation. Les meilleurs managers comme les cadres et les employés les plus performants de ces sociétés iront passer quelques années dans ces pays pour construire, organiser, faire fabriquer, former. Ils bénéficieront d'un standing de vie exceptionnel, participeront à une aventure fabuleuse et ne reviendront dans leur pays d'origine que pour les vacances, les fêtes de famille ou la retraite. Pendant leur exil crypto-colonialiste, ils ne seront jamais très isolés de leur pays. Le téléphone, le net, la webcam, les technologies modernes de la communication leur permettront tous les jours d'être en contact avec leurs familles, leurs amis et les nouvelles de leur pays.

Certains jeunes et grands talents prometteurs de nos pays vont donc migrer vers les pays de Cocagne. Ils laisseront un grand vide dans nos marchés. Pour les besoins de leur aventure, ils formeront à leur tour des talents parmi les autochtones. Ces derniers n'auront de cesse de devenir les chefs. Ces nouveaux talents, riches de leur savoir-faire et de leurs stock-options, auront, il faut l'espérer, l'idée d'imiter leurs mentors et de passer des vacances dans les pays riches par simple effet de mimétisme. Le tourisme des talents sera l'un des grands marchés de demain pour nos pays.

Beaucoup d'entreprises fabriquant des biens de consommation se croiront sur ces nouveaux marchés enfin libérées du carcan de « l'internationale distribution » représentée par Wal-Mart, Carrefour et les autres. Elles imagineront un instant que dans cette nouvelle ruée vers l'or, il en sera fini de ces distributeurs aux services achat sans pitié, inflexibles, insensibles, et qu'ils seront débarrassés de ces marques distributeurs qui sont venues contrer sur les rayons leurs marques et leurs images.

Ce sera faire preuve d'une candeur naïve et inexcusable. Dans tous ces nouveaux pays, il faudra comme partout une distribution. Elle sera bien évidemment puissante, omniprésente et, il faut bien le dire, indispensable. En effet, comment apporter ses marques au consommateur final sans passer par une distribution internationale ou pas ? Mais comme la plus grande masse de ces nouveaux consommateurs, privés pendant des décennies du plus simple effet marketing, ne disposera pendant longtemps encore que de petits revenus, ils viendront avec des grands yeux d'enfants visiter ces temples de la consommation comme s'il s'agissait d'un théâtre gratuit. Malheureusement, ils ne laisseront que quelques pièces dans l'escarcelle des distributeurs. Ils garderont leurs faibles revenus pour acheter du luxe et pour le reste, ils auront recours comme chez nous aux marques de distributeurs, lesquelles seront souvent fabriquées chez eux.

Quoi qu'il en soit, pour revenir aux industriels *conquistadores*, il est évident qu'ils n'auront plus le temps ni l'envie de faire des efforts pour répondre sous nos latitudes aux frustrations de leurs consommateurs d'aujourd'hui. Ils résoudront le problème en mettant sur le marché des produits toujours aussi frustrants mais nettement moins chers puisque fabriqués dans des mondes où le prix de la main-d'œuvre et les conditions sociales seront encore pour quelque temps du type de ceux que l'on connaissait du temps de *Germinal*.

Les pays encore communistes ou sortant du communisme vont donc devenir les vrais lieux de production et de distribution du monde. Ils vont être les terres où se forgeront les intelligences techniques et commerciales de demain, jusqu'à ce que leurs consommateurs deviennent à leur tour frustrés. Ce qui va quand même prendre un certain temps ! Pendant ce temps dans nos pays l'*homo consomatio* sera bien sûr toujours et de plus en plus frustré mais en achetant moins cher il ne perdra pas totalement le goût de la consommation. Surtout, il pourra acheter plus de produits, de services, de vacances, de temps libre, etc. On peut sans trop de risque parier qu'il y aura une contre-réaction à cette délocalisation des cerveaux, des usines et à ses préoccupantes conséquences sociales. Cette contre-réaction, ce rejet de l'inévitabilité annoncée de délocalisation, de création de chômage, de perte de dignité des citoyens d'en bas, sera comme toujours une extraordinaire opportunité pour ceux qui sauront saisir leur chance !

Pendant que les industriels, fabricants comme distributeurs, feront le grand écart pour se développer rapidement dans les nouveaux marchés et en même temps conserver leurs parts de marché dans les pays déjà conquis, l'*homo consomatio* des pays riches va continuer à être frustré, à se sentir victime et par conséquent en réaction, à se conduire de façon nouvelle. Toute son énergie va être tendue vers la recherche d'un nouveau substitut : la « compensation émotionnelle ».

L'individu frustré a besoin de trouver rapidement quelque chose à faire pour retrouver son équilibre. Il doit compenser sa contrainte par une « douceur », une émotion forte, fugace ne lui demandant pas une réflexion trop soutenue. Le phénomène n'est pas nouveau, il prend seulement une intensité inattendue.

Traditionnellement, depuis des lustres, lorsque les choses allaient mal, lorsque l'on se sentait abandonné par ses amis, on cherchait pour passer le mauvais moment, quelque chose qui pouvait vous soulager. C'était la recherche de la compensation émotionnelle. Les femmes, par exemple, allaient chez le coiffeur, changeaient de maquillage, allaient faire les boutiques, grignotaient un petit truc ; les hommes, eux, allaient voir un copain, une vieille copine ou un film en plein après-midi ou encore allaient rendre visite au concessionnaire de la voiture dont ils rêvaient et finissaient par boire un bon coup au bar du coin !

Aujourd'hui, la plupart de ces remèdes existent toujours mais ils sont fortement concurrencés par les moyens traditionnels comme l'activité physique, le bricolage et les beaux arts créatifs et maintenant par les nouveaux moyens comme le téléphone, internet, les jeux...

Les nouveaux marchés
de la compensation émotionnelle

On s'ennuie, on se sent seul et abandonné ? Qu'à cela ne tienne : grâce au portable, on appelle l'autre ou mieux les autres. On ne dit rien sinon « Je souffre, et toi ? » On envoie ou on reçoit une photo, un SMS pour le plaisir de se sortir de la mauvaise situation où l'on se trouve, pour respirer, pour compenser, pour partager sa souffrance, pour se « débrancher ». En ce sens, le téléphone portable entre dans la panoplie des médicaments dont on a besoin pour soigner ses petits ou grands états dépressifs au même titre que le Prozac ou d'autres drogues réputées efficaces.

En 2003, dans le monde, on comptait plus d'un milliard quatre cent mille abonnés au téléphone portable et un total de 5,6 milliards de communications annuelles, ce qui, rapporté à l'individu, donne 1 460 communications par an et 4 par jour. Le marché total de la communication par ce type d'appareil se monte donc à plus de 11 milliards d'euros. En France, par exemple, on dénombre 40 millions d'utilisateurs de portables et plus de 2 milliards de SMS ont été envoyés durant le premier trimestre 2004.

Le fait est là, la recherche de compensation émotionnelle par le téléphone portable représente entre 10 et 12 % de la dépense des foyers. Et ce chiffre ne va cesser d'augmenter ! Fort créateur d'émotion, le téléphone portable n'en est qu'à ses débuts, si l'on admet qu'il sert en priorité à la recherche de la compensation émotionnelle.

Ce moyen ne présentera qu'un inconvénient : il consommera une part de plus en plus importante du budget de l'individu ou des familles sans pour autant faire travailler beaucoup de monde. Pour 100 euros de consommation de téléphonie portable, on n'utilise que 0,3 % de main-d'œuvre soit 10 fois moins que pour construire un avion. Pendant que l'*homo consomatio* dépensera son revenu en téléphone portable, la question se pose de savoir quels sont les produits et les entreprises qui vont faire les frais de cette perte de budget.

Le besoin de compensation émotionnelle se retrouve aussi dans l'utilisation d'internet et la visite aléatoire du cyberespace. On s'ennuie ? Vite, on lance son navigateur web. Là, on apprend, on voyage, on sort de sa boîte, de sa prison familiale, on prend une autre dimension, on s'affranchit de la pesanteur de sa vie. En France, en 2003, près de 10 millions d'individus étaient abonnés au net et ont passé plus de 94 millions d'heures devant leur PC ! Là encore, la question se pose de savoir à qui le temps et l'argent que représentent ces abonnements sont pris ? Va-t-on moins dans les magasins, lit-on moins ? Est-ce le cinéma, les discussions en famille qui sont touchés par cette consommation, là encore non productive d'emploi ? Personne ne sait vraiment ! Pour autant, les fabricants comme les distributeurs doivent s'inquiéter de ces grignoteurs de budget et de temps de vie. Ceux qui par leurs produits sont déjà dans le marché de la compensation émotionnelle comme les coiffeurs, les restaurants, les fabricants de produits de grignotage et d'alcool en tout genre, doivent se préoccuper de comprendre comment les transformations de la société vont les affecter.

Bien évidemment, dans ces nouvelles formes de compensation émotionnelle, on ne fait pas de choix entre tel ou tel moyen. Ce serait une frustration supplémentaire. On ne dit pas « Je téléphone mais je ne surfe pas sur le Net » ou réciproquement. Non, on fait tout et plus. Le plus c'est aussi et surtout le jeu. Faire un Loto, gratter un Black Jack : voilà une compensation émotionnelle à laquelle les *homo consomatio* s'adonnent de plus en plus. La réalité est là. En 2000, il ou elle dépense l'équivalent de 4,12 € à la Française des jeux, 14 € au PMU et 39,6 € au casino ! Ainsi 1,5 % du PIB s'envole en « défrustration ». On dira bien évidemment que le Français (toute catégorie sociale confondue) est joueur, qu'il veut gagner vite, facilement le gros lot, qu'il a le culte de l'argent, etc. Mais les chiffres ne confirment pas ce point de vue : ils sont comparables dans tous les pays d'Europe.

La mise moyenne de l'ensemble des Français est de 109 € par an contre 147 € pour la moyenne des pays européens. Quoi qu'il en soit, les jeux de hasard en France représentent 10 % des dépenses culturelles et de loisir, moins que celles consacrées au cinéma ou au voyage (19 % des dépenses) mais plus que les budgets alloués aux jouets et articles de sport (8,8 %) et aux disques et cassettes (6,9 %)...

Cette consommation ne va pas s'arrêter, loin de là. Pour supprimer des contraintes, les pertes de temps et permettre l'expression des pulsions des individus, les opérateurs ont compris tout l'intérêt de la cyberloterie. « On peut jouer sur internet et on ne s'en prive pas », affirme François Trucy, sénateur UMP, dans le rapport du Sénat sur les jeux de hasard et d'argent en France. « Selon Netvalue, 2 millions de Français se rendent chaque mois sur les sites de jeux d'argent. Le succès est tel que chaque mois un nouvel organisateur de jeux se lance sur internet. Déjà existent et prospèrent Bananelotto, Lotree.com, Luckyvillage.com, Bingopoly.com, Eldoradowin, etc.

Ces sites font miroiter la possibilité de gains de centaines de milliers, voire de millions d'euros ; mais les probabilités de gagner le gros lot sont faibles : une chance sur 14 millions. En juillet 2000, 1 256 470 visiteurs ont consommé 575 000 heures de jeu sur sites avec une moyenne de séjour de 27,5 minutes, réalisant dans le domaine du loisir une part d'audience de 34,6 %, devant les voyages (16,4 %) et les sports (14,6 %). Le même mois, neuf sites Internet spécialisés ont attiré 1 % des internautes soit 60 000 visiteurs.

Le phénomène est donc d'une importance considérable. Il n'en est qu'à ses débuts et provoque chez tous les industriels des jeux une panique justifiée ».

Par le biais de certaines de ses émissions, la télévision entre dans ce marché de la compensation émotionnelle. Les informations diffusées chaque soir par le journal télévisé, à l'heure où tout le monde est à la maison, ainsi que certaines émissions qui font pleurer, s'inscrivent dans ce besoin de « respirer » sa souffrance.

Si l'on met bout à bout toutes ces dépenses de téléphone portable, d'abonnement à l'ADSL, de jeu et d'abonnement aux chaînes du câble et du satellite, on observe que ce sont entre 12 et 14 % du salaire moyen des Français qui sont investis dans les nouveaux moyens de « compensation émotionnelle ».

Ces marchés dans lesquels on retrouve ceux, plus traditionnels, du sport, des loisirs, de la décoration et de l'habitat, vont exploser. Ils vont devenir les plus importants de la nouvelle économie. Malheureusement, ces méga-marchés n'apporteront pas l'emploi dont les pays occidentaux ont tant besoin. C'est sans doute le plus gros reproche qu'on puisse leur faire !

Le problème stratégique des entreprises sera alors de deux ordres. D'une part, il faudra créer de nouveaux produits, de nouvelles émissions de télévision, de nouveaux sites, de nouvelles formes de distribution permettant la compensation émotionnelle. D'autre part, il faudra conserver ses parts de marché en faisant très attention à ne pas laisser les concurrents dominer ces marchés. Les casinos ne pourront continuer à laisser les cyberloteries se développer, pas plus que la télévision ne pourra accepter que des sites internet lui volent son audience.

La distribution et l'économie psychique

Il y a encore quelques années, on évacuait certains de ses soucis et de son stress par un bon déjeuner en famille, un Ricard ou un whisky, un gâteau. Aujourd'hui, on recherche des moyens nouveaux : téléphoner, courir, changer sa décoration, surfer sur Internet. Ce phénomène va sans aucun doute engendrer de profonds changements pour les fabricants et les distributeurs.

Dans les marchés intérieurs, où la frustration des *homo cliens* va continuer à s'accentuer, ce sont d'abord les grandes enseignes de distribution qui vont les premières devoir réagir et faire preuve de créativité et d'audace pour se différencier et garder ou améliorer leurs parts de marché en s'inscrivant dans la « compensation émotionnelle ». Elles vont devoir avant tout s'obliger à penser encore à leur pays d'origine pendant encore quelque temps puisque leurs profits lointains ne seront pas suffisamment conséquents et sécurisés pour qu'elles puissent ne pas s'inquiéter de ce qui se passe là où elles se sont créées. Ceci est vrai tant pour les enseignes distribuant en majorité des *commodity goods* comme les grandes surfaces alimentaires, que pour celles spécialisées dans le shopping ou les *technical goods* comme les grandes surfaces de bricolage, d'ameublement, de vêtements, de hifi, d'électroménager, etc.

Il n'est plus avant-gardiste aujourd'hui d'avancer que les grands groupes de distribution alimentaire doivent, s'ils veulent éviter les frustrations de leurs clients et les fidéliser, continuer dans les pays « anciens » où ils sont déjà implantés à conjuguer au quotidien les vocables « plus près, plus rapide, plus facile, plus simple, prix le plus bas, plus frais, plus beau, plus sympathique, etc. ».

Tout le monde est convaincu aujourd'hui, à la lumière de la progression des petites surfaces de proximité, notamment dans les pays où se sont implantés les hypermarchés comme la France, l'Espagne, le Brésil, le Mexique ou l'Argentine que le commerce alimentaire doit impérativement se rapprocher de ses clients, pour leur éviter les pertes de temps, les contraintes de toutes sortes liées notamment à l'automobile et à l'attente aux caisses. Les grandes enseignes l'ont bien compris puisqu'elles proposent déjà à leurs clients, en plus des hypermarchés qui sont loin de la ville, des supermarchés, des hard discount, des supérettes de plus en plus proches de leur domicile.

Parallèlement, tous les états-majors prennent conscience que trop de choix tue le choix et que c'est surtout le personnel au contact des clients qui fait la vraie différence d'une enseigne à l'autre. Accueillir avec un personnel de moins en moins frustrant, l'éduquer, le former à ne pas victimiser ses clients, réorganiser les points de vente pour éviter le maximum de contrainte devient un impératif incontournable à toute stratégie de satisfaction et de fidélisation des *homo cliens*.

Ces derniers, de plus en plus choyés et gâtés, vont vouloir en échange de leur fidélité encore plus de confort d'achat, de personnel, de qualité à leur disposition, des prix toujours plus bas et des promotions alléchantes. Dans ces conditions, jour après jour, les coûts de gestion vont augmenter dans des proportions astronomiques ! La question se pose alors de savoir comment ces petites, moyennes ou grandes surfaces vont pouvoir continuer à être toujours aussi rentables ?

Face à l'importance des coûts de personnel, à la nécessité de multiplier la présence permanente en magasin d'équipes destinées à mieux servir, mieux accueillir le client, à l'obligation de proposer de plus en plus de « premiers prix », à l'interdiction d'ouvrir de nouveaux points de vente, il suffira de peu pour que la rentabilité fonde comme neige au soleil.

Les distributeurs, pour réagir à cette situation, vont donc devoir tenter différentes stratégies.

Certains, pour défendre leurs grands formats, vont « revamper » leurs magasins en les rendant plus nouveaux, plus conviviaux, plus près de la nature, moins frustrants. Ils vont ainsi implanter des marchés à l'ancienne comme autrefois à côté de leurs linéaires de produits manufacturés. Ils tenteront ainsi de faire de la présentation de leurs produits frais, de leurs fruits, de leurs légumes, viande, charcuterie, de leurs produits régionaux le fer de lance de leur particularité. D'autres, au contraire, vont faire des points de vente ultramodernes, dignes du cyberespace ! D'autres enfin, vont tout au contraire appliquer la règle du *back to basic* et offrir des points de vente sans luxe, sans décor, sans service mais avec des prix vraiment bas. Ce seront en quelque sorte des « Easy jet » de l'alimentation. Tous ces points de vente vont appuyer leur développement sur des marques de distributeurs plus nombreuses, plus qualitatives les unes que les autres, du moins au niveau du packaging, et de moins en moins rentables. Pour autant, les entreprises vont vite s'apercevoir que le problème de leur différence n'est pas résolu et que le combat pour la domination de leur marque doit se faire ailleurs. Mais rien n'y fera, *homo cliens,* de plus en plus zappeur, ira où bon lui semble, il sera encore plus exigeant et continuera à vouloir tout, tout de suite, plus près et sans contrainte. Les investissements et les coûts de fonctionnement seront tels que les distributeurs finiront par douter de l'intérêt de ces types de stratégies ! Mais le pire n'est pas là !

C'est au niveau de la citoyenne européenne « moyenne » qui, comme on le sait, fréquente le plus les magasins d'alimentation de chaque pays d'Europe, (les hommes se réservant pour d'autres types de magasin et d'achat) que vont se dessiner les contours de la distribution de demain. Encore une fois, ce sont les frustrations des clientes qui vont réorganiser le marché. Cette consommatrice européenne a l'intime conviction au travers de l'information qu'elle reçoit, que la mondialisation n'est pas forcément fait pour elle ou pour les intérêts de sa famille. Elle constate que, si comme on le dit « l'économie repart », c'est souvent sans elle, sans sa famille, son mari, ses enfants ! Dans ces conditions, elle et son entourage vont rapidement prendre parti pour les petits, les faibles, les victimes des grands groupes de distribution, comme les paysans qui se heurtent aux exigences des centrales d'achat des grandes surfaces ou les petites entreprises régionales qui supplient qu'on achète leur produit et surtout qu'on ne les déréférence pas. On aura beau lui dire, à cette consommatrice, que les tomates de Pologne sont aussi bonnes et cultivées moins cher que celles de chez elle, que seules les grandes entreprises internationales sont capables de lui apporter des prix compétitifs, elle ne voudra plus rien entendre !

On va donc voir se développer un commerce alimentaire de plus en plus de proximité, mais cette fois-ci « engagé » comme l'ont été les centres Leclerc du temps de la vie chère de l'inflation à deux chiffres des années 1980. Le consommateur va vouloir que la distribution lui apporte tout ce qu'elle lui apporte déjà avec moins de contrainte mais aussi avec plus de morale. Les enseignes alimentaires actuelles comme les nouvelles vont devoir s'engager auprès de leurs clients non pas en terme de prix seulement mais en terme de « moralité » économique. Alors que dans les années 1970, on pensait que la distribution devait être forte, on acceptait la nécessité de ces énormes multinationales égoïstes qui étaient les seules à pouvoir apporter des prix bas et des économies d'échelle, aujourd'hui l'*homo cliens* sent bien que pour ne pas subir de frustration, il doit choisir des entreprises d'abord morales et humaines. Rien n'est plus frustrant pour cette consommatrice qu'en achetant dans le point de vente proche de chez elle, elle profite du malheur de son voisin, surtout si ce dernier est au chômage !

En raison de cette perception des consommateurs, de leurs frustrations et du sentiment qu'il faut se défendre ensemble contre les grands groupes de distribution, il y a de fortes chances pour que l'on voit apparaître des petits points de vente à enseigne régionale tenus par des familles et défendant d'abord l'intérêt local, les produits du cru et l'emploi. Ces points de vente seront alimentés par des grossistes à partir des plates-formes de produits frais et alimentés directement par des producteurs locaux. Les technologies actuelles de l'information ainsi que les moyens logistiques modernes permettront d'alimenter tous ces points de vente à des coûts très acceptables. On va ainsi réinventer le succursalisme coopératif et son idée d'associer les clients à la marche de l'entreprise.

Les grandes enseignes de distribution alimentaire vont donc devoir revoir leur mission, leur éthique et plus généralement leur relation au monde. Si elles veulent poursuivre leur chemin et ne pas laisser proliférer une distribution « d'infiltration », il va leur falloir passer du *think global, act local* à la situation inverse : *think local, act global.*

Il est certain que les enseignes de distribution alimentaire ou plus généralement de *commodity goods* vont avoir beaucoup de mal à s'inscrire dans l'économie psychique. Non seulement les individus vont moins consommer mais pour bien des raisons, ces machines à vendre ne seront plus considérées comme l'ami naturel du consommateur.

En ce qui concerne les enseignes de distribution axées sur les *shopping goods* et les *technical goods*, le problème est totalement différent. Alors que l'achat alimentaire est vécu généralement comme une corvée, sauf pour quelques produits « cuisine », acheter une robe, des produits pour améliorer sa maison, sa décoration procure au contraire une jouissance totale et permet de retrouver le moyen de la « compensation émotionnelle ». Bien sûr, le consommateur préférera toujours acheter au plus près possible de son domicile mais pour sa satisfaction, il sera prêt à faire quelques kilomètres de plus pour voir du beau, du magnifique et oublier un instant ses contraintes. Il s'attend donc à se promener dans des centres commerciaux « compassionnels » débordant de luxe, de marques prestigieuses, de

231

gentillesse et de compassion de la part de tous. Là, il rêvera, passera du temps, la journée même. Les grands *malls* à l'américaine répondent déjà en partie au problème, mais il faut encore aller plus loin. Comme on ne peut pas construire des *shopping centers* où on le souhaite, pour des raisons essentiellement liées au prix du foncier et aux autorisations d'implantation, les grands hypermarchés en manque de trafic client vont probablement petit à petit se transformer en ces lieux de jouissance totale. Ils sont déjà entourés des parkings des galeries marchandes, ils ont de la surface à revendre, ils peuvent donc tout implanter demain, du cinéma aux stands pour grandes marques d'automobile, à la patinoire, etc.

Ceci va transformer les habitudes d'achat. L'alimentaire se fera dans les villes ou au plus proche et le reste en majorité en périphérie.

Cyberespace et distribution

La cyberloterie et plus généralement tous les jeux sur le net sont amplement fréquentés par les *homo consomatio*. Dans certains secteurs d'activité, les ventes en ligne semblent bien fonctionner. Ceci est confirmé par les scores actuels des achats de DVD et de CD en ligne. Puisque l'achat en ligne fonctionne, puisqu'il permet la compensation émotionnelle, pourquoi alors les ventes de produits alimentaires en ligne ne fonctionnent-elles pas ?

Il est certain que l'achat en ligne pourrait répondre immédiatement à la frustration de l'attente aux caisses ! Qui plus est, la consommatrice achetant toujours les mêmes produits et les mêmes marques, il lui suffirait d'avoir une liste type pour s'acquitter de la corvée frustrante de chercher les produits au linéaire. Et pourtant, ce raisonnement simple ne semble pas fonctionner. D'aucuns pourraient même y voir une forme de mise en cause de la théorie de la frustration.

Une étude datant de 2003 donne des indications intéressantes. Dans les différents pays d'Europe où les achats en ligne sont possibles, un échantillon de consommatrices exclusivement clientes de supermarchés traditionnels mais déclarant souhaiter faire une expérience d'achat en ligne ont été recrutées. Toutes ces consommatrices avaient à leur domicile une connexion ADSL et avaient une connaissance de l'utilisation de l'e-mail et/ou de la navigation sur le web.

On remarque après la première tentative que moins de 1 % de l'échantillon a souhaité refaire un achat en ligne. Ce ne sont pas, comme on pourrait le croire, des questions de livraison pas plus que de paiement en ligne qui ont vraiment freiné l'intérêt des consommatrices. C'est tout simplement un problème de frustration lié à la logique ergonomique des différents sites.

Pour les ménagères, ces sites *made in France* ou dans les pays anglo-saxons ont tous le même défaut : ils sont basés sur une architecture de type masculin et surtout pas de type féminin. Il est vrai qu'une femme ne progresse pas dans un magasin comme un homme. La ménagère suit sa liste méthodiquement et redoute, on le sait, d'oublier quelque chose. L'homme, par contre, suit son inspiration, le nez au vent et obéit à une logique d'attraction. Il cherche d'abord les bonnes affaires.

Les ménagères expliquent qu'elles n'aiment pas, avant de voir ce qu'elles vont acheter, en d'autres termes les rayons, être obligées d'entrer sur le site du supermarché et de commencer par répondre à une série de questions qu'elles trouvent ennuyeuses et indiscrètes. Les questions préalables à la visite du site telles que : « Quand voulez-vous être livré ? Entrez le code postal à

5 chiffres de votre adresse de livraison. Si vous êtes client, cliquez ici. Si vous souhaitez créer un compte, cliquez ici » créent, d'après elles, une situation de blocage. Elles n'ont plus alors envie d'acheter ! Les consommatrices signalent toutes que depuis des années elles ont dans toute l'Europe les mêmes habitudes d'achat en supermarché et qu'elles ne peuvent pas changer du tout au tout, d'un jour à l'autre la cohérence de leurs habitudes. Pour être fréquentés et utilisés, les sites de supermarchés en ligne devraient d'après cette étude se présenter comme un point de vente classique.

On doit entrer comme dans un supermarché traditionnel, prendre un caddie puis parcourir les allées, passer devant les linéaires et voir les produits, s'approcher, zoomer sur la marque que l'on cherche, pouvoir comparer les prix, etc. C'est seulement au passage à la caisse virtuelle que l'on devrait répondre aux questions essentielles du paiement et de la livraison. Ce que les ménagères souhaitent, c'est en fait un magasin effectivement virtuel qu'elles pourraient visiter sur leur écran. Comme dans la réalité, il y aurait de la musique, une ambiance de bruits de fond créant une véritable situation d'achat.

Ce qui étonne le plus l'échantillon de volontaires à l'achat en supermarché en ligne, c'est qu'aucun des sites visités n'ait ainsi essayé de simuler un tel magasin. Ceci les surprend d'autant plus que leurs enfants possèdent des Playstation où, au travers des jeux, elles voient bien que l'on peut faire vivre des joueurs de football, participer à des courses de voitures ou à des combats de gladiateurs plus vrais que nature.

Ce décalage entre ce qu'attend la consommatrice et ce que produisent les techniciens de l'internet dans le cas précis des supermarchés en ligne trouve à l'évidence plusieurs explications. Pour certains, la technologie actuelle ne permettrait pas de réaliser dans des conditions de coûts acceptables des images en trois dimensions comme le souhaitent les consommatrices. Pour d'autres, la solution actuelle prendra *in fine* ses droits, ça n'est qu'une question d'habitude donc de temps. On peut aussi avancer que ceux qui ont voulu prendre en main le marché du supermarché en ligne se sont contentés de rester dans l'économie traditionnelle et n'ont pas fait l'effort de s'adapter à l'économie psychique. La vente en ligne, dans le cas des *commodity goods,* est la réponse à une frustration, celle de la corvée des courses et de la perte de temps. Pour autant, la solution à une frustration, ici la vente en ligne, ne peut en aucun cas être la source d'une autre série de frustrations, ici la difficulté d'utiliser le programme. D'autre part, acheter dans un magasin, c'est être dans une ambiance donc dans une situation qui crée des comportements favorables à l'achat. Il est clair que les sites actuels, sans musique, sans bruit, sont d'une tristesse infinie.

Notons que dans l'échantillon des consommatrices participant à l'expérience, une majorité d'entre elles avait fréquemment recours à la livraison à domicile après avoir passé commande par téléphone à leur point de vente habituel. Ceci démontre que le principe d'acheter ses produits d'alimentation à distance existe bel et bien. C'est l'utilisation du net qui pose encore problème.

Quoi qu'il en soit, les supermarchés en ligne vont finalement gagner la bataille qui pour l'instant semble perdue. On peut prévoir que les points de vente de proximité « engagés » précédemment décrits, vont, au travers de leur image, créer des sites « amis » proches des clientes. Ce faisant, les consommatrices plus confiantes, connaissant bien leur magasin, se sentiront accompagnées dans leur achat et prendront l'habitude de passer par le net. Petit à petit, on pourra prévoir les achats des consommatrices et par là organiser une logistique d'acheminement et de livraison des marques et marques distributeurs. Ceci viendra bien sûr conforter l'idée que les grands points de vente alimentaires auront beaucoup de mal à survivre.

Le transfert de savoir-faire virtuels

Dans l'économie classique, le transfert du *know how* technologique vers d'autres pays a toujours été un élément important pour la conquête des marchés nouveaux. À l'heure actuelle encore, la vente du savoir-faire en matière de construction d'avions, de trains, de voitures, de logiciels, de puces électroniques, d'hypermarchés, de grandes surfaces spécialisées dans la fabrication de pains à la française est au centre des préoccupations des industriels. Dans l'économie psychique, c'est le transfert du *know how* clients dans les marchés où la frustration commence à régner qui va très certainement représenter une nouvelle manne.

L'exemple de la coiffure est à ce titre intéressant. Les femmes, ça n'est pas nouveau, ont besoin d'aller chez leur coiffeur pour être belles, mais aussi pour évacuer leur frustration.

C'est l'endroit intime où elles se reposent, se détendent, se concentrent sur elles-mêmes, se regardent, font le point sur leur apparence et pour beaucoup, espèrent être encore plus belles, plus conformes à leur idole ou à l'image qu'elles voudraient avoir. La coiffeuse (le coiffeur) a des missions difficiles. Il ou elle doit faire la coupe qui plaît, à la mode mais pas trop, la couleur tendance dont on parle et qui va si bien aux mannequins, aux vedettes, mais pas trop. En plus de tout cela, ce personnel doit faire preuve d'une habileté de sioux face aux comportements parfois agressifs de leurs clientes (ou clients) qui n'aiment pas se voir dans la glace ou qui ne supportent pas l'autre cliente. Il doit être toujours aimable, présent, convivial, juste ce qu'il faut pour mettre en confiance, mais pas plus.

Tout au long de la journée, le personnel doit s'adapter aux multiples types de clients qui se succèdent, se souvenir de chacun, ne jamais faire quelque chose qui puisse frustrer et contribuer à créer une ambiance défavorable. Ce sont ces coiffeurs et coiffeuses qui donnent la bonne image au salon et qui forcent le client à revenir donc à être fidèle. Ce type d'entreprises est par nature propice à la petite entreprise centrée sur le patron ou la patronne, les quelques employés et en tout état de cause très liée au local, c'est-à-dire au quartier, au village.

On compte 59 000 entreprises ou salons répartis sur tout le territoire français et environ 5 000 salons franchisés sous différentes marques comme Franck Provost, Jacques Dessange, Biguine, Jean-Louis David pour ne citer que les plus connus. Ces marques de franchise, toutes issues de la volonté et de l'énergie d'un authentique coiffeur fondateur, se sont répandues en France et dans le monde avec succès. Pour ce faire, elles se sont d'abord appuyées sur l'image de la France et celle de Paris, capitale mondiale de la beauté. Ensuite, elles ont propagé chacune leur style, leur coupe, leur vision de la mode pour les femmes. Enfin, elles ont fait en sorte que dans chaque salon, l'accueil, l'ambiance soient conformes à leur positionnement et aux « compensations émotionnelles » demandées par leur clientèle. Il est intéressant de noter que ces franchises sont essentiellement françaises !

Ces entreprises montrent en fait un chemin nouveau. Elles ne produisent pas de produits ou une recette comme MacDo, Pizza Hut, le pain Poilâne ou l'un de ces grands restaurants français que l'on retrouve à New York ou à Tokyo. Elles transfèrent simplement un savoir-faire immatériel, une vision qui correspond à une attente de compensation émotionnelle de la clientèle. Dans l'économie psychique, ce type de transfert va correspondre à des marchés dont on a du mal à imaginer aujourd'hui encore la magnitude. Les chaînes de body building, de remise en forme et bronzage, d'école de vie, de soutien psychologique, de clubs de rencontres ou de mariages qui existent aujourd'hui ne sont que des éléments avancés de ce qui va s'inventer demain. L'étendue des besoins de soutien des jeunes comme du troisième âge va être la plate-forme de lancement de nouvelles entreprises internationales qui toutes auront comme base le savoir-faire de certains à l'endroit des compensations émotionnelles de la cible ou du groupe considéré. Une nouvelle économie internationale va de fait se développer.

Chapitre 7

Impacter pour communiquer dans une économie psychique

Dans son dernier livre *La vache pourpre : Rendez votre marque, vos produits, votre entreprise remarquables !*[1] Seth Godin, auquel on doit notamment le concept du *permission marketing*, déclare à qui veut l'entendre que le marketing est mort parce que les consommateurs n'écoutent plus, parce que la publicité est inefficace, enfin parce que les femmes et les hommes de marketing ont tellement peur de perdre leur emploi qu'ils préfèrent dans leurs campagnes déverser des fleuves de messages à l'eau tiède plutôt que des arguments intéressants, dérangeants, forts, faisant enfin bouger les marques.

Sa solution est simple : peindre les vaches en rouge ! Il l'explique par une parabole amusante :

« En sillonnant la France avec ma famille, il y a quelques années, j'ai été étonné de voir comme dans les livres d'images des centaines de vaches broutant dans des prés pittoresques le long de la route. Pendant des kilomètres, nous nous sommes gavés de paysages sublimes. Pourtant après une vingtaine de minutes,

---

1. Éditions Maxima.

nous avons détourné le regard, les vaches finissaient par toutes se ressembler et ce qui nous avait d'abord fasciné était devenu ordinaire. Plus qu'ordinaire, ennuyeux. Les vaches peuvent être parfaites, belles à regarder, avec des couleurs qui luisent au soleil. Des vaches superbes avec une personnalité extraordinaire. Mais elles sont ennuyeuses. Une vache pourpre, voilà qui susciterait l'intérêt (pendant quelque temps il va sans dire). Pourquoi ? Parce qu'elles seraient remarquables. ».

La thèse de Seth Godin est intéressante dans le sens où elle démontre que le marketing du besoin a bien trouvé ses limites. Au fond, cet expert américain formé à Stanford ne propose pas autre chose que de transformer le marketing du besoin en une sorte de marketing « terroriste » où il faudrait « traire » les produits encore rentables jusqu'au bout, lancer des nouveaux produits avant tout « étonnants » et enfin communiquer de telle façon que le consommateur soit toujours surpris. Pour tous ceux qui admettent que nous avons changé d'économie et qu'aujourd'hui le succès est dans la relation frustration/contrainte et non pas dans une nouvelle aventure publicitaire, la vache pourpre de Seth Godin, c'est plutôt la « Mort du Cygne » !

Quoi qu'il en soit, il est vrai que communiquer devient aujourd'hui une chose difficile. Même si l'on trouve la bonne façon de répondre aux frustrations de l'*homo consomatio* ou de l'*homo cliens*, encore faut-il que les cibles que l'on vise écoutent, accordent du crédit au message et fassent leurs les solutions proposées ! Ce qui est vrai pour le marché, c'est-à-dire les consommateurs, l'est aussi pour les collaborateurs de l'entreprise. Dans une période trouble, risquée pour chacun dans l'entreprise, il n'est pas simple de faire passer des messages visant à mobiliser les énergies pour changer de cap ou tout simplement faire du mieux que l'on peut, ce qui fonctionne encore bien.

To be or not to be remarkable

Toutes les études récentes menées par les différents instituts de sondage spécialisés en politique montrent que dans la plupart des pays développés, le discours comme les propos des élus de tous bords n'intéressent plus ou pas. Les débats droite/gauche en France n'intéressent que les aficionados. La grande masse des électeurs boude les débats politiques télévisés et surtout les urnes !

Le citoyen moyen trouve que les politiques ne sont pas crédibles, qu'il n'y a pas beaucoup de différence entre les programmes de droite et de gauche et que finalement, dès que les gens sont au pouvoir, ils ne font jamais ce pourquoi ils ont été élus ! Et pourtant, dans cette grisaille politico-médiatique, un homme apparaît. Il crève l'écran. Il est écouté par tous, par ceux de droite, de gauche, du centre comme par les non impliqués, ceux qui l'apprécient comme ceux qui le détestent.

S'agit-il d'un homme nouveau venu d'on ne sait où ? Propose-t-il une nouvelle façon de voir le monde, une nouvelle philosophie de vie ? La réponse à ces deux questions est non ! Propose-t-il une recette pour moins payer d'impôt, pour vivre mieux, plus longtemps ? La réponse est encore non et non et non ! Cet homme ne propose pas un monde nouveau, ni le matin du grand soir, ni ne propose de peindre les vaches en rose !

Nicolas Sarkozy, puisque c'est de lui qu'il s'agit, procède selon un nouveau mode de communication. D'abord et surtout au travers de son discours, il apporte quelques réponses aux frustrations de la plupart de ses concitoyens. Il est clair que les Français de tous bords, dans ces moments plutôt perçus comme difficiles, sont frustrés d'observer que leurs élus sont incapables de surmonter leurs contradictions dans leurs discours ou dans les faits. Ils ne cherchent pas un gourou, pas plus qu'un redresseur de torts. Ils veulent être simplement rassurés par un responsable auquel ils peuvent faire confiance pour résoudre les problèmes du quotidien et appeler un chat, un chat. Pour exprimer son point de vue et faire adhérer à ses idées, il ne tergiverse pas, ne fait pas dans la dentelle, parle vrai. Il donne l'impression d'être déterminé, sûr de lui et prêt à affronter les contradictions de la vie ! Il est impactant. Pour autant, il reste « gentil », aimable, proche. Surtout, il n'est pas agressif. Rien ne dit que son propos, sa conviction le conduiront à la magistrature suprême, mais pour l'instant il est le seul, ou à peu près, à être écouté.

Aux États-Unis, pendant la campagne électorale opposant le président Bush au sénateur Kerry, on a pu remarquer que le candidat démocrate avait à tout le moins mal démarré sa campagne. Au congrès démocrate de Boston, en juillet 2004, lors de son discours d'investiture, il n'avait pas brillé et on le disait alors perdu. Les sondages montraient qu'il n'avait pas refait son retard. Cet échec reposait essentiellement sur sa forme de communication jugée inintéressante, triste, sans contraste. Au travers de son discours, on voyait mal se dessiner sa stratégie. Il apparaissait sur la défensive et les coups qu'il portait à son adversaire n'étaient pas forcément compris par le citoyen moyen. Un tel homme pouvait-il prétendre à être le président de la plus forte puissance du monde ? À l'inverse, le président Bush avait fait un triomphe lors du congrès républicain de New York, fin août de la même année. Les sondages lui donnaient à ce moment-là dix points d'avance. On avait apprécié, même si l'on n'était pas d'accord avec lui, le ton de son discours, sa détermination, son calme, sa façon impactante de communiquer. Ses attaques sur Kerry étaient claires, dures et marquaient son adversaire au visage toujours au même endroit comme dans un match de boxe. Repris en main par une équipe proche de l'ancien président Clinton, le sénateur Kerry a réappris jour

© Éditions d'Organisation

après jour à communiquer, tant et si bien qu'au soir du premier duel télévisé du 30 septembre 2004, c'est lui que les sondages désignaient comme vainqueur. Il avait refait son retard.

Au lieu d'être triste, confus, replié sur lui-même, Kerry s'est montré simple, clair, ne mâchant pas ses mots et attaquant franchement Bush là où cela lui faisait mal, le tout sans être agressif, en restant poli envers le président sortant et en excluant tout mot, tout comportement agressif. Ceux qui ont suivi en direct ce premier débat ont pu voir que Bush était agacé par certaines remarques de Kerry ce qui bien évidemment servait le sénateur. Bush avait du mal à répondre, il était surpris par la transformation soudaine de son opposant ! Mais comme le fait remarquer Kenet Howard (professeur de philosophie à l'université de l'État de New York), c'est au niveau de la gestuelle que Kerry l'a emporté. Lui, l'aristocrate, avait su avoir des gestes plus populaires, parfaitement dans le registre de ceux de Bush. Il a su avoir ces gestes, ces mimiques, ces intonations qui plaisent tant à la classe moyenne américaine.

Que s'est-il donc passé entre le congrès démocrate et le premier débat télévisé ? Kerry a tout simplement appris à utiliser les règles de la communication impactante ! Il a appris à contrôler les mots, le rythme, les gestes de ses mains, de son visage, de son corps pour devenir plus incisif, plus pénétrant.

Bien sûr, Kerry n'a pas gagné les élections. Mais tout le monde s'accorde à dire que ce n'est pas à cause de ses prestations lors des débats télévisés.

Certains pourront regretter que l'élection du président de la démocratie la plus puissante du monde se fonde sur la forme d'une communication plutôt que sur le fond, c'est-à-dire sur un programme visant à régler les problèmes réels des Américains et la relation des États-Unis avec les grands problèmes du monde.

243

Il y a environ deux cents millions d'électeurs aux États-Unis, 50 % au moins n'iront pas voter ! Les faits sont là, là-bas non plus on n'écoute pas les politiques, on est frustré de la politique, des politiciens et de leurs querelles fratricides.

Les cibles n'écoutent plus parce qu'elles pensent que les messages qu'on leur envoie sont tous semblables, sans surprise, entièrement marketés par des éminences grises, comme le pensent les électeurs des démocraties avancées. Le médecin généraliste n'écoute plus lorsqu'il reçoit le énième représentant de laboratoire de la journée. L'acheteur de grande surface n'écoute plus lorsqu'il doit une fois de plus supporter le discours éculé du fabricant sur la force et l'originalité de sa promotion ou de sa campagne de publicité, qui en fait ressemble à tout ce qu'il voit à longueur de journée. Les collaborateurs des entreprises en péril n'écoutent plus lorsqu'on leur annonce qu'il faut absolument réduire les frais et savoir oublier les augmentations de salaires. Quand les cibles ne sont plus capables d'attribuer les arguments qu'elles reçoivent des uns ou des autres, il ne sert à rien de crier plus fort pour faire du bruit, de chercher des mots ou des arguments nouveaux, des mises en scènes hollywoodiennes ou de multiplier ses dépenses média ! Il faut tout simplement opter pour une nouvelle philosophie de communication.

La nouvelle philosophie de communication pour l'économie psychique

Les bibliothèques des universités sont pleines d'ouvrages passionnants expliquant ce qu'est la communication et comment il faut communiquer, prendre la parole, se faire des amis, transmettre son message dans les médias.

Le mot « communication », comme le souligne Yves Winkin, est un terme irritant, un invraisemblable fourre-tout où l'on trouve des trains, des autobus, des télégraphes, des chaînes de télévision, des petits groupes de rencontre, du téléphone et bien entendu, une colonie de ratons laveurs puisque l'on sait que les animaux communiquent depuis les travaux de Lorenz, Tinbergen et von Frisch. S'il irrite, il est pourtant fascinant, ce terme de « communication », et il revient de plus en plus à la surface. En France, le ministère de la Culture adjoint à son nom « et de la communication ». Aux États-Unis, la Warner se trans-forme en Warner Communications Inc et la *Voix de l'Amérique* fait partie de l'International Communication Agency. Commu-niquer dans la seconde moitié du XIVe siècle c'est « participer à », du latin *communicare*. Au XVIe siècle, communiquer c'est « communier ». Pour les Anglais, au XVe siècle, communiquer c'est « l'acte de partager ». Ce n'est qu'en 1950 en Grande-Bretagne que le terme commence à désigner les industries de la presse, du cinéma, de la radio et de la télévision. En 1970, le supplément du *Grand Robert* ajoute une définition nouvelle aux quatre définitions déjà en place. Après « action de communi-quer quelque chose à quelqu'un », « la chose que l'on commu-nique », « l'action de communiquer avec quelqu'un », vient la nouvelle définition : « toute relation dynamique qui intervient dans un fonctionnement. Théorie des communications et de la régulation. V ; cybernétique. Information et communication ». C'est là un point capital dans l'histoire sémantique du terme, une nouvelle acception qui semble être en rupture totale avec le passé. On ne saurait oublier Norbert Wiener[1] et Claude Shannon[2] qui ont été les véritables pionniers de la théorisation de la communication.

---

1. Norbert Wiener (1894-1964), mathématicien américain considéré comme le père de la cybernétique.
2. Claude Shannon (1916-2001), mathématicien et informaticien américain à l'origine de la théorie de l'information.

De nombreux instituts dans le monde entier proposent des programmes pour former à prendre la parole en public, à mieux communiquer, à mieux négocier. Tous ces écrits, ces guides, ces programmes, toutes ces recettes à la communication partent en général des mêmes idées. La première idée qui prévaut est celle qui veut que l'on soit obligé pour bien communiquer et dialoguer de s'adapter et d'adapter son message, son langage à la cible. Ceci sous-tend une connaissance, une méthode ou un art de la classification psychologique ou psycho-morphologique des cibles.

La deuxième idée est qu'il faut impérativement adapter son discours, son comportement à ses cibles. Pour ce faire, il faut être à même d'écouter, de reformuler les informations reçues par cette dernière et de décoder son vocabulaire, ses gestes, ses mimiques en utilisant différentes méthodes d'analyse.

Enfin, après la mise en avant d'une série de questions qui permettront de saisir parfaitement les attentes de la cible, il conviendra de formuler son message et d'entrer dans un jeu de questions/réponses pour finalement convaincre, persuader et aboutir.

La nouvelle philosophie part d'un premier constat et d'un point de vue tout à fait différent ! Puisque les cibles n'écoutent plus, ne voient pas de différence dans les messages et les discours, croient savoir par avance ce qu'on va leur dire, il ne sert donc à rien de chercher à répondre à leurs besoins qui par ailleurs sont identifiés.

Le deuxième constat est que ces cibles qui n'attendent rien de ceux qui leur parlent ne les respectent pas forcément, ce qui ne facilite pas, tant s'en faut, le dialogue !

246

Le troisième constat est que les cibles sont frustrées et qu'il ne sert à rien de chercher à répondre à leurs besoins puisqu'elles n'en n'ont pas ou qu'ils sont bien connus.

Dans cette économie psychique, si l'on veut communiquer, il ne faut pas commencer par chercher à avoir le meilleur message ou le meilleur discours, celui qui convient à la cible. Ici, l'important est que les cibles soient d'abord impressionnées par l'émetteur. Comme la pellicule de photo est impressionnée par la tache lumineuse, il faut que l'orateur, le représentant, le négociateur impressionnent d'abord, par leur seule présence, le cerveau de la ou des personnes à laquelle ils s'adressent.

Il faut que les cibles se fassent la remarque : « Tiens, il n'est pas comme les autres, il a l'air vrai, déterminé, confiant, clair, pas tiède comme beaucoup. Il va peut-être me dire quelque chose d'intéressant, de différent, écoutons ! ».

Il ne s'agit pas de faire du bruit, de s'agiter pour être remarqué. Impressionner le cerveau de la cible dans le sens où on l'entend ici, c'est sans agressivité, sans effets triviaux, marquer sa différence, sa présence, sa personnalité. En impressionnant le cerveau du récepteur, on produit chez ce dernier de l'intérêt donc de l'écoute. Ceci va permettre de transmettre après coup le message à la condition que ce dernier s'intéresse aux frustrations et aux compensations émotionnelles de la cible et qu'il soit accompagné des mots, des gestes et du ton de la voix adéquats à la nature de ce message. La communication impactante, c'est donc d'abord un état d'esprit qui veut que l'on prenne chaque fois que l'on communique la décision de se donner toutes les chances d'impacter et d'imprimer dans les cerveaux des interlocuteurs, les bénéfices, les qualités des produits, des services, des idées et concepts que l'on a pour mission de communiquer. Il s'agit d'imposer au récepteur les concepts, les indicateurs techniques, les définitions, le modèle de l'émetteur.

Il faut donc partir d'un postulat simple, à savoir : si nous ne sommes pas capables d'être supérieurs dans notre façon de communiquer avec nos clients, nos interlocuteurs, nous perdons systématiquement 50 % de notre investissement et de la force de notre message. Ceci sous-tend donc une communication « égoïste » où l'on ne cherche pas à avoir raison, à convaincre, seulement à impacter. Il faut avoir tout simplement la force, l'énergie quand on a une opinion, de l'affirmer !

S'affirmer, impressionner une cible ou des cibles n'est pas chose facile. Certains diront même que ceci est réservé à quelques individus très particuliers comme le général de Gaulle, Churchill, le président Mitterrand, à certains avocats comme maître Vergès ou encore à des acteurs comme Jouvet ou Sarah Bernhardt ! Il est vrai que tout le monde n'a pas forcément le don, le ton et les gestes de la persuasion. Tout le monde non plus dans sa communication quotidienne ne traverse pas des situations telles qu'il faille un charisme, un comportement hors du commun pour entraîner l'adhésion et convaincre. Ce qui prévaut dans cette économie psychique en matière de communication, c'est la volonté de créer une situation qui fasse réagir l'interlocuteur. Pour ce faire, il faut que les mots, le rythme, les gestes soient en cohérence et signifient la même volonté de s'imposer.

Pour marquer, impressionner une cible, il y a une condition préalable. Il ne s'agit pas de savoir parler, d'utiliser des mots magiques, d'avoir des gestes convenus. Non, il faut tout simplement, avant toute chose, être dominant et non frustré, c'est-à-dire qu'il faut impérativement vider sa « boîte noire » ! Comme un avion de ligne, tous les individus qui sont amenés à communiquer ont également une boîte noire dans laquelle s'inscrivent les coordonnées des vols. Tout individu qui doit communiquer, vendre, convaincre, expliquer, négocier, remplit, indépendamment de sa volonté, au fur et à mesure de ses différentes interventions au contact des clients, sa boîte noire. Celle-ci se remplit de tout ce qui lui est systématiquement reproché, de toutes les critiques que l'on fait au produit, au contrat de services par exemple. On y trouve aussi les clichés classiques sur la personnalité des vendeurs, des politiques et plus généralement de tous ceux qui ont pour métier de communiquer. Il ne faut pas oublier les gestes, les mimiques remarqués dans les différents entretiens préalables et dont l'individu a appris la signification positive ou négative.

Cette boîte noire pose généralement un grave problème à ceux qui communiquent ! Avant même de communiquer ou tout simplement de s'exprimer, l'individu sait ce que l'autre va lui rétorquer, lui jeter à la face. Il connaît par cœur les critiques qu'on va lui faire. Prisonnier du contenu de sa boîte noire, il va le plus souvent anticiper les questions qu'on va lui poser. Avant même qu'on lui dise qu'il est trop cher, trop lent, trop ou pas assez on ne sait quoi, il va commencer par parler de prix, de rapidité de réponse de sa société face aux problèmes de livraison, etc. Il va puiser dans sa boîte noire tous les points négatifs qui s'y trouvent et entreprendre de contre-argumenter, de se justifier et de répondre point par point à des questions ou arguments dont on ne lui parle pas. Ce faisant, il va introduire dans la mémoire de sa cible un véritable virus qui va effacer l'intérêt, l'attention et conforter sa cible dans le fait qu'il n'est pas utile d'écouter de nouvelles propositions. L'analyse des boîtes noires montre en fait qu'elles sont pleines de frustrations, de pulsions qui ne peuvent s'exprimer, de situations, d'images vécues comme des injustices.

La règle est simple, c'est avant de communiquer qu'il faut vider le contenu de la boîte noire, pas devant le client pendant son discours.

Alors que pendant la convention démocrate de Boston, le sénateur Kerry ne cessait d'aborder spontanément et par réaction ce qui était enfoui dans sa boîte noire (c'est-à-dire les points qui lui étaient reprochés par les Républicains), lors de son premier débat avec le président Bush, tout laisse à penser qu'il avait volontairement vidé sa boîte noire avant le débat. Ceci lui permettait de ne pas répondre à des questions qu'on ne lui posait pas. Quelle trace avons-nous dans les propos de Nicolas Sarkozy de son passé politique, de ses conflits avec le président Chirac, de ses échecs ? La réponse est simple, aucune. Kerry comme Sarkozy peuvent parler et intéresser parce qu'ils ont d'abord vidé leur boîte noire et communiquent sans aborder des sujets ou des questions qui certes les préoccupent mais qu'ils doivent être les seuls à connaître. Ils ne mettent pas de virus dans le cerveau de ceux qui écoutent.

Généralement, on pense que les techniques de communication sont réservées aux orateurs comme les chefs d'État, les hommes politiques, les responsables syndicaux, les CEO ou les vendeurs.

La boîte noire étant vidée, ceci n'étant qu'une condition préalable, le communicateur peut commencer à utiliser les nouvelles lois de l'impact.

Les nouvelles lois de l'impact

Les nouvelles lois de l'impact recommandent, pour ne pas dire commandent, de ne pas adapter son message à la cible une fois celle-ci bien cernée. Il est fini, le temps de la soumission des émetteurs à leurs cibles. Il faut selon ces lois tout simplement avancer avec force et détermination ses avantages, ses points de vue sans se préoccuper du reste. Il faut être assertif ou encore ne pas dire oui quand on pense non ! La chose, bien évidemment, n'est pas si simple. Il est clair que devant une cible frustrée, non à l'écoute, il ne sert à rien de déverser un flot de paroles qui soit ne seront pas entendues, soit seront prises à contresens, soit, et cela est le pire, permettront à l'interlocuteur de se déchaîner dans un concert de contre-vérités, d'arguments de mauvaise foi auxquels il est difficile pour ne pas dire impossible de répondre. S'il ne faut pas se préoccuper de la cible, il ne faut pas non plus la provoquer, ni la déclencher !

Ceci est la première règle de cette nouvelle communication.

Avant de passer son message en force, il faut s'assurer de la « place » que l'on occupe dans le cerveau de la ou des cibles. C'est la deuxième règle !

Si l'on est reconnu ou considéré comme le numéro 1 actif dans son domaine, son marché (c'est le cas de Sarkozy), on peut avancer ses arguments avec un ton, des mots, des gestes de leader. Personne ne sera choqué, déçu. Au contraire, cela correspondra à l'attente des récepteurs. Si l'on est considéré comme le leader actif, il ne faut surtout pas décevoir : ce serait pire que tout. Il faut avoir une stratégie qui dénonce avec force les frustrations et ne pas s'arrêter aux points de détail. Il ne faut jamais donner l'impression que l'on souhaite régler les problèmes en prenant en compte les exceptions.

Si par contre, on est classé comme le numéro 1 passif dans son domaine, son marché, c'est-à-dire le *has been*, celui qui est encore en tête, mais pour pas longtemps (c'était le cas de Bush), il faut faire très attention à la façon dont on va avancer son message. Les gestes, les mots, le ton de la voix doivent surprendre par leur dynamisme, par la marque d'une volonté sincère de relever le défi. Il faut amener les interlocuteurs à mettre finalement en doute l'image passéiste qu'ils ont de l'émetteur.

Ronald Reagan, dans son débat contre Walter Mondale, était considéré comme trop vieux pour un second mandat dans une

Amérique qui se voulait jeune et forte. Il était un leader passif pour l'Amérique moyenne. Après avoir vidé sa boîte noire et oublié qu'il avait 73 ans, il a compris qu'il pouvait avoir cette image négative. Il s'est alors montré ferme, calme et drôle. Avec un sens aigu de l'humour, c'est-à-dire avec un ton jeune, le président s'est sorti de cette situation embarrassante en tirant parti de sa vieillesse. « Je ne vais pas faire de l'âge un thème de campagne. Je ne vais pas exploiter la jeunesse et l'inexpérience de mon rival à des fins politiques », avait-il dit en plaisantant.

Mais surtout il a cloué son opposant en lui posant en fin de débat la question qui est restée célèbre dans les annales : « Mais sénateur, franchement, entre vous et moi, *where is the beef ?* ».

On connaît la suite, il a été réélu et considéré jusqu'à la fin comme le grand communicateur !

La chose est plus simple si l'on a la place, le positionnement ou l'image du « challenger », ce qui était le cas du sénateur Kerry. Il faut avancer ses arguments à marche forcée et surtout ne pas faiblir ou donner l'impression que l'on doute de sa bonne étoile. Rien n'est pire en communication impactante qu'un challenger triste par ses gestes, sa voix ou ses arguments. Lors de son premier débat, c'est la dynamique de Kerry plus que ses propos qui ont surpris. Lui, le triste, l'austère, d'un seul coup s'est transformé en vrai challenger alors que Bush prenait l'habitus du numéro 1 passif.

La troisième règle n'est pas simple dans son application mais elle apporte l'efficacité dans le discours. Il faut être conscient qu'elle demande une grande préparation préalable à toute communication !

Puisque les cibles n'écoutent pas, sont inertes, il faut faire en sorte que dans le discours de l'émetteur, il y ait des éléments qui les amènent à se poser des questions, à douter de leur point de vue, à réagir. Il faut de façon subtile provoquer un comportement, une réaction chez les individus qui reçoivent les messages. En 1980, après avoir confondu « dépression » et « récession » dans un discours, Reagan avait une pente difficile à remonter auprès des journalistes et de l'opinion publique. Les journaux américains et, il faut le dire, français, le décrivaient comme un individu inapte, sans culture, sans bonne connaissance de la langue anglaise, un peu sénile. Pour s'en sortir, le président Reagan utilisa la troisième règle de la communication impactante à savoir, faire en sorte que les interlocuteurs se posent des questions et surtout doutent de leurs certitudes. Il déclara donc en public quelque temps après : « On m'a dit que je ne pouvais pas utiliser le mot dépression. Je vais vous donner la définition. Une récession c'est quand votre voisin a perdu son emploi et une dépression c'est quand vous perdez le vôtre. La reprise, c'est quand Jimmy Carter perd son poste ». Les journalistes et l'opinion publique n'ont jamais su si cette phrase venait de l'un de ses conseillers ou s'il l'avait trouvée seul. Peu importe, sa réponse était impactante et cela suffisait.

Dans cette troisième règle, l'accent est mis sur la nécessité de provoquer les cibles, de les faire réagir sans pour autant les heurter. C'est bien sûr l'art de poser les bonnes questions et surtout pas les mauvaises.

On observe dans la théorie classique de la communication que l'art de poser des questions est essentiellement orienté vers la recherche de réponses permettant de mieux cerner la cible et ses besoins. Dans la nouvelle théorie, ces questions sont d'un ordre totalement différent. Elles ne servent pas à savoir. Elles servent uniquement à mettre l'interlocuteur en mouvement en l'obligeant à sortir de son rôle d'arbitre, d'observateur et de distributeur de carton jaune ou rouge. Seules les questions utiles sont intéressantes.

Toutes ces règles n'ont de sens que si l'émetteur sait utiliser le ton de sa voix, ses mots et sa gestuelle pour impressionner la cible. La réussite n'est certaine qu'à la condition que l'on ait la volonté de défendre les qualités de son produit, de son plan, de ses idées. Il faut savoir dire non et refuser de façon nette les contre-vérités. L'émetteur doit être conscient qu'il a le droit de demander ce qu'il veut à son interlocuteur et toujours se souvenir qu'il peut dire non aux critiques de ce dernier. Dans la communication impactante, il ne s'agit pas de peindre les vaches en rouge comme le propose Godin, il faut, avec courage, faire comprendre à ceux à qui on s'adresse que nous savons très bien ce qu'ils pensent.

La fracture médiatique

On imagine souvent que la communication impactante est réservée à ceux qui s'adressent directement à un public ou à des individus isolés, soit en face à face, soit mis en contact par le truchement d'un des grands médias (télévision, radio, cinéma). Dans la plupart des états-majors, on pense que la communication publicitaire est d'un autre ordre et dépend d'une autre façon de construire et de véhiculer le message.

La vérité est que la communication publicitaire doit, si elle veut avoir des effets sur les ventes, c'est-à-dire sur les comportements des consommateurs, impérativement changer.

Dans un moment de la vie des entreprises où les ventes sont devenues pour le moins difficiles, où les marques ne sont plus respectées par les distributeurs, les annonceurs recherchent avant tout de l'efficacité. Ils sont tentés aujourd'hui de se tourner vers d'autres moyens que ceux destinés à véhiculer de l'image et de la part de rêve, traditionnel moteur de l'achat.

Ceci explique qu'on assiste aujourd'hui à une explosion de nouveaux moyens de communication comme les messages promotionnels à partir des SMS. Alors que ce moyen ne représentait autrefois qu'un outil utilisé par les opérateurs pour des notifications de factures, grâce à l'interopérabilité des opérateurs, il est devenu un outil de communication interpersonnel. Depuis 2001, le SMS s'utilise de manière exponentielle dans la stratégie d'entreprise, et entre autres comme un nouvel outil de communication interactif. En d'autres termes, la question qui se pose pour les annonceurs est de savoir s'il ne vaut pas mieux investir dans la communication interpersonnelle que dans la publicité de masse ? Si l'on sait que 91 % des 15-24 ans sont équipés de mobiles et si on prend conscience que 83 % des 15-19 ans (équipés) utilisent le SMS, que 86 % des 20-24 font de même, mais que seulement 24 % des 50-59 et 16 % des plus de 60 ans utilisent ce moyen, on est en face d'un constat effroyable, à savoir que les « jeunes » et les « moins jeunes » n'ont plus les mêmes moyens de communiquer. Si l'on sait que l'argent est dans les mains des cinquante ans et plus, on peut en déduire que pour toucher un jeune qui n'a pas beaucoup d'argent on dispose de moyens fabuleux alors que pour toucher ceux qui possèdent, on en est réduit à utiliser la publicité classique qui selon certaines données semble avoir perdu de son efficacité.

Pour un annonceur, faire de la communication, de la promotion sur SMS devient à l'évidence une technique intéressante voire même incontournable mais pas forcément pour toutes ses cibles.

En Belgique ou en Angleterre où la loi le permet, on peut lorsque l'on entre dans un supermarché recevoir des offres promotionnelles adaptées. Si le client détient une carte de fidélité et s'il a laissé son nom et son numéro de téléphone portable, on peut grâce aux informations qu'il laisse à chaque passage aux

255

caisses définir ce sur quoi il réagit, achète, etc. Avec son autorisation, on peut donc lui envoyer des promotions qui vont effectivement le « déclencher ». L'expérience montre que la promotion des ventes, donc les achats des consommateurs équipés, se multiplient dans des proportions remarquables, sauf à dire que les non équipés sont réduits à acheter comme auparavant. Ceci remet en question tout ce que l'on sait du comportement des clients en point de vente. Il faut revoir les principes même de circulation ou de merchandising, mais le plus important, c'est que les annonceurs vont devoir reconsidérer leurs budgets de promotion comme de communication. Avec 40 millions de mobiles en France, 19 millions d'utilisateurs de SMS et un taux de lecture de 92 %, quelle marque, quel distributeur ne va pas reconsidérer sa façon d'exciter la demande ?

On assiste bien là à une première double fracture de communication, d'un côté la fracture entre les médias classiques et les nouvelles technologies dont le SMS, d'un autre côté la façon totalement différente de recevoir les messages entre les 15/25 ans et les 55 ans et plus ! Sachant qu'en 2050, il y aura dans le monde plus de vieux que de jeunes[1], il paraît intéressant de se soucier de cette fracture médiatique.

Mais les choses ne s'arrêtent pas là. Pour des raisons évidentes d'économie aujourd'hui, les publicités des marques multinationales ne sont plus réalisées pour chaque pays mais pour l'ensemble des marchés. En d'autres termes, les consommateurs anglais ont à peu près au même moment, les mêmes publicités que les Italiens, les Allemands, les Argentins, les Brésiliens et bien sûr les Américains. Si l'on sait que la plupart des grandes agences de

---

1. Pierre Chaunu, Huguette Chaunu et Jacques Renard, *Essai de prospective démographique*, éditions Fayard, 2003.

publicité sont d'essence anglo-saxonne, force est de constater que tous les pays reçoivent les mêmes stimuli pour les mêmes produits. Lorsque l'on sait que toute publicité véhicule des messages qui traduisent obligatoirement la culture du pays, il faut se faire à l'idée que tous les consommateurs finiront par avoir une même culture de consommation, n'en déplaise aux alter-mondialistes. On assiste là, qu'on le veuille ou non, à une nouvelle fracture médiatique. La culture anglo-saxonne va, du moins sur le plan de la consommation des grandes marques, venir briser « l'exception française » comme celle des autres pays européens.

Face à cette réalité, il paraît essentiel pour les annonceurs que la publicité d'image reprenne sa place, surtout au moment où l'économie psychique remplace celle du besoin. Il est évident que la publicité d'image qui est supportée par les grands médias ne doit pas se laisser réduire à sa plus simple expression par des moyens comme internet et les SMS qui, si on n'y prend garde, vont transformer le champ de la communication en un champ uniquement promotionnel.

La réponse aux frustrations ne passe pas uniquement par des messages de jeu, de concours ou de gratification. Pour efficaces que soient encore pour l'instant ces messages, ils n'assurent pas pour autant la pérennité des valeurs de marques et, rappelons-le, n'intéressent en majorité que les jeunes et les produits qui les passionnent.

Les phases de la communication active

L'étude de la communication de masse et de ses effets sur la consommation n'est pas un sujet nouveau. Depuis les années 40/50 déjà, des pionniers américains comme Wilbur Schramm, Harold Laswell, l'équipe de Carl Hovland à Yale et de Lazarsfeld à Columbia avaient lancé des recherches approfondies pour comprendre comment fonctionnait la communication de masse et en quoi elle pouvait changer les attitudes des consommateurs comme des électeurs (*people's choice*).

Pour eux déjà, à cette époque où la télévision n'existe pas, la relation de communication comprend trois éléments : le communicateur, le message et le récepteur. Elle doit toujours s'étudier au travers d'un principe opératoire simple :

« On ne peut décrire convenablement une action de communication qu'en répondant aux questions suivantes : qui dit quoi, par quel canal, à qui, avec quel effet ». (Laswell 1948, cité par Yves Winkin dans Anthropologie de la communication[1]).

Ces chercheurs découvrent également un phénomène qui ne sera jamais démenti et restera toujours vérifié, à savoir :

« Le flot des idées paraît souvent aller de la radio et de la presse vers les leaders d'opinions et de ceux-ci vers les segments moins actifs de la population » (Katz et Lazarsfeld[2]).

Aujourd'hui, avec les moyens d'investigation plus sophistiqués dont nous disposons pour mesurer les effets de la publicité, nous ne disons finalement pas autre chose : d'une part la publicité « reste un moyen vers un effet » et d'autre part les leaders d'opinions sont des accélérateurs de l'information et de la consommation (Hovland, Janis et Kelly 1953), enfin « *l'émetteur code, le récepteur décode* » (Miller et Attenave).

Après plus de 50 ans d'exposition à la publicité et à la consommation, quels sont finalement les grands changements dans l'appréciation et les effets des médias pour le récepteur ?

---

1. Éditions du Seuil, 1996.
2. Elihu Katz, Paul Lazarsfeld, *Personal Influence: The Part Played by People in the Flow of Mass Communications*, Free Press, 1964.

Aujourd'hui, on observe que le récepteur a appris à décoder le message publicitaire mieux et plus vite, et surtout à vivre avec la publicité. Il est habitué à toutes les techniques et est capable de classer les publicités radio, télé, presse en types et en catégories lorsqu'on l'interviewe. Il existe une véritable complicité, une sorte d'accord ou de connivence entre l'émetteur et le récepteur. Le sujet sait quand on lui envoie une publicité, il ne fait pas de confusion entre l'émission qu'il écoute, regarde ou l'article qu'il lit et le « paquet publicitaire » qui lui est soumis. Il est convaincu que Zidane ne va pas faire ses courses chez Leader Price, pas plus qu'il ne croit que Cantona se rase avec un rasoir Bic ou que tel mannequin richissime soigne ses cheveux avec un produit L'Oréal et que Kersauzon bricole avec les promotions de Weldom. De toute manière, il sait qu'il y aura de la publicité alors il se dit : « Autant y voir des choses amusantes » ! Dans la plupart des cas, il accepte jusqu'à un certain point de jouer le jeu de l'écoute « permanente et distraite ». Selon la qualité de la publicité, le moment où cette dernière arrive, il passera de l'écoute distraite à une écoute plus active. Après ces années de publicité, chacun a pris ses habitudes ; certains récepteurs zappent, d'autres vont grignoter ou soulager leur vessie, d'autres aiment bien les messages qu'on leur envoie et restent pour regarder. Dans tous les cas, les individus seront à un moment ou à un autre rattrapés par la publicité. On n'échappe plus aux messages. On observe enfin que c'est la forme de la communication qui retient l'attention plutôt que le sujet ou le produit proposé !

On n'attend pas une publicité sur une marque de voiture ou de yogourt. On aime ou on n'aime pas, on retient ou on ne retient pas. Dans tous les cas étudiés, on remarque que les récepteurs restent spectateurs, ils ne collaborent pas vraiment. Ils se laissent imprégner par les messages. Ces derniers s'infiltrent plus ou moins dans les cerveaux que l'on représente souvent comme une éponge saturée d'eau. Malgré l'existence de nombreuses théories sur la perception et la mémoire, on ne sait pas encore très bien ce qui se passe dans le cerveau du récepteur. Pourquoi certains jingles sont-ils chantés par les enfants ? Pourquoi certains mots sont-ils repris par le public ? Pourquoi certaines publicités frappent-elles et surtout pourquoi y a-t-il indiscutablement des ventes après les pubs ?

Aucune théorie ou recette ne permet vraiment de prédire aujourd'hui les effets de la publicité. On sait combien de personnes seront probablement exposées et pendant combien de temps (voir Wilbur Lang Schramm, *The Process and Effects of Mass Communication*[1]).

On sait mesurer la notoriété, la transformation des images, mais la recherche ne va pas plus loin.

Comme la plupart des stratégies de communication visent à formuler une proposition, un concept, une création publicitaire agréable, le récepteur se comporte généralement en simple spectateur ou auditeur. Lorsqu'il reçoit le message de Darty, celui de Gaz de France, d'Air France ou de Cochonou, il n'a rien à faire si ce n'est se rappeler, apprendre, avoir envie de la marque lorsqu'il sera en situation d'achat. Au travers des scénettes, des images ou des récits que lui offrent les différentes publicités, il éprouve selon la combinaison message/medium, différentes sensations comme joie, émotion, envie, etc. On croit savoir que si l'on augmente trop la quantité, l'intensité, la répétition des messages, leur écoute se délite.

Face à l'hyper-communication que l'on constate aujourd'hui, à l'arsenal de moyens actuellement utilisables par les annonceurs

---

1. University of Illinois Press, 1971.

© Éditions d'Organisation

comme le net, le téléphone (SMS, etc.), la radio, la télévision, la presse sous ses différents formats, l'affichage, les dépliants, les enseignes lumineuses animées, la question se pose de savoir si ces moyens peuvent encore fonctionner dans une économie psychique. En d'autres termes, va-t-on pouvoir utiliser les mêmes canaux, les mêmes recettes publicitaires, les mêmes effets pour répondre aux frustrations des récepteurs et leur confirmer que la jouissance qu'on leur apporte est garantie sans contrainte ?

Pour communiquer aujourd'hui, il existe deux grands processus. D'un côté, on dispose de la dialectique d'Hegel, la dialectique des contradictions si chère aux communistes et à certains jésuites. Elle prend comme modèle de communication la culpabilisation. En culpabilisant le récepteur sur ses contradictions, on lui donne mauvaise conscience et pour finir, on installe dans son cerveau un état dit de « conscience malheureuse ». On peut alors faire passer le message. Ce message est là uniquement pour changer l'ordre des choses. D'un autre côté, on a tout au contraire la publicité basée sur le modèle anglosaxon. Elle vise à donner de la conscience heureuse, à déculpabiliser et à faire que l'individu se libère de ses « phobies ».

C'est ainsi que la masturbation est devenue grâce à la culpabilisation un acte jugé comme répréhensible par la société alors que par contre le préservatif, fortement mis en avant par la publicité ces dernières années dans un mode parfaitement anglo-saxon est, lui, devenu un produit familier qu'il n'est pas infamant d'utiliser !

Lorsque l'on cherche à communiquer avec un sujet frustré qui se sent victime, lorsque l'on argumente pour lui expliquer que l'on va résoudre son problème ou qu'on détient une solution qui conserve sa satisfaction et efface les contraintes, lorsqu'enfin on veut lui proposer une « compensation émotionnelle », il faut commencer à communiquer en respectant l'étape première de la « dramatisation ».

Première étape de la dramatisation

Le sujet (le récepteur) a besoin qu'on lui montre que l'on prend en compte son état de victime, qu'il est compris et n'est pas seul devant sa misère morale.

Pour cela, on utilisera des phrases simples du type :

- « Ah ! oui comme c'est injuste de vous faire attendre au guichet, c'est scandaleux quand on sait que vous êtes une ménagère qui n'a pas le temps… »

- « Oui c'est scandaleux de vous enlever un point de votre permis alors que vous rouliez juste à 3 km/h au dessus de la vitesse autorisée… »

- «Vraiment ça n'est pas normal qu'on vous impose de montrer trois fois votre passeport avant de monter dans l'avion, on se croirait pendant l'Occupation. »

Le récepteur prend conscience que celui qui parle (l'émetteur) est un vrai ami, une personne qui cherche à l'aider, un compagnon d'infortune. Il commence à intégrer l'émetteur dans sa souffrance, d'autant plus que ce dernier insiste sur le « vous ». Ce faisant, il se met en position d'écoute active, il coopère à la discussion. Au travers des mots, des images avancées par l'émetteur, le récepteur décode l'image de son interlocuteur. C'est une phase délicate, trop de mots dans le message, trop de compassion et le sujet prend peur, se referme. Il peut imaginer que l'on cherche à le posséder en faisant écho à sa douleur.

Deuxième étape de la dramatisation

La deuxième étape de la dramatisation consiste à dénoncer le système qui conduit à la frustration et à désigner ceux par qui la frustration est arrivée :

- « Pourquoi vous attendez au guichet ? À force de faire des économies de personnel, on met les gens au chômage alors on attend. La faute à qui ? Je vous laisse deviner… »

- « Pourquoi on met des radars ? C'est simple il y a 20 % des gens qui sont des fous au volant. On paye pour eux … il n'y a qu'à voir les motards, ils ne respectent rien. »

Le récepteur doit obligatoirement être d'accord avec ces dénonciations.

C'est pour l'émetteur une phase critique car il faut qu'il dénonce clairement et fermement le mécanisme et désigne les fautifs. En même temps, il doit avoir présent à l'esprit que le sujet a ses idées, ses opinions politiques, religieuses, philosophiques. D'autre part, pour reprendre les deux exemples précédents, il se peut qu'il y ait parmi les cibles des membres de l'administration ou des motards… Ces personnes ne pourront pas accepter que l'on désigne comme fautifs ses amis, ses relations, ses compagnons.

Les mécanismes, les responsables, les fautifs de la frustration étant bien identifiés et acceptés, le récepteur devient de plus en plus en état d'écoute active. Il attend la suite et n'est pas loin de coopérer. C'est à partir de cette étape que l'émetteur doit commencer à construire la ligne directrice de sa proposition contre les frustrations et proposer sa solution en terme de service ou de produit.

Troisième étape de la dramatisation

Pour ce faire, il va dans une troisième étape présenter les consé-quences pour le récepteur de ces mécanismes qui conduisent à la frustration. Il va impliquer le récepteur, lui montrer ce qu'il lui en coûte et l'obliger à choisir son camp :

- « Vous attendez ? Normal ! Comme on met les gens au chô-mage pour être plus compétitif c'est vous qui finalement, par vos impôts, allez payer les pauvres chômeurs… »

- « Comme à cause de quelques fous du volant, on va aug-menter les PV, les suppressions de permis, les gens n'achète-ront plus de voiture, les constructeurs vont délocaliser, on n'aura plus de travail, il faudra payer encore des impôts. »

Si le récepteur est convaincu et prend conscience de ce qu'il lui en coûte, alors se crée chez lui le besoin d'information[1].

Quatrième étape de la dramatisation

Dans une quatrième phase, l'émetteur va enfin pouvoir présen-ter sa solution. Si celle-ci coïncide avec ce que le récepteur attend, admet et comprend, il aura une chance de s'inscrire dans son cerveau.

---

1. Le mot information est pris ici dans la définition de Newcomb Turner et Converse, à savoir : « L'information peut se définir comme ce qui supprime ou réduit l'incertitude ». Le mot n'est pas pris dans le sens commun de « news » (mot défini pendant la guerre de sécession américaine qui précisait les nouvelles venant du nord, de l'est, de l'ouest et du sud). Le journal télé-visé fournit des nouvelles et peu d'information puisque à part la météo, le téléspectateur ne trouve pas nécessairement dans ce qui lui est distillé des éléments pour réduire ses incertitudes. Ce n'est pas l'émetteur qui décide que son message est une information, c'est le récepteur et ce en fonction de ses incertitudes.

L'approche publicitaire classique et (maintenant centenaire), visant à créer le message à partir de la tentation de l'image, de la facilitation et de la simplification des choses ne répond pas au type d'information attendue par les récepteurs dans l'économie psychique.

Tout laisse à penser qu'il va falloir utiliser une approche plus orientée vers le mode de « l'anxiété interrogative ». Il ne s'agira plus de donner envie de consommer en offrant uniquement dans les publicités de la part de rêve à des consommateurs « passifs ». Bien au contraire, il faudra rendre le consommateur « actif » en le forçant à réagir à un problème, à une alternative. Dès qu'il sera devenu actif, il faudra alimenter son cerveau pour l'obliger à réfléchir, pour qu'enfin il adhère volontairement à la solution.

Si la publicité, dans cette nouvelle économie, ne cherche pas à culpabiliser pas plus qu'elle ne vise à tout peindre en rose, elle n'en restera pas moins agréable, amusante, intéressante. Il est clair que la difficulté réside aujourd'hui dans les formats publicitaires utilisés. Difficile de respecter les quatre phases de la communication nouvelle en utilisant des formats de quelques minutes voire quelques secondes en télévision ou radio !

Conclusion

Beaucoup d'ouvrages apparaissent en ce début d'année 2005 pour dénoncer qui les systèmes de management, qui les techniques de marketing, l'hyper-médiatisation, la télévision, notre façon de nous alimenter, d'être gouvernés, d'éduquer les enfants, etc. Le plus troublant, c'est probablement que ces livres et ces discours révèlent un fond général de frustration. L'Europe avec sa constitution frustre la plupart de nos concitoyens. Il en est de même avec la question de l'adhésion de la Turquie à la communauté européenne. La campagne présidentielle aux États-Unis va sans doute laisser des traces indélébiles car les Américains n'ont pas voté dans le sens souhaité par les Européens, c'est-à-dire contre le président Bush.

Dans les entreprises, il y a toujours bien sûr les champions, les mordants. Dans toute situation, même en pleine tempête, il y a des capitaines heureux qui font une bonne pêche. Mais la réalité est aujourd'hui que la plupart des patrons, des collaborateurs sont frustrés ou à tout le moins se sentent victimes de quelque chose ou de quelqu'un.

On a cru que le passage d'un siècle à l'autre serait catastrophique à cause du fameux *bug* de l'an 2000. Le premier janvier 2000, on s'attendait au pire. Air France, par exemple, avait annulé une partie de ses vols sur Concorde. Heureusement tout s'est bien passé ! Il n'y a pas eu de catastrophe. C'est maintenant qu'elle risque d'arriver !

Opel, la marque automobile de General Motors, va mettre des milliers d'ouvriers au chômage parce que selon le chancelier Schröder, il y a eu des fautes marketing et stratégiques inacceptables de la marque ! Le gouvernement français rétablit la publicité sur le vin pour ne pas mettre en difficulté tout un secteur d'activité et transforme la loi Galland sur les ventes à perte pour faire baisser les prix à la consommation mais surtout pour éviter que les grandes surfaces ne s'enfoncent chaque jour un peu plus dans l'indifférence des consommateurs. Les exemples de cette nature ne sont pas propres à un pays. Ils sont vrais dans tous les pays développés. Nos démocraties sont construites sur le développement économique, sur la progression des standards de vie, pas sur la régression. Nos syndicats ne sont là que pour aider à mieux gérer et partager l'opulence et non pas à redistribuer les miettes.

Le monde change, le marketing du besoin est mort.

Combien de temps faudra-t-il aux dirigeants de tous horizons, aux marketeurs pour passer en économie psychique ?

Combien de temps faudra-t-il encore pour que l'on accepte de changer le paradigme mis en place par Kittrick en 1957 et qui voulait que l'on fasse des profits au travers des besoins des consommateurs ?

Combien de temps faudra-t-il pour adopter le nouveau paradigme selon lequel c'est à travers des réponses aux frustrations que se vivront les nouvelles aventures ?

Combien de temps faudra-t-il pour passer du monde des attitudes à celui des comportements ?

Souhaitons que ces délais soient très courts ! Mais gardons en mémoire que « l'homme qui se noie s'accroche au serpent qui nage » (proverbe arabe).

Références bibliographiques

Bateson Gregory et Ruesch Jurgen, *Communication et société,* éditions du Seuil, 1988.

Bruckner Pascal, *La tentation de l'innocence*, éditions Grasset, 1995.

Carlzon Jan, *Moments of Truth*, Harper Perennial, 1987.

Chaunu Pierre, Chaunu Huguette et Renard Jacques, *Essai de prospective démographique*, éditions Fayard, 2003.

Conniff Richard, *Une histoire naturelle des très très riches*, éditions Maxima.

Elster Jon, *Alchemies of the Mind : Rationality and Emotions*, Cambridge University Press.

Godin Seth, *La vache pourpre : rendez votre marque, vos produits, votre entreprise remarquables*, éditions Maxima.

Gouillou Philippe, *Pourquoi les femmes riches sont belles*, éditions Duculot, 2003.

Heinrich Bernd, *Racing the Antelope, What animals can teach us about running and life*, Cliff Street Books, 2001.

Katz Elihu et Lazarsfeld Paul, *Personal Influence: The Part Played by People in the Flow of Mass Communications*, Free Press, 1964.

Klein Naomi, *No Logo*, éditions Actes Sud.

Laermer Richard, *Full Frontal PR: Building Buzz About Your Business, Your Product, or You*, éditions W. W. Norton & Co.

Lévy Pierre, *World philosophy*, éditions Odile Jacob, 2000.

Lundin Stephen, Christensen John et Paul Harry, *Fish*, éditions Michel Lafon, 2001.

Melman Charles, *L'Homme sans gravité – Jouir à tout prix* (entretiens avec Jean-Pierre Lebrun), éditions Denoël, 2002.

Rozen Emmanuel, *The Anatomy of Buzz*, éditions Doubleday Currency.

Schramm Wilbur, *The Process and Effects of Mass Communication*, University of Illinois Press, 1971.

Trout Jack et Rivkin Steve, *Les nouvelles lois du positionnement*, éditions Village Mondial, 2004.

Winkin Yves, *Anthropologie de la communication*, éditions du Seuil, 1996.

Winkin Yves, *La nouvelle communication*, éditions du Seuil, 2000.

Winston Robert, *Human Instinct,* Bantam Books.

Index

www.ingramcontent.com/pod-product-compliance
Lightning Source LLC
Chambersburg PA
CBHW060342200326
41519CB00011BA/2011